もう少し知りたい

防火法令の基礎知識

〔上巻〕

小林　恭一　著

近代消防社

は じ め に

「最近の消防法令は難解で、読んでも何を言っているのかよくわからない。」という話をよく聞きます。

確かに、性能規定化で「特殊消防用設備等」という言葉が条文の中に「消防用設備等」とセットで用いられるようになったことなどもあって、ただでさえ難解な条文がますます読みにくくなってしまっています。福祉施設や雑居ビルなどに対する規制強化も、その対象をなるべく限定しようとするため、表現が極めてわかりにくくなっています。ベテランの方々は、以前の比較的シンプルな条文が頭の中にあるので、それに枝葉が付け加わっても何とか理解できると思いますが、若い人がいきなり今の条文を読んでも、何を言っているのかなかなかわからないのではないでしょうか。

私は、昭和55年(1980)から自治省（現　総務省）消防庁に在籍し、平成18年(2006)に国民保護・防災部長を最後に退官するまで、主として予防行政を担当して来ました。昭和55年(1980)当時は、まだ数十人の方が亡くなる特定防火対象物の火災がしばしば発生しており、そのような火災が起こるたびに、多くの死者が出た原因を調査し、再発防止策に取り組んで来ました。そのような対策が功を奏したのか、やがて多くの死者が出るビル火災はほとんど発生しなくなりましたが、一方で、消防法令は年々難解になってしまいました。

消防法令がそのように難解になった責任の一端は私にもありますので、罪滅ぼしも兼ねて、平成25年(2013)から、東京理科大学の市民講座の一環として、神楽坂キャンパスで月に1回、夜6時半から9時頃まで、「予防塾」という無料の私塾を開いています。

塾生は、消防機関の予防担当者を念頭に、「予防行政に熱意を持って取り組んでいる方」としていますが、民間の方も含め、全国各地の500人以上（令和元年(2019)年末現在）の方が登録してくださっており、口コミで年々増えて来ています。実際に受講される方はやはり関東近辺の方が多く、毎回50人前後ですが、福島、栃木、茨城、山梨などから毎回半休をとって駆けつけてくれる方もおられます。

原則として1年間で一区切りの内容なので、条文の細かいところまで解説できるわけではなく、消防法令全体の体系と考え方、建築基準法令との関係、諸外国との比較、様々な規制の意味や意図、規制ができたり強化されたりした経緯やそのきっかけとなった火災事故、火災統計から見た規制強化の効果などを、私なりに整理して講義しています。その結果、「規制の背景がわかったので、条文の意味が理解できるようになった」などの声を頂くと嬉しいし、私自身の励みにもなっています。

この予防塾の講義内容については、神戸市消防局の機関誌「雪」に平成27年(2015)4月から「予防塾選講」として連載しており、平成28年(2016)6月からは、(一財）日本消防設備安全センターの機関誌「フェスク」に、「雪」をベースにさらにバージョンアップした「もう少し知りたい〜防火法令の基礎知識」を連載しています。

今回、近代消防社から、それらの連載をまとめて出版したいという話をいただきました。良い機会なので、フェスク版をベースに最新の情報を取り込むなどして、これまでの内容を一度整理しておくこととしました。連載をベースにしているので、あまり体系的とは言えないかも知れませんが、お許し願いたいと思います。

連載は継続中なので、本書はとりあえず「上巻」とし、連載終了後に「下巻」を上梓する予定です。

令和2年（2020）7月

東京理科大学総合研究院教授　小林　恭一
（元総務省消防庁国民保護・防災部長、予防課長）

もう少し知りたい

＝　防火法令の基礎知識　＝

〔上巻〕

目　　次

略語　条項番号の前の法律・政令・省令の略語は以下による。
消防法；消防法、消防法施行令；消令、消防法施行規則；消則、
消防法施行令別表第一；令別表第１
建築基準法；建基法、建築基準法施行令；建基令

・防火法令の改正経過は下記のシステムを使って調べています。
消防法令；消防法令改正経過検索システム
（東京理科大学　火災科学研究センター）
建築基準法令；建築基準法令データベース
（(一財）建築行政情報センター）

第１講　予防行政の重要性

～予防行政を守り育てる努力を～

予防行政は、戦後、近代消防制度ができた時の原点ですが、最近はこのことを知らない消防人も増えているようですので、まずこの点からお話したいと思います。

近代消防制度の成立と「予防消防」

戦後、ＧＨＱ（連合軍総司令部）の意向で消防が警察から独立した時、「予防消防」は「科学消防」とともに、新生自治体消防のシンボルでした。発生した火災をただ消すだけの「火消し消防」でなく、法律に基づき、火災が発生すればその原因を消防自ら科学的に調査し、火災が発生しないための対策や、被害をできるだけ少なくするための対策を講じていくこと、発生した火災に対しては科学力と技術力で立ち向かうこと、これが「予防消防」と「科学消防」の考え方です。

昭和23年(1948)にこのような理念に立ち消防同意制度を持つ近代消防制度が成立したとき、警察のもとでただ火を消すだけに甘んじ、「消防夫」や「消防手」と蔑まれてきた戦前からの消防人たちがどんなに喜んだか、直接語れる人はもう皆亡くなってしまいました。私は、立場上、近代消防制度の創設に立ち合った先人達から直に話を聞く機会がありましたので、そのときの彼らの想いなどを、若い消防官に伝えていく使命があると考えています。

法律に基づく権限が重要

警防業務、救助業務、救急業務のいずれも、身を呈して社会を支える崇高な業務ですが、他の行政の失敗を消防官のリスクと引き替えに後始末する、という側面を持っています。土木行政や都市行政が十分でなかったために起こった土砂災害や水害で、消防官が人命救助に出動し時に殉職したりすることがありますが、消防官は一方的にリスクを引き受けるだけで、法律の権限をもって、土木行政や都市行政に注文をつけることはできません。

しかし、火災は違います。予防行政の権限があるからです。火災ができるだけ起こらないようにし、火災が起こっても被害が最小限になるようにし、消防活動ができるだけしやすくなるようにすることなどを、法律上の権限を持って行うことができます。危険物施設に至っては、市町村長の名で設置許可の権限まで持っています。

消防がこのような法律上の大きな権限を持っている国はあまりありません。先人達が獲得してくれた大切な財産ですが、最近、このことを理解できていない消防官が増えているように見えるのが気になっています。

予防行政を守り育てる努力を

地方行政予算の逼迫による人員削減圧力、高齢化の進展に伴う救急需要の増大、交代制勤務職員配置の下方硬直性などから、総務・予防など日勤職員にしわ寄せがいく事態が長年続いており、予防体制は長期的に弱体化傾向にあります。このような状況のもとでは、現地の消防機関が予防行政の重要性をきちんと認識し、これを大事にしていく姿勢を明確にしないと、予防行政の権限がなくなることなど、あっという間だと思います。

行政改革の一環として、消防同意を民間機関で行うことができるようにしたらどうか、などという提案がなされたとき、現地の消防としてどう考えるのか。以上述べてきたような事実と経緯を踏まえて、しっかりと判断してほしいと考えています。

第2講　市街地大火とその対策

～防火木造と消防力で市街地大火を防ぐ戦略は世界でも特異～

日本の市街地大火対策は、「木造住宅の防火構造化と消防力のコラボレーション」という、世界に類を見ない特異なものです。戦後、日本が窮乏していた時代に発想した戦略で、「不燃都市の建設」という世界の国々（発展途上国も含む）の戦略とは全く異なっています。この戦略は、短期間で市街地大火の撲滅に成功しましたが、大地震などで消防力が機能しないと市街地大火が発生してしまうという点で、地震国の戦略としては間違っています。早急に、消防力に頼らなくても市街地大火が起こらない市街地構造に変えていく必要があります。

市街地大火対策と防空建築規則

最近は、「火災」と言えば住宅火災やビル火災を連想する方が多いと思いますが、日本では長い間、「火災」と言えば市街地が大規模に延焼する「市街地大火」を意味していました。

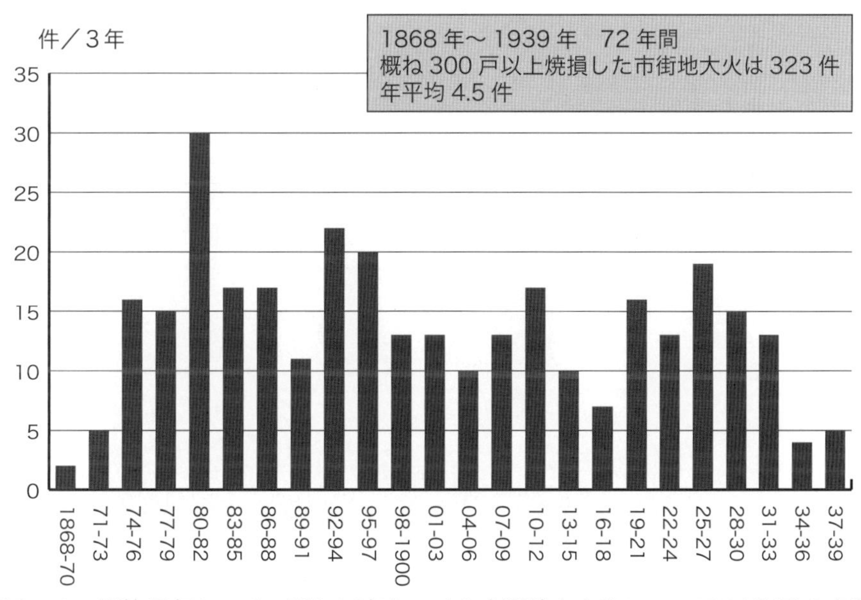

図2－1　明治元年(1868)～昭和14年(1939)の市街地大火(概ね300戸以上焼損)の変遷
（環境・災害・事故の辞典（丸善）より作成）

図2－1は、明治元年(1868)～昭和 14 年(1939)に発生した市街地大火（ここでは、概ね 300 戸以上焼損した火災としました。）の件数を、3 年ずつまとめて表したものです。これを見ると、明治維新から太平洋戦争直前までの 72 年間に年平均 4.5 件の市街地大火が発生しており、この間ほとんど改善されていなかったことがわかります。

「火災を発生建物だけに留めて隣棟に延焼させない。」これが当時の消防の最大の目標でした。耐火構造の大きな建物はほとんどなく、建物の多くが小さな木造住宅だったため、密集市街地で万一初期の消火に失敗すると、当時の貧弱な消防力では容易に市街地大火に発展してしまったのです。

研究者も手をこまねいていたわけではありません。東大の内田祥三先生などを中心に、本郷の御殿下グラウンドで戦前 3 回の木造家屋の延焼実験（**図2－2**）を行ったことなどは、知っておられる方も多いのではないかと思います。政府は、この実験データなどをもとに、将来日本の大都市が空爆されることに備えて「防空建築規則（昭和 14 年(1939)）」を定め、爆撃により大都市が壊滅することを避けようとしたのですが、効果はほとんどありませんでした。

戦争末期のアメリカ軍による「空襲」では、全国 150 都市が焼夷弾攻撃を受け、原爆による被害を除いても、全焼家屋は 231 万戸、死者 31 万人、罹災者 2100 万人に上る大被害を被りました。焼夷弾というのは、木造密集市街地という日本の弱点を熟知して、市街地大火を起こしやすくするために特別に開発された爆弾です。内部にゼリー状の油脂が充填されており、爆発するとそれが飛び散って建物に張り付き燃え続けるもので、日本全国の諸都市を焼き払うのに大成功を収めました。

図2－2　東京大学御殿下グランドの火災実験（1933、34、38、内田祥三、濱田稔）
出典：「建築と火災」内田祥文 著、相模書房、1942 年

戦後の市街地大火の頻発と消防法・建築基準法等の整備

戦争が終わっても、市街地大火は続きました。木造密集市街地の多くは空襲で焼き払われていましたが、社会が混乱し消防力も貧弱だったため、焼け残った町で市街地大火が頻発したのです。

図２－３は、昭和 21 年(1946)以降に発生した市街地大火（ここでは、焼損面積 33 千 m²以上の火災のうち、大規模建物の火災を除いたものをいう。）を、**図２－１**と同様に表したものです。

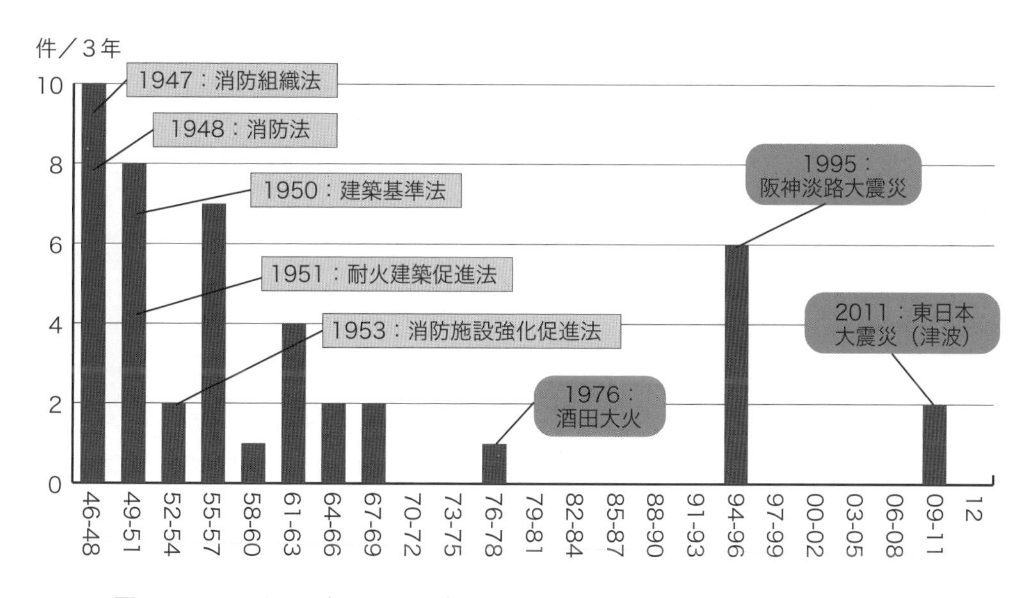

図２－３　昭和 21 年(1946)以降の市街地大火(３万３千m²以上焼損のもの)**の変遷**
（消防白書から作成）

昭和 21 年(1946)から昭和 26 年(1951)までの６年間に、市街地大火が 18 件も発生しています。消防組織法、消防法、そして建築基準法が制定されたのは、こんな時代だったのです。このため、消防法も建築基準法も、ビル火災対策についてはあまり考慮しておらず、もっぱら隣棟への延焼防止や市街地大火防止に主眼を置いて作られました。建築基準法の法律だけ見ると、市街地大火対策が多くを占め（単体規定では建基法 21 条～ 26 条)、ビル火災対策はわずか（制定当初は建基法 35 条のみ）しかないのは、そんな制定時の状況が影響しています。

建基法 27 条は、一定規模以上の特殊建築物を人命被害防止の観点から耐火建築物にしなければならない、としているように見えますが、耐火建築物の定義自体に延焼防止の概念が入っています（建基法２条９号の２ロ参照)。なお、この建基法 27 条は、平成 26 年(2014) ６月の改正で、第１項から「耐火建築物」という用語がなくなっています。

防火木造と消防力に頼る戦略

市街地大火の頻発を受けて、当時の都市計画や建築の専門家たちは、「不燃都市」の実現を夢見ました。「空襲で焼け野原になるような街は二度と造りたくない。日本の都市をロンドンやパリのような、耐火構造のビルが建ち並ぶ、火災に強い立派な街にしたい。」と考えたのです。しかし、当時の日本は、敗戦で全てを失って間もない頃で、とてもそんな余裕はありませんでした。そこで考えたのが、「防空建築規則」の防火構造を新しい建築基準法に取り込むことでした。木造建築物の屋根を不燃とし（建基法22条と63条（当時））、外壁及び軒裏の延焼の恐れのある部分をモルタルで被覆し（建基法23条と62条（当時））、外壁の開口部で延焼の恐れのある部分に網入りガラスを入れる（建基法64条（当時））。木造密集地域でも、全ての建物にこうした措置を講ずれば、一定時間は延焼を防ぐことができるはずです。もちろん、一皮むけば所詮は木造建築物なのでいずれ延焼してしまいますが、延焼を防いでいる間に消防隊が到着して消火できれば隣棟への延焼を防止できます。そのためには、消防力の強化が不可欠、ということになったのです。

日本の市街地大火戦略の成功と失敗

こうして、日本の都市は、20分（いわゆる「22条区域」）～30分（準防火地域）程度の延焼防止性能を持つ防火木造と、通報後8分で放水を開始する消防力のコンビネーションで市街地大火を防ぐ、という戦略で整備を開始しました。消防力の整備に「消防施設強化促進法（昭和28年(1953)）」が大きく貢献したことは、言うまでもありません。

発展途上国を含め、世界の国々が都市を不燃化することで大火を防ぐ戦略をとっているのに、貧しかった日本だけは、防火木造の普及と8分消防の整備という他に類を見ない戦略をとったのです。地震国日本には、安価なため世界中で最も使われている煉瓦造の建物が適さない、ということもあったのだと思います。

この戦略は大成功でした。**図2－3**に示すように、一連の法改正から十数年で市街地大火の撲滅に成功したからです。

しかし、この戦略には大きな欠点がありました。大地震や大津波で消防力が十分に機能しないと、市街地大火が発生してしまうのです。このことは、阪神・淡路大震災でも東日本大震災でも立証されてしまいました（同じく**図2－3**参照）。

消防力に頼らない都市構造を

日本のような地震国で、消防力に頼った市街地大火対策を取ったのは誤りだったのだと思います。阪神・淡路大震災でこのことに気づかなかったことを、今、恥じています。阪神・淡路大震災のあと、「地域防災力を高めよう」をスローガンにしたのは、短期的には正しかったけれど、長期的には間違いでした。「不燃都市を造ろう」とすべきだったのです。

その方法論は難しくありません。都市計画で、「準防火地域」となっているところを

「防火地域」に変更するのが手っ取り早いのですが、「日本人はやはり木造だ」という人もいるかも知れません。それなら、隣棟間隔に応じた延焼防止性能を求める方法もあります。集団規定の性能規定化ですが、要は消防力に頼らずに市街地大火を防止する性能を求めよう、ということです。

いずれにしろ、昭和 25 年(1950)頃の貧しかった日本が実現できなかたことでも、平成の時代の日本なら実現出来たはずです。そうすれば東日本大震災の津波火災はもっと少なかったはずですし、首都直下地震や南海トラフ地震の被害予測で数十万戸が燃えてしまう、などという恥ずかしい予測も遙かに少なくなっているはずです。

今からでも間に合うかも知れない。最近、そう考えて行動し始めています。

第3講　糸魚川市の大規模火災と準防火地域

～糸魚川市の大規模火災のメカニズムと防止対策～

平成28年(2016)12月に発生した糸魚川市の大規模な延焼火災は、大地震や津波以外では市街地大火は発生しなくなっている、と考えていた私たち防火専門家に衝撃を与えました。焼損戸数は147戸に及び、地震や津波起因の火災を除けば、酒田大火以来40年ぶりの大規模火災となってしまったからです。本講では、この火災について考えてみます。

糸魚川市の火災

糸魚川市の火災は、平成28年(2016)12月22日午前10時20分頃、糸魚川駅北側のラーメン店で発生し、南からの強風にあおられて北側の市街地に延焼。強風のため消火は困難を極め、糸魚川市消防本部の消防車16台、消防団車両72台に加え新潟県内外の応援消防隊38台、合計126台で消火活動にあたりましたが、ようやく鎮圧状態になったのは出火から10時間30分後の同日20時50分、鎮火は翌日の16時30分でした。結局、焼損棟数147棟、焼失面積約4万m^2、焼損床面積30,412m^2、負傷者17人（うち、消

図3－1　糸魚川市大規模火災と消火活動（消防庁糸魚川市火災報告書より）

火活動中の消防団員 15 人）という甚大な被害となりました。火災当時の最大風速は 13.9 m（10 時 20 分現在)、最大瞬間風速は 27.2 m（11 時 40 分現在）とされています（以上、消防庁災害情報　糸魚川市大規模火災第 13 報)。

この火災は、地震や津波による火災を除けば、昭和 51 年(1976)10 月 29 日の山形県酒田市の大火（焼損棟数 1774 棟、焼損面積約 15 万 2 千m^2、死者 1 人、負傷者 1003 人）以来の市街地大規模火災（消防白書では焼損面積 3 万 3 千m^2以上の火災を「大火」としていますので、今回の火災はその「大火」の定義には達していません。）となりました。ちなみに、酒田大火の際の平均風速は 12.2 m、最大風速は 26.3 mで、最大瞬間風速は 33.3m でした。

何故大規模延焼火災となったのか

糸魚川市の火災が大規模な延焼火災となった理由として、一つはフェーン現象と目される強風だったことが上げられます。

映像を見ると、大量の火の粉が、強風によりまるで火炎放射器のように風下に吹き付けています。あれでは、消防隊もまともに風下に部署して消火活動を行うことは難しく、風向きの横方向に部署して両側への延焼拡大を防ぐのが精一杯だったのではないかと思います。消防隊到着時には、既に隣接建物からも火の手が上がっていて初期の消火が困難だったということですが、木造密集市街地の場合、この時点で消火できなければ、その後はどんどん風下に延焼してしまうのはやむを得ないようにも見えます。

実は、糸魚川市のこの地域は、地形の関係もあって強風が吹くことが多く、過去に何度も大火にあっています。**図３−２**は、昭和 3 年(1928)、昭和 7 年(1932)及び昭和 29 年(1954)の火災の焼失範囲と、それを踏まえて昭和 35 年(1960)に設定された準防火地域の範囲に、今回の火災の焼失範囲を重ねたものです（出典；糸魚川市大規模火災を踏まえた今後の消防のあり方に関する検討会報告書（総務省消防庁、平成 29 年(2017) 5 月、本講では「消防庁糸魚川市火災報告書」という。）が、この地域がいかに大規模な延焼火災を繰り返して来たか、おわかり頂けると思います。

今回の火災は、出火地点から北へ 300 mで海になり市街地が途切れていますが、風向きが東西方向に振れていれば、さらに大変なことになっていた可能性もありそうです。ちなみに、酒田大火の時は北西の強風が吹き付けて今回と同様の状況になり、消防隊は風下に何度も延焼阻止線を敷きましたが、そのたびに突破されて後退を余儀なくされました。結局、出火元から 2 km離れた新井田川という幅 50 m程度の川を 4 度目の延焼阻止線に設定して、対岸に応援の消防車を並べ、垂直放水により水幕を張って対岸への延焼を阻止する作戦をとりました。それでも猛烈に吹き付ける火の粉を完全には防ぎ切れず、水幕をすり抜けた火の粉を、消防と応援の自衛隊と住民が協力して消して回ることにより、よう

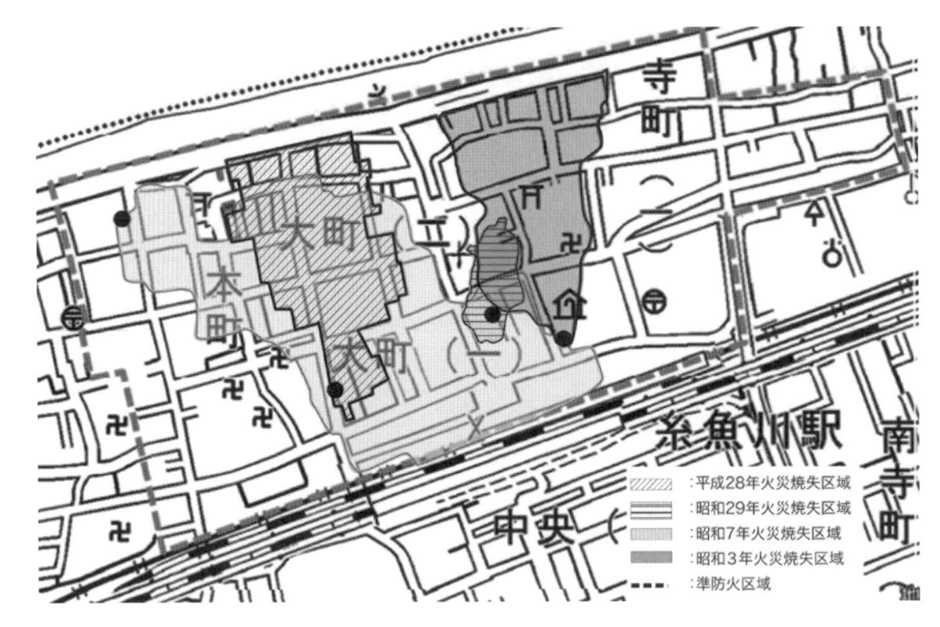

図３－２　糸魚川市中心部の大規模火災による焼失区域図（消防庁糸魚川市火災報告書より）

やく延焼を阻止することができたと報告されています。

住宅の構造特性から推測する延焼のメカニズム

今回の大規模火災の映像を見ると、風下側で、離れた複数の建物がほぼ同時に幾つも燃えています。その理由について、報道やネットの映像と現行建築基準法が求める住宅や建物の構造特性から、火災直後に、私は**表３－１**のようなメカニズムではないかと推測しました。この推測が正しければ、同じような市街地構造の地域では、いったん火災になると、強風が続く限り、風下方向へどんどん延焼していくことになります。

表３－１　建物や住宅の構造特性から推測する糸魚川市大規模火災の延焼メカニズム私見

焼損地域の建物や住宅の構造

準防火地域に指定され、防火木造の家屋と古い既存不適格の木造家屋の間に少数の耐火構造や準耐火構造の建物が混在

① 強風下で火災が発生し、初期消火ができないと、火元建物は強風にあおられて激しく炎上し、窓から炎や火の粉を噴出。これにより、隣接建物もその構造によっては短時間で延焼。これらの建物では、やがて屋根の野地板などに火がついて吹き上げられ、粉々になって、火の粉が風下側に猛烈な勢いで飛散。

② 準防火地域内の防火構造の家屋は、屋根は不燃、外壁と軒裏の延焼のおそれのあ

る部分は防火構造で、開口部には防火戸が設置されているので、火の粉が吹き付けても簡単には燃え出さない。一方、木造家屋は隙間が多く、特に軒裏の部分が開いているため、火の粉が入り込みやすい部分が多い。隙間に入った細かい火の粉は、強風のため火吹き竹で吹かれているような状況になって、やがて発火し、炎上。

③　このため、初めは風下の木造家屋だけが選択的に次々に炎上。その数が多く消防力が劣勢だとこの複数の火災を消火しきれず、②と③が繰り返される。

④　防火構造の家屋は、耐火時間が30分しかないため、長時間周囲で火災が続くとやがて発火し炎上。(火の粉が横から吹き付けられて瓦屋根の裏の隙間に入り込めば、防火構造の家屋でも、もっと早く炎上する可能性もある。酒田大火では、このような延焼経路も多かったと報告されている。)

⑤「防火構造」と言っても、不燃性の屋根の下は木製の野地板なので、屋根が燃え抜ければ、木造と同じように火の粉を噴出し、②以下の状況が繰り返される。

⑥　準防火地域の場合、耐火建築物でも準耐火構造や防火構造の建築物でも、延焼のおそれのある部分に防火戸が設置されているが、その遮炎性能は20分しかない。周囲で長時間火災が続けば、やがてガラスが割れる。網入りなのですぐには脱落しないが、それでもやがて徐々に開口部が大きくなって建物内部に火の粉が入るようになり、結局内部が延焼してしまう(**図３－３**)。耐火建築物の場合は屋根の燃え抜けはないが、割れた窓から火の粉を吹き出して延焼を助長することもある。(酒田大火では、6階建てのデパートに火が入り上階に延焼。5階の窓が開放状態になって強風が吹き抜けるようになったため、高所から火の粉が火炎放射器のように吹き出して延焼拡大の大きな要因になった。)

飛び火による延焼

「飛び火」とは、火災の時、火の粉が飛んで、離れた場所に新たな火災が起こることをいいます。

通常の延焼モデルでは、火災家屋から出る火炎が隣接する家屋を熱することにより延焼し、その家屋から同様のメカニズムでさらに新たな家屋に燃え移ることになっています。このような延焼モデルの場合、火災地域は火元家屋から徐々に拡大する形をとり、風が強ければ、延焼地域は風下に長く延びるような形になります。

ところが、強風時の飛び火を考慮した延焼モデルでは、出火後しばらくすると、火元から風下のかなり離れた地点で新たな火災が始まるため、条件次第では連鎖的に火源の数が急速かつ広範囲に拡大し、延焼経路が複雑になり延焼拡大速度も速くなります。

火元から徐々に燃えて来るならともかく、火元方向とは全く違う風下方向から火の手が上がると、避難者や消防隊員にとっては危険この上ありません。避難しようとしていた方向の家屋がいきなり燃え始めると、避難路を絶たれてしまいます。関東大震災や東京大空

図3－3　糸魚川市大規模火災の焼け跡（消防庁糸魚川市火災報告書より）

襲で多数の死者が出たのは、このような現象が起きたことも大きな要因であると言われています。

酒田大火では飛び火により風下にもう一つの大規模な火災が現れて延焼経路を複雑にしましたが、幸い避難者に死者は出ませんでした。今回の糸魚川市の火災でも飛び火により風下の離れた複数の家屋がほぼ同時に燃える現象が起こりましたが、これも幸い死者は出ずに済んでいます。

市街地大火の時代

江戸時代に大火が頻発したことは良く知られています。特に江戸は、人口百万人を超える大都市で、中でも町人の暮らす下町は貧弱な木造住宅が密集していたため、特に大火が頻発しました。1603年の江戸開府から1868年の明治維新までの266年間に、焼失距離15町（1.6km）以上の大火が89件も起きています[1)]。焼失距離で大火の規模を表しているのは、江戸では冬、北西からの乾いた強風が長く続いた時に大火が起こることが多く、風下方向に細長く延焼するため、焼失面積よりも火災の規模をよく表現できるためです。この時に飛び火が延焼の主役を務めたことは、江戸の市街地構造を考えれば当然です。

江戸三大大火として有名な目黒の行人坂火災(1772年)などは、今の目黒雅叙園のあたりから千住のあたりまで、長さ24kmも燃えてしまったといいますから、すさまじいですね[1)]。

このような都市構造は、明治以降もあまり改善されず、1868年から太平洋戦争直前の1939年までの72年間に、概ね300戸以上燃えた火災は全国で323件、年平均4.5件もあったことは、前講でも述べたとおりです。

戦争が終わった後も、社会の混乱もあってしばらく大火が発生する状況は続きましたが、やがて消防力が整備され、市街地構造が改善されると、地震と津波以外で大火が発生する状況はなくなりました（前講　**図２－３**参照）。例外が酒田大火と糸魚川大規模火災で、いずれも強風時の飛び火火災という共通項を持っています。

飛び火による延焼防止対策と法令

市街地大火防止戦略として戦後すぐの時代に考えられた「防火構造」は、性能規定化された現在の建築基準法では、建築物の外壁又は軒裏の構造を、「建築物の周囲において発生する通常の火災による延焼を抑制するために当該外壁又は軒裏に必要とされる性能」（防火性能）を有すべきとしています（建基法２条８号）。ここでは飛び火や屋根の構造には触れられていませんが、別途、建基法62条に「防火地域又は準防火地域内の建築物の屋根の構造は、市街地における火災を想定した火の粉による建築物の火災の発生を防止するために屋根に必要とされる性能」がなければならない、としてまさに今回のような火災を防ぐことを想定した規定になっています。準防火地域の多くの建物は防火構造なので、この規定は事実上、防火構造の建物の屋根の性能を規定していることになります。この構造は、消防力が機能する場合はかなり有効で、防火構造の壁や開口部の防火措置と相まって戦後の市街地大火の撲滅に大きな役割を果たしましたが、大地震や津波で消防力が十分でない場合は市街地大火になってしまう危険性を秘めています。

問題は、建基法62条に基づき詳細な性能や仕様を定めるはずの国交省の告示（平成12年(2000)建設省告示第1365号）に、「屋根は不燃材料で造るか、又はふくこと」としか書かれていないことです。強風時に瓦の隙間から火の粉が入らないように漆喰で被覆すべしとか、入った火の粉が発炎しないように野地板を難燃材料にすべし、などということには触れられていません。関西では、強風により屋根が飛ばされないように野地板の上に土を載せてから屋根をふくことが行われており、結果的に飛び火による屋根からの延焼防止に効果がありましたが、地震に弱く、阪神・淡路大震災で被害が大きかったために、最近では行われなくなっているようです。

温故知新が必要

江戸時代は、強風下で火災が発生すると、風下にある家屋では、開口部に粘土や味噌（自家製の味噌を大量に蓄えていた家も多かったため）を塗り込めて飛び火に備え、一家総出で飛んで来た火の粉を消す、などという防御活動が普通に行われ、戦時中は空襲に備えた防御活動方法の一つとして組織的に教育されたと聞いています。

今に残る防災頭巾（戦時中は空襲による火災から身を守る「防空頭巾」と言われました）も、火の粉が髪の毛に着火したり、首筋から背中に入って燃え出したりするのを防ぐためにあのような構造になっています。地震時の備えとしては、ヘルメットより有効な地域もありそうです。

糸魚川市の飛び火による火災に一般の人は改めて驚いているようですが、昭和30年代までは、あのような延焼形態はむしろ普通でした。大火が多かった時代には常識だったのに、大火がほとんどなくなった現在では忘れ去られてしまった知識がいかに多いかということを、糸魚川市の火災で改めて実感しました。

糸魚川市の火災の負傷者の多くは、飛び火に目をやられた消防団員だということなので、強風下の延焼火災から避難するには、今なら防塵めがねも必要、ということになるのではないでしょうか。

糸魚川大規模火災を教訓に、消防力が十分期待できない大地震への備えとも合わせ、昔の常識を思い起こすとともに新たな知見や技術を加えて、現代にふさわしい市街地大火防止戦略を考えていくことが必要だと思います。

準防火地域戦略は見直すべきではないか

糸魚川市の火災のような大規模火災を二度と起こさないようにするためにはどうすべきでしょうか。まず、今回の焼失地域が特別燃えやすい「木造住宅密集地域（木密地域）」だったのか、日本中に無数にある典型的な「準防火地域」だったのか、ということが重要です。

「平成28年(2016年)12月22日に発生した新潟県糸魚川市における大規模火災に係る建物被害調査報告書（平成29年(2017)7月18日　国土総合政策技術研究所・建築研究所)」によれば、この火災による延焼地域内の建物206戸のうち121戸(58.7%)が裸木造だったということで、この地域が昭和35年(1960)に準防火地域に指定されていることを考えると、極めてまれな地域だと思います。同報告書では、このような古い木造住宅が多かったことと、隙間の多い古い屋根が多かったことが、飛び火火災が多数発生した理由だとしています。そうだとすれば、40年間起こらなかった強風下の大規模延焼火災が、今回、よりによって（市街地大火防止のために考えられた）「準防火地域」で発生してしまった理由としても納得できます。対策もそういう劣悪な木密地域を早急に解消しよう、ということでよいはずです。

でも、それでよいのでしょうか？日本の都市防災の最大の課題の一つは、大規模地震の際に発生すると考えられている市街地大火です。準防火地域は、消防力が正常に機能することを前提とした市街地大火対策ですから、大地震で消防力が不足した場合には、市街地大火が発生してしまう、潜在的危険性を持っていると考えなくてはなりません。

一度の火災で百戸以上の家屋が燃えてしまうのは、アジアではフィリピン、バングラデシュ、インドネシアの、それもスラム街くらいで、世界でもあまり聞いたことがありません。どんな貧しい国でも、密集市街地はレンガ造などにより不燃化して大火を防ぐのが常識だからです。

日本は世界一の地震国なので「レンガ造で不燃都市」という戦略をとりにくいのは確かですが、一方で、地震による大火を防ぐことは、街造りの最優先の課題と言っても過言ではありません。

戦後の貧しい時代に考えられた「準防火地域＋防火木造＋消防力」という市街地大火防止戦略（前講参照）は、もう卒業したらどうでしょうか。阪神・淡路大震災後に制定された「密集市街地における防災街区の整備の促進に関する法律」（平成９年(1997)）に基づき、木造住宅密集地域を重点的に改善していく方法もあります。

いずれにしろ、準防火地域に頼った市街地大火防止戦略を見直し、「不燃都市の建設」を「国土強靱化」戦略の一つとして積極的に取り上げていくべきではないか。糸魚川の大火を見て、改めてそう思います。

参考文献

1)　山川健次郎、東京府火災録、東京大学、1881 年

第４講　昭和40年代(1965～74)の防火法令の改正

～多数の死者を伴うビル火災の頻発と相次ぐ防火法令の改正強化～

昭和30年代半ば(1960年頃)以降、日本の経済が急成長すると、ビルが急増するようになりました。それに伴って多数の死者を伴うビル火災も急増し、一方で高層建築物の建設が解禁されたこともあり、防火法令の見直しが急務となりました。このため、昭和40年代半ば(1970年頃)の数年間に建築基準法令と消防法令が何度も改正され、現在のビル火災対策の骨格が作られました。特に、118人の方が亡くなった大阪の千日デパートビル火災を契機とした改正は、その後の日本の建物の防火安全の向上に大きく貢献しました。

多数の死者を伴うビル火災の頻発

戦争直後から続いた市街地大火は、昭和40年代前半(1960年代後半)にほとんど撲滅されましたが、入れ替わるようにビル防火対策が大きな課題になりました。

当時、経済の急成長に伴い都市には耐火構造のビルが続々と建設されるようになりましたが、それに付随して、雑居ビル、ホテル、病院等で多数の死者を伴うビル火災が頻発しました。水上温泉菊富士ホテル火災（昭和41年(1966)３月)、有馬温泉池之坊満月城火災（昭和43年(1968)11月)、磐梯熱海温泉磐光ホテル火災（昭和44年(1969)２月）と、死者がちょうど30人発生するホテル火災が連続するなど、耐火構造のビルやホテルの火災安全性に対して社会の不信感が広がることになりました。

ビル火災で多数の死者が出た直接の理由は様々でしたが、その共通要因は、当時はまだ耐火構造のビル特有の火災現象とその危険性が理解されておらず、そのため防火基準も不十分なことでした。

高層建築物の登場

高さ31 mを超える建築物は、市街地建築物法（大正８年(1919))により過密都市防止の観点から建設が禁止され、その規制は戦後の建築基準法の集団規定にも引き継がれました。ところが、昭和35年(1960)頃になると、日本経済が急成長し、一方で耐震性の高い高層建築物の建設が可能となる技術開発が行われたため、解禁の気運が高まりました。

こうして、昭和36年(1961)に都市計画法に「特定街区」の制度と容積率の考え方がセットで導入され、良好な市街地形成が図られることが都市計画で担保された特別な街区については、高さ制限などを緩和することが可能になりました。その後、昭和 38 年(1963)の「容積地区」制度を経て、昭和 45 年(1970)の建築基準法の改正で容積率規制が一般化され、高さ制限は完全に撤廃されました。

特定街区制度第一号の霞が関ビル（高さ 147 m、昭和 40 年(1965)着工、昭和 43 年(1968)竣工、**図４－１**）の建設を皮切りに、高層建築物が多数建設されるようになることが予想されたため、建築基準法令も消防法令も高層建築物の火災安全をどう図っていくかが大きな課題となりました。

図４－１　高層建築物第一号「霞が関ビル」1968 年竣工

建築基準法令の改正強化

このような相次ぐビル火災と高層ビルの解禁及び当時火災安全性が問題視されていた地下街の急増を受け、建築基準法令が何度も改正されました。まず、昭和 36 年(1961)及び昭和 39 年(1964)の建築基準法施行令の改正において、高層建築物に対する内装制限の強化、防火区画、避難路の面積等についての上乗せ等が行われ、同時に耐火構造の耐火性能に関する規定の整備が行われました。

また、昭和44年(1969)年1月、建築基準法施行令が改正され、竪穴区画規制の新設、内装制限及び避難施設に関する規制の強化、地下街の防火区画及び避難施設に関する規制の強化等が行われました。さらに昭和45年(1970) 6月には、社会情勢の変化や技術革新への対応を図ることなどと併せ、防火避難施設にかかる設置規制の大幅な強化を目指す、建築基準法の制定以来の大改正が行われました。現行建築基準法の防火対策で定番となっている排煙設備、非常用の照明装置、非常用の進入口、非常用のエレベーター等の設置規制は、この時の改正で初めて導入されたものです。

消防法令の改正強化

一方、消防法令においても、昭和41年(1966)12月、防火管理者制度の強化及び避難器具と自動火災報知設備に関する規制の強化を内容とする消防法施行令の改正が行われ、さらに昭和43年(1968) 6月には、高層建築物、地下街等に対する共同防火管理及び防炎規制の実施等を内容とする消防法の改正が、昭和44年(1969) 3月には関連する施行令の改正が行われました。

この時の消防法施行令の改正の際には、先述の旅館・ホテル等の火災を踏まえ、自動火災報知設備、電気火災警報器（現在の漏電火災警報器のこと)、非常警報設備等及び誘導灯等の設置規制の強化も同時に行われました。特に、旅館・ホテル等や病院等に対する自動火災報知設備の遡及設置規定（遡及期限は昭和46年(1971) 3月末）の追加と、煙感知器の検定対象品目への追加は、これらの防火対象物の防火安全性の向上に著しい効果をあげました。

千日デパートビル火災を契機とする大改正

昭和40年代前半(1960年代後半)の防火法令の一連の改正にもかかわらず、多数の死傷者を伴うビル火災は後を絶たず、ついに昭和47年(1972) 5月には戦後最多の死者を出した大阪市千日デパートビル火災（118人死亡）が発生したため、防火関係法令のさらなる規制強化が行われました。

消防法関係では、昭和47年(1972)12月に消防法施行令が改正され、防火管理者制度の拡充、スプリンクラー設備の設置対象の拡大、複合用途防火対象物に対する規制の強化、自動火災報知設備の遡及設置対象の不特定多数の者や災害時要援護者等が利用する施設(特定防火対象物）への拡大等が行われました（遡及期限は昭和49年(1974) 5月末)。この自動火災報知設備の特定防火対象物への遡及適用が即効的な効果を上げたことは、次回詳述します。

千日デパートビルは典型的な「複合用途防火対象物」でしたが、用途が複合する防火対象物は、当時は令別表第1に(16)項と位置づけられているだけで、「複合用途防火対象物」という用語は法令上ありませんでした。この火災を契機として、(16)項がイとロに区分され、(16)項イについては、スプリンクラー設備と自動火災報知設備を中心に、特に厳しい規制強化が行われましたが（**表4－1**）、「複合用途防火対象物」という言葉が法令用語として登場するのは、大洋デパート火災後に行われた昭和49年6月の消防法8条の改正を待つことになります。

表4－1　大阪市千日デパートビル火災に伴う消防法施行令の主な改正

(昭和47年(1972)12月)

	改正項目	従前の規制	改正内容
1	消令別表第一（16）項	区分なし	イとロに区分
2	消令9条かっこ書き	非常警報設備のみ	スプリンクラー設備、自動火災報知設備など対象を6品目に拡大
3	防火管理者制度の拡充	収容人員50人以上	特定防火対象物（(16)項イを含む)：30人以上
4	共同防火管理対象の拡大	(16)項で5階建以上	(16)項イは3階建以上
5	スプリンクラー設備の設置対象の拡大	⑷項で売場面積が4階以下9,000m^2以上、5階以上6,000m^2	特定防火対象物6,000m^2以上
		(16)項：用途ごとの規制	特定部分3,000m^2以上
		特定用途等の11階以上の階で高層面積区画された部分以外の部分の合計床面積が100 m以上	11階以上の階 (→規則13条区画の新設)
6	自動火災報知設備の設置対象の拡大	⑶項、⑷項：500m^2以上	300m^2以上
		(16)項：用途ごとの規制	延500m^2以上かつ特定部分300m^2以上
		特定用途等の11階以上の階で高層面積区画された部分以外の部分の合計床面積が100m^2以上	11階以上の階は全て
		遡及対象：⑸項イ、⑹項イ	特定用途全て
7	非常警報設備である放送設備の設置対象の拡大	(16)項：用途ごとの規制	(16)項イで収容人員500人以上

また、千日デパートビル火災の死者が焼死でなく一酸化炭素中毒や窒息又は煙に追われて飛び降りたための墜死であったため、昭和48年(1973)8月には建築基準法施行令が改正され、防火区画における防火戸の常時閉鎖の原則、煙感知器連動閉鎖式防火戸の規定、防火ダンパーの遮煙性能の要求、二方向避難の要求範囲の拡大、避難階段・特別避難階段の防火戸に対する遮煙性能と煙感知器連動化の要求、内装制限の強化等、主として煙対策を中心とする大幅な規制強化が行われました。

この時の両法令の改正は、多数の死者という大きな代償を払って近代的なビルの実態やビル火災特有の現象を学び、それを踏まえてビル防火対策の根幹を形作ったもので、次回述べる熊本大洋デパート火災を契機とした特定防火対象物に対する遡及適用とともに、現在の日本のビルの防火安全に直接つながるものです。

図4－2　大阪千日デパートビル火災（1972 年5月）

第５講　大洋デパート火災と遡及適用及び規制強化の効果

～遡及適用と昭和 40 年代(1965～74)の防火法令改正強化の効果～

千日デパートビル火災を契機に特定防火対象物に自動火災報知設備が遡及的に設置されることとなりましたが、その遡及期間中にさらに大洋デパートビル火災が発生したため、消防庁は、ついに特定防火対象物に対する全消防用設備等の遡及設置に踏み切りました。古い建物に屋内消火栓、スプリンクラー設備等を遡及設置させるため、当時の予防職員は大変な苦労をしましたが、火災統計を分析するとその効果は歴然としており、「劇的」と言ってもよいほどです。

大洋デパートの火災と防火法令の改正強化

昭和 40 年代前半(1960年代後半)の相次ぐ防火法令の改正にもかかわらず、昭和 48 年(1973)11 月には、100 人の方が亡くなる[1]熊本市大洋デパート火災が発生しました。千日デパートビル火災のわずか１年半後に再び大惨事が起こったため、消防庁と建設省（当時）は、かねて懸案となっていた古い既存建築物に対する対策に本格的に取り組まざるを得なくなりました。当時、規制強化が直ちに既存建築物の防火避難施設の改善に反映される仕組みとなっていなかった（消防法 17 条の２（当時。現在は 17 条の２の５）１項及び建基法３条３項３号）ため、一連の規制強化にもかかわらず、古い建築物は防火避難施設が脆弱なまま取り残されており、両火災による被害はまさにその弱点が突かれたものだったからです。

このため、消防庁は、特定防火対象物に対する消防用設備等の遡及適用条項（現在の消防法 17 条の２の５第２項４号）を含む消防法の改正に踏み切ることとし、昭和 49 年(1974) 6 月に国会で可決されました。この時、同時に、防火管理に関する消防機関への措置命令権の付与（消防法８条４項)、消防機関による消防用設備等の設置時検査制度（消

1）大洋デパート火災による死者は103人としている文献が多いのですが、火災による死者の定義(火災による負傷後48時間以内に死亡)に従い、消防白書では死者100人となっています。大洋デパート火災の死者数は、本書でも以後たびたび出てきますが、消防白書と同様100人としています。

防法17条の3の2）及び消防設備士等による定期点検報告制度（消防法17条の3の3）の新設なども行われました。

同様の遡及適用条項は、建設省も建築基準法に盛り込むべく同国会に上程し、昭和49年(1974) 3月から昭和51年(1976) 5月まで2年余りの間、異例の長期間にわたり継続審議が行われましたが、防火区画、避難施設等建築構造に関する防火対策は、消防用設備等に比べ、既存建築物の改善が技術的経済的に困難であることなどもあって、実現に至りませんでした。大洋デパート火災を契機とする建築基準法の改正は、この火災で多数の死者が出た理由の一つが、工事中で多くの階段が使用出来ない状態のまま営業されていたことにあったため、昭和51年(1976) 5月、工事中の建築物の仮使用承認制度（建基法7条の2（当時。現在は7条の6））が創設されて落着することとなりました。

昭和41年(1966)～昭和51年(1976)に行われた防火法令の改正

第3講から述べて来たように、高層ビルの出現と、ビル火災の多発から大洋デパート火災に至る一連の出来事を契機として、昭和41年(1966)から十年あまりの間に、建築基準法令と消防法令が繰り返し改正強化されました。その状況をまとめると**表5－1**のようになります。

表5－1　主な防火法令の改正と契機となった事項(昭和41年(1966)～昭和51年(1976))

改正年	建築基準法令	消防法令	改正の契機となった事項
			高層建築物の建築制限の緩和(1961年)
S 41年(1966)		・防火管理者制度の強化 ・避難器具と自動火災報知設備（自火報）に関する規制強化	・川崎市雑居ビル火災（1966年、12人死亡） ・水上温泉ホテル火災（1966年、30人死亡）
S 43年(1968)		高層建築物、地下街等に対する共同防火管理及び防炎規制の新設	・有馬温泉ホテル火災（1968年、30人死亡） ・霞ヶ関ビル竣工（1968年）
S 44年(1969)	・竪穴区画規制の新設 ・内装制限と避難施設の強化 ・地下街の避難施設と防火区画の規制強化	・自火報・非常警報設備等の設置規制の強化 ・煙感知器を検定対象品目に追加 ・自火報を既存の病院等及びホテル等に遡及的に設置（69.3～71.3）	・磐梯熱海温泉ホテル火災（1969年、30人死亡）

S 45 年 (1970)	・特殊建築物・高層建築物・大規模建築物に対する排煙設備、非常用の照明装置、非常用の進入口、非常用のエレベーター等の設置義務づけ等 ・内装制限の強化		・絶対高さ制限（31 m）の撤廃（1970 年） ・札幌市病院火災（1970 年、5 人死亡） ・和歌山市ホテル火災（1971 年、16 人死亡） ・北海道寄宿舎火災（1971 年、10 人死亡） ・宮城県病院火災（1971 年、6 人死亡）
S 47 年 (1972)		・防火管理者制度の拡充 ・複合用途防火対象物に対する規制強化 ・スプリンクラー設備の規制強化 ・自火報を既存の特定防火対象物に遡及設置（72.12 ～ 75.11）	・大阪市千日デパートビル火災（1972 年、118 人死亡）
S 48 年 (1973)	・煙対策の強化 ・竪穴区画の煙対策の徹底 ・内装制限の強化 ・二方向避難の規制強化		・熊本市大洋デパート火災（1973 年、100 人死亡）
S 49 年 (1974)		・全ての消防用設備等を既存の特定防火対象物に遡及設置（74.6 ～ 77.3/79.3） ・消防機関による設備設置時検査制度 ・定期点検報告制度	
S 51 年 (1976)	・工事中の建築物の仮使用承認制度		

平均焼損面積で見る改正の効果

表５－１に示した規制強化の効果を改正規定の内容に対応した形で検証することは困難ですが、火災 1 件当たりの焼損面積の推移の形で見てみると、これらの改正全体の効果は歴然としています。

図５－１は、耐火造建築物の火災 1 件当たりの焼損面積を、

① 居住用建築物：規制強化がなされなかった

② 居住用以外の非特定防火対象物：規制強化はなされたが既存建築物への遡及適用はなされなかった

③ 旅館・ホテル等と病院・診療所等：自動火災報知設備（自火報）が先行（昭和 44 年(1969) 3 月～昭和 46 年(1971) 3 月）して遡及設置され、昭和 49 年(1974) 6 月～昭和 52 年(1977) 3 月に全消防用設備等が遡及設置された

④ 物品販売店舗等：昭和47年(1972)12月～昭和50年(1975)11月に自火報が、昭和49年(1974)6月～昭和52年(1977)3月に全消防用設備等が遡及設置された

⑤ 病院・ホテル・物品販売店舗等以外の特定防火対象物：昭和47年(1972)12月～昭和50年(1975)11月に自火報が、昭和49年(1974)6月～昭和54年(1979)3月）（地下街と特定複合用途防火対象物については昭和52年(1977)3月末）に全消防用設備等が遡及設置された

に分けて、同期間の平均焼損面積の推移を見たものです。

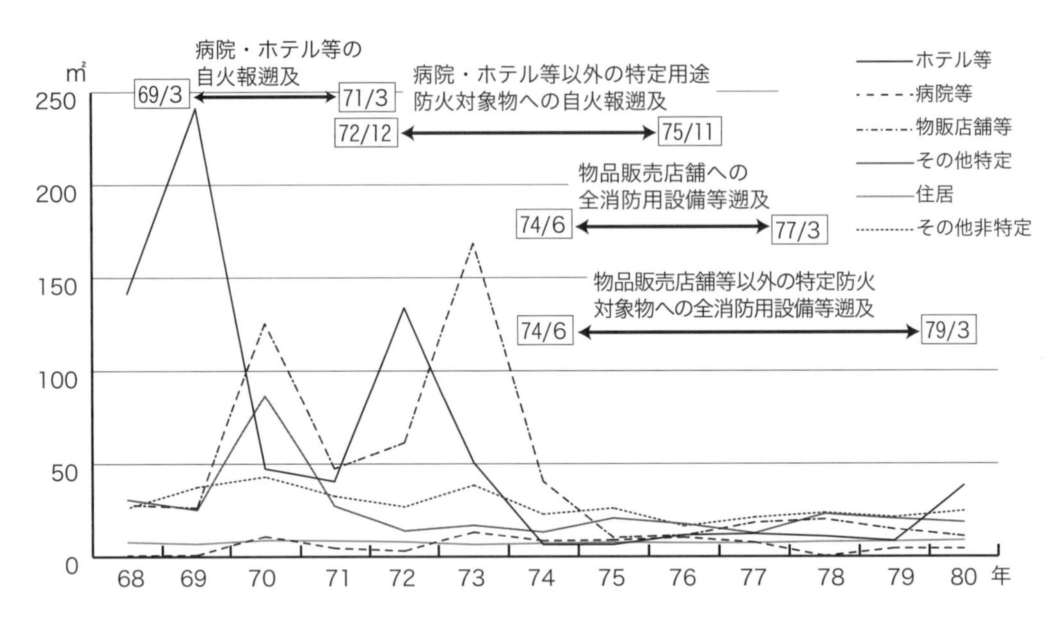

図5－1　自動火災報知設備と他の消防用設備等の遡及適用の時期による耐火造建築物の用途別平均焼損面積の変化(火災年報より作成)

この図から、自火報の遡及設置が先行的に大きな効果を上げ、特定防火対象物に対する消防用設備等の遡及設置も大きな効果があったこと、消防用設備等が遡及設置されなかった建築物についても平均焼損面積が着実に減少していることなどを読み取ることができます。

昭和45年(1970)～昭和50年(1975)の5年あまりの間に日本の耐火造建築物の平均焼損面積に起こった変化は劇的と言ってもよいほどです。その急減の理由は、自火報の遡及設置が行われたということだけでなく、この時期以降、大規模な特定用途防火対象物には平屋建てを除き必ずスプリンクラー設備が設置されるようになったこと、内装に石膏ボードが用いられるようになったこと、混合構造で竪穴区画のない古い建物のストックが急減したこと、以上により、工場や倉庫以外では大規模な延焼火災が急減したことなどが挙げられます。

第６講　スプリンクラー設備の基準を定めるのは建築基準法？

～消火設備は制定時から建築基準法の守備範囲なのに消防法で基準を定めているのは何故か？～

現在、スプリンクラー設備や消火栓設備の基準は消防法令で定められていますが、実は、法律上は諸外国と同様、建築基準法で定めると記されています。これらの設備の基準が消防法令で定められ、誰も不思議に思わないのは、消防法制定時から消火設備等を条例で設置して来た市町村消防本部と、消防設備士制度や検定制度を作って消防用設備等の設置や性能の維持向上に努めてきた、消防関係者の熱意と努力の賜です。

建築基準法と消防法の守備範囲は他の多くの国と違う

建築物の防火安全性を担保するための法令として、多くの国では日本の建築基準法と消防法にあたる法律がそれぞれ定められています。ところが、その規制範囲は日本とはかなり違います。多くの国では、消火栓設備、スプリンクラー設備、自動火災報知設備（自火報）などの設置を義務づけているのは建築基準法に相当する法律です。これらの国で消防法により設置を義務づけている設備は、消火器など移動可能な器具くらいのものです。このことはご存知の方も多いと思いますが、東京理科大学火災科学研究所のホームページで、私の作った「東アジア諸国の防火法令和訳データベース」https://gcoe.tus-fire.com/id10933.html により、東アジア諸国の防火法令の規定ぶりをご確認頂けばよくわかると思います。

消火設備等は建築基準法の設備？

日本は諸外国と違い、消防用設備等の設置基準や技術基準を消防法令で定めていますが、法律をよく読むと、意外にも日本も他の国と変わらないことがわかります。

建基法２条１号では、「建築物」は定義上「建築設備を含むものとする。」とされており、同条３号では、「建築設備」は「建築物に設ける電気、ガス、……消火、排煙……の設備……をいう。」とされていて、包括的に消火や排煙の設備は建築設備であると明記されています。電気の設備が何を指すかここでは明確ではありませんが、自動火災報知設備など電気を用いた設備も含まれると解釈されています。

また、建基法35条では、「……、消火栓、スプリンクラー、貯水槽その他の消火設備、排煙設備、……は、政令で定める技術的基準に従って、避難上及び消火上支障がないようにしなければならない。」と、具体的に消火設備や排煙設備の技術的基準について言及しています。

消防法ではどうか

一方、消防法17条では、「……消防の用に供する設備、消防用水及び消火活動上必要な施設（以下「消防用設備等」という。）について、……、政令で定める技術上の基準に従って、設置し、及び維持しなければならない。」としていますが、消火栓設備やスプリンクラー設備などの具体的な設備名は、法律の条文には書かれていません。

このように、法律を読む限り、多くの国々と同じように、日本でも、屋内消火栓設備やスプリンクラー設備の基準は建築基準法に基づいて定められるものとしか考えられないのです。

消火設備等は制定時から建築基準法の守備範囲？

建築基準法では昭和25年(1950)の制定時から、２条で「消火の設備」は「建築設備」として列記されており、35条で「……消火せん、スプリンクラー、貯水そうその他の消火設備並びに敷地内の避難上及び消火上必要な通路は、政令で定める技術的基準に従って、避難上及び消火上支障がないようにしなければならない。（排煙設備が入るのは昭和46年(1971)）」とされていました。一方、制定消防法17条（昭和23年(1948)）では、「……市町村条例の定めるところにより、消火器その他消防の用に供する機械器具及び消防用水並びに避難器具を設備しなければならない。」となっています。これらを見る限り、制定時の建築基準法と消防法の守備範囲は、他の多くの国と同じようなもので、「建築設備」と呼べるような大がかりなものは建築基準法で定め、消火器や避難器具のような小さな「器具」は消防法で定める、という整理だったのだと考えられます。

消防法17条の拡充強化

ところが、何らかの理由で、建築基準法に基づく「消火の設備」に関する政令が定められずにいるうちに消防法17条が改正され（昭和35年(1960)）、「……関係者は、政令で定める技術上の基準に従って、政令で定める消防の用に供する設備、消防用水及び消火活動上必要な施設（以下「消防用設備等」という。）を設置し、及び維持しなければならない。」とされました。

この消防用設備等の種類は消令７条で定められており、制定当時から、屋内消火栓設備やスプリンクラー設備だけでなく、現行のほとんどの設備が列挙されています。

法律も政令も、当時の建設省と消防庁の合意のもとに定められていますので、昭和35年(1960)の時点で、スプリンクラー設備等の技術上の基準は、建築基準法で「政令で定める」とされているのに、実際には消防法施行令で定めることが、両省庁で合意されたことになります。

埋め込みタイプ　　マルチスリットタイプ　　フレームタイプ

図6－1　スプリンクラーヘッド

火災予防条例と検定制度の果たした役割が大きいのではないか

以上の経緯のポイントは、昭和35年(1960)まで、消火設備等の基準が建築基準法の政令で定められなかったところにあります。その理由は、今となっては推測するしかありませんが、私としては以下の２つの仮説を持っています。

一つは、制定消防法17条に基づいて各市町村で実施されていた火災予防条例の存在です。火災予防条例で課された「消火器その他消防の用に供する機械器具……の設備」の義務の中に消火栓設備やスプリンクラー設備の設置義務があり、それに基づいて消火栓設備やスプリンクラー設備が各地で次々に設置されているという実態があったことが大きかったのではないか、という仮説です。

もう一つは、検定制度の存在です。消防組織法では、昭和23年(1948)制定時に「国家消防庁」の事務として、４条９号で「消防設備及び機械器具の検定に関する事項」を定めており、昭和26年(1951)に「消防の用に供する設備、機械器具及び資材の検定に関する事項」と改正されています。この検定業務は消防研究所が行っていたのですが、当時の消防白書を見ると、検定品目の中に「スプリンクラーヘッド」があり、昭和29年(1954)以降「予備検定」を受検するものが現れています。制定消防法の19条には、「消防の用に供する機械器具及び設備の規格は国家消防庁がこれを勧告する。」という条文もありますので、この規格にスプリンクラーヘッドが入っていた可能性もありますが、今のところ確認できていません。

いずれにせよ、昭和35年(1960)頃までにスプリンクラー設備などは消防法に基づく火災予防条例に従って各地で設置されており、当時の建設省はその実態を無視できずに政令の制定を保留。結局、消防法17条の改正の際に、政令を消防法に委ねたのではないか、というのが私の仮説です。

こうして、昭和34年(1959)に消防用設備等を含む建築設備の設計や工事監理の業務の独占権を建築士に委ねる代わりに、昭和35年(1960)以降、建築基準法とは独立した形で消防用設備等の設置基準や技術基準を消防法で定め、設置及び維持管理を行うことができるようになりました。その後、消防法17条の体系の一環として、検定制度（同21条の２、昭和38年(1963)）、消防設備士制度（同17条の５、昭和40年(1965)）、設置時検査制度（同17条の３の２、昭和49年(1974)）、点検・報告制度（同17条の３の３、昭和49年(1974)）などが次々に定められ、「消防用設備等の設置及び維持は消防法で担う」という現行の体系が揺るぎないものになっていったのだと思います。

第７講　消防法と建築基準法

～火災の発展段階に応じた消防法と建築基準法の役割分担～

日本の建物の防火安全は、消防法と建築基準法で分担し、火災の発展段階に応じた対策を重層的に講じさせる仕組みになっています。消防法は主として防火管理などソフト面と消防用設備等の設置規制を担っており、出火防止、早期発見、初期消火など火災発生の初期段階の対策が手厚いのが特徴です。一方、建築基準法は建築物本体の防火安全対策を担っており、火煙の拡大防止、避難対策、倒壊防止など、初期消火できなかった場合の対策が手厚くなっています。

火災の発展段階に応じた防火安全対策

防火法令の基本目標は、「通常の火災」による被害をできるだけ少なくすることです。「通常の火災」という用語は平成10年の改正で初めて建築基準法に登場しますが、名前がなかっただけで、概念は昔からありました。消防法は、危険物、指定可燃物、可燃性ガスの火災や爆発など「特殊な火災」にも一部目配りした規定ぶりとなっており、「通常の火災」という用語も使われていませんが、基本的に「通常の火災」に対する対策を中心としていることは建築基準法と同様です。

「通常の火災」は、火源となる小さな火が直近の着火物に燃え移り、以後、１室火災、フラッシュオーバー、階全体への火煙の拡大、上階拡大、隣棟延焼、市街地大火へと順次成長していく、という火災モデルです。この火災モデルを前提として防火対策を考えるなら、初期段階ほど対応が容易なので、その段階での対応を手厚くする方が合理的ですが、ある確率で突破されることを想定し、段階ごとに重層的に対策を講じておくことも必要です。この考え方を「フェールセーフ」と言いますが、まあ、ここまでは、本誌の読者なら常識でしょう。

消防法と建築基準法の役割分担とその特徴

火の用心から消防活動まで、広い意味でこの「フェールセーフ」の構成要素となりますが、そのうち建築物に様々な対策を講じさせる役割を担っているのが、消防法と建築基準法です。

消防法は建築物における消防用設備等の設置に関する規制を担当するほか、防火管理などソフト面についても担当しており、一方、建築基準法は、壁、床、戸、廊下、階段やその材料、寸法、構造、位置関係など建築物本体に関する防火安全対策を担当して、全体で

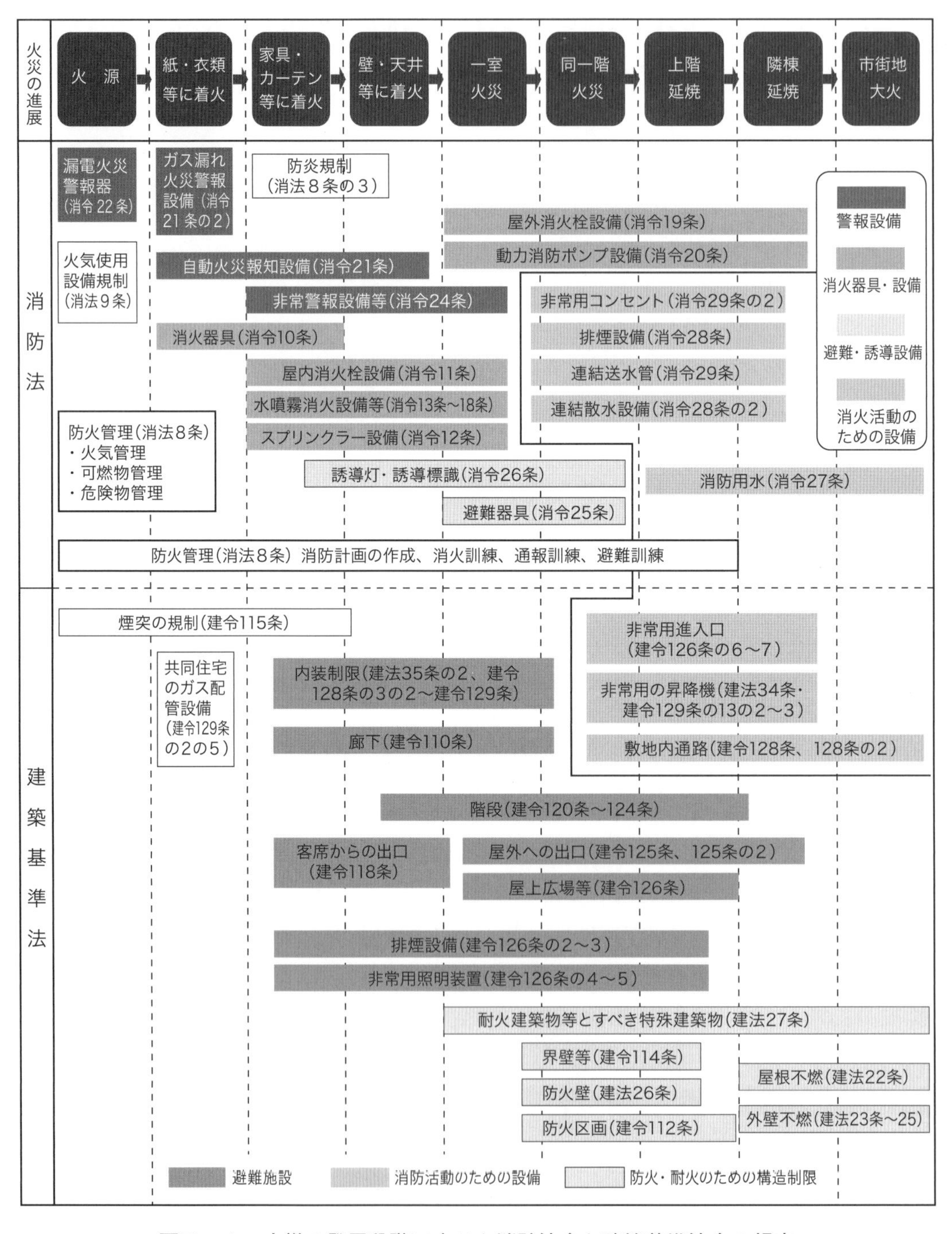

図7－1　火災の発展段階に応じた消防法令と建築基準法令の規定

建築物の防火安全対策に必要なフェールセーフの輪が形成されるようになっています。消防用設備等と建築設備の担当範囲と位置づけについては、第５講で述べたとおりです。

この全体像を示したのが**図７－１**です。

消防法令は出火防止、火災発見、通報など火災の初期段階の対応について多く分担しており、その後の消火、避難についても万遍なくカバーしています。消防活動に対する支援機能が重要な位置を占めていることは言うまでもありません。

一方、建築基準法令は、火災発生防止の段階での施策が少なく、初期消火段階を突破された場合に備え、火煙の拡大を抑え、避難路を確保し、在館者が避難を完了するまで倒壊しないようにする、という部分が手厚くなっています。建築基準法令が非常用エレベーター、非常用進入口などの消防活動支援機能の重要部分を引き受けており、また、市街地大火が頻発した歴史を踏まえ、単体規定にも集団規定と連携した市街地大火対策が盛り込まれていることも、日本の防火法令の特徴となっています。

第８講　複合用途防火対象物（１）

～防火法令における「用途」の位置づけと複合用途防火対象物～

複数の用途がある建築物に対する消防法と建築基準法の考え方の違い

日本の防火法令は、個々の建築物の火災危険性を、用途、延べ面積、高さ、開口部の有無などその属性によって判断し、危険性の高いものには厳しく、低いものにはそれなりに、という考え方で規制しています。消防法では、「用途」が最も重要な属性と位置づけられており、防火対象物の用途が決まらないと規制内容を決められません。この点、厳しい規制が適用される用途が卓越する建築基準法の防火基準の考え方とは異なっています。

建築物の火災危険性を判断する属性

個々の建築物に施すべき防火安全対策は、その建築物の用途、構造、プランなどを勘案し、建築物ごとに専門家がアセスメントを行って決めていくのが理想です。しかし、アセスメントの標準的な方法論を確立するのが難しいこと、公平で能力の高い専門家を確保するのが難しいことなどから、公平公正な結果を高い再現性で得ることが難しく、手間や費用がかかることもあり、アセスメント方式は実施しにくいのが実情です。このため、日本だけでなく、諸外国の多くも、個々の建築物に施すべき防火安全対策を決めるには、建築物の火災危険性を判断する属性を決め、その属性の組み合わせによって個々の建築物の火災危険性を判断する仕組みをとっています。

日本の防火法令で建築物の火災危険性を判断する属性とそれに応じた対策の関係は、**図８－１**に示すとおりです。消防法も建築基準法も、用途、延べ面積、収容人員、高さ又は階数、地階又は高層階かどうか、開口部の大きさなどの組み合わせで建築物の火災危険性を判断するとともに、建築的要素と消防設備的要素が相互に補完し合って、施すべき防火安全対策を決める仕組みになっています。

属性の中で「用途」が最も重要

建築物の火災危険性を判断する属性のうち、最も重要な要素が「用途」です。用途が重要な要件となっているのは火災対策の特徴で、諸外国でも同様です。ちなみに、日本の建築基準法の構造の基準では、延べ面積や高さは大きな要件になっていますが、用途の要素は積載荷重などを除けばほとんどありません。

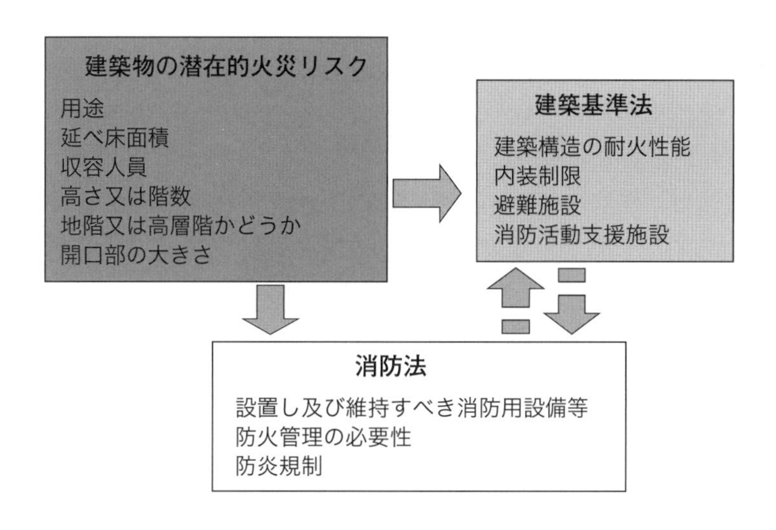

図８－１　建築物の火災リスクとそれに応じた対策

用途に関する消防法と建築基準法の書きぶりの違い

消防法では、防火対象物の用途が令別表第１に詳細に定められています。

消防用設備等に関する規制の典型的な書きぶりは「(令）別表第１○項に掲げる防火対象物で、延べ面積が○m²以上のもの」(には○○設備を設置しなければならない）というものです。この書きぶりだと、ある防火対象物が令別表第１の何項に該当するかということ（項の判定）が決まらないと、どの程度の基準が適用になるのか決まりません。防火管理制度でも防炎制度でも同様です。消防法の場合、８条関係でも 17 条関係でも、項の判定が規制の原点となる体系となっているのです。

一方、建築基準法では、法別表第１に「耐火建築物等としなければならない特殊建築物」として消防法の令別表第１と似た表が掲載されています。この表を使った建基法 27 条（耐火建築物等としなければならない特殊建築物）の典型的な書きぶりは、「別表第１(ろ)欄に掲げる階を同表(い)欄(一)項から(四)項までに掲げる用途に供するもの」(は（耐火建築物等）としなければならない。）というものです。(一)項に掲げる用途としては劇場等、(二)項に掲げる用途としては病院等、などが列記されています。

一見、消防法と似ているように見えますが、考え方はかなり違います。上記の条文に具体的な用途を当てはめてみると、たとえば、３階以上の階を劇場等の用途に供するものは（耐火建築物等）としなければならない、などとなります。この書きぶりだと、ある階をある用途に供するかどうかだけが規制の要件になっており、建築物全体がどのような用途であるか決める必要はありません。

複数の用途が複合する建築物に対する規制

消防法における「用途」と建築基準法における「用途」の書きぶりの違いが端的に現れるのが複数の用途が複合する場合です。ご存知のとおり、消防法では複数の用途が複合する防火対象物を「複合用途防火対象物」として令別表第1(16)項という一種の「用途」として位置づけていますが、建基法27条では、ある階に複数の用途がある場合は、一番厳しい規制が適用される用途に対する規制が卓越することになるため、「複合用途建築物」という概念は必要ありません。

もっとも、建基法28条では、「住宅、学校、病院、……その他これらに類する建築物で……」という書きぶりになっているので、用途が複合する場合は、解釈運用で対応せざるをえなくなります。建基法28条は居室の採光や換気に関する規定なので、「建築物」とあるところを「建築物の部分」と解釈すれば何とかなるのですが、いずれにしろ、近年のように、1棟の建築物の中に複数の用途が混在する方が普通になってくると、建築基準法のような書きぶりだと、対応が難しい場合も出てきそうです。

複合用途防火対象物

消防法では、政令で定める二以上の用途に供される防火対象物を「複合用途防火対象物」と呼んでいます(消防法8条1項)。

「複合用途防火対象物」の概念そのものは、防火管理規制や消防設備規制が全国統一的な規制となった昭和36年(1961)当初から存在していましたが、「令別表第1(16)項」という位置づけがあるだけで、「複合用途防火対象物」という用語は、法令上はありませんでした。

この用語が消防法令に入るのは、千日デパートビル火災(昭和47年(1972)、118人死亡)と大洋デパート火災(昭和48年(1973)、100人死亡)を契機に消防法が改正された昭和49年(1974)の際です。千日デパートビルは典型的な複合用途建築物でしたが、この火災により、この種の建築物の火災が極めて厄介で危険であることが判明したため、複合用途防火対象物に係る様々な改正強化が行われました。

その一環として、「令別表第1(16)項」がイとロの二つに分けられ、(16)項イについては、火災危険が極めて高いものと位置づけられて様々な規制強化が行われました。スプリンクラー設備の設置規制の強化(令12条1項に6号(現行11号)が新設され、同号ハ((16)項イに掲げる防火対象物の階に対する規制)が定められるなど)などは、その例です(**第4講及び表4－1参照**)。詳しくは講を改めてお話しします。

第9講　複合用途防火対象物(2)

～用途が複合することと管理権原が分かれていること～

複合用途防火対象物と複数管理権原防火対象物に対する規制強化の変遷

「用途が複合している防火対象物」と「管理権原が分かれている防火対象物」の火災危険は、消防法上どのように整理され、どう変わって来たか、消防法全体の改正経緯や建築基準法との関係などをもとに考えてみます。

用途が複合すると危険なのか

用途が複合している防火対象物の火災危険性は、単一用途の防火対象物より高いと考えている人が多いのではないかと思います。その理由を整理すれば、以下のようなことではないでしょうか。

①　用途が異なる複数のテナントが併存しているため、用途の組み合わせ（たとえば、出火危険の高い飲食店と、可燃物の多いブティックと、避難危険の高い保育施設が同一建物内に併存しているなど）によっては火災の際の人命危険が高くなる。

②　管理権原者が異なる複数のテナントが併存しているため、共同して行うべき防火管理体制の整備が困難である。

③　「小規模雑居ビル」については独自の火災危険が存在する。

・飲食店、風俗店などこの種のビルに多い用途特有の火災危険が存在する。

・階段が一つしかない場合が多い。

・消防法や建築基準法に違反しているものが多い。

しかし、このように整理してみると、用途が複合していることによる火災危険性は①だけであることがわかります。②は管理権原が分かれていることによる危険性ですし、③はテナントの用途や建物が小規模であることによる危険性です。

用途が複合する防火対象物についての消防法の考え方

複数の用途が混在する防火対象物についての消防法の考え方は消令９条に示されています。昭和36年(1961)の同条制定時には、現行の消令９条の「この節」の後のかっこ書きがなく、

> 別表第１(16)項に掲げる防火対象物の部分で、同表各項（(16)項から(20)項までを除く。）の防火対象物の用途のいずれかに該当する用途に供されるものは、この節の規定の適用については、当該用途に供される一の防火対象物とみなす。

とされていました。この条文は、「用途が複合している防火対象物の火災危険性は、それぞれの用途部分の火災危険性を単純に合算して考えればよい」との考え方に立っています。制定当時は、用途が複合している防火対象物が、単一用途の防火対象物に比べて特別の火災危険性を有するとは考えられていなかったのです。昭和44年(1969)３月に制定された消令４条の３第２項を見れば、この考え方は防災規制でも同様だということがわかります。

異種用途区画

消令９条制定時に上記①の考え方が無かった理由の一つとして、建築基準法の異種用途区画（現在の建基令112条18項）の存在があった可能性はあります。当時も、同条７項及び８項として同趣旨の規定があり、火災の際の被害性の高い用途や加害性の高い用途の部分を、そうでない用途の部分と防火区画しなければならない、とされていたからです**（図９－１参照）**。

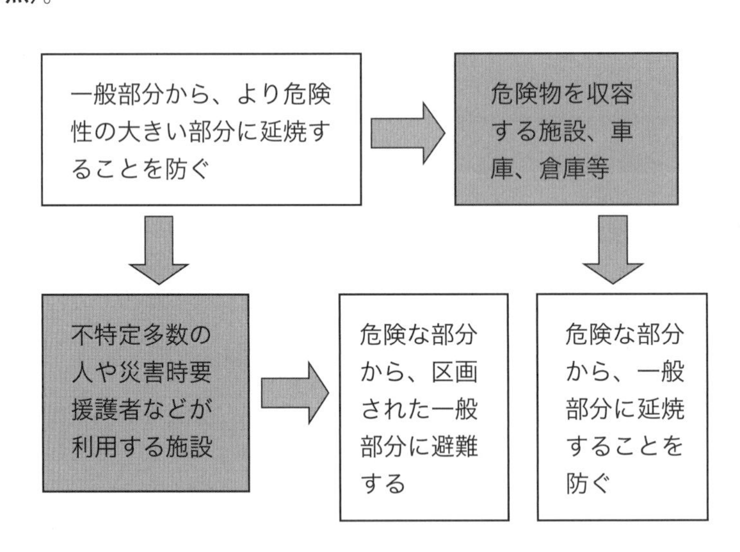

図９－１　異種用途区画の目的

しかし、上記①で例示した飲食店とブティックと保育施設は、異種用途区画があったとしても、同じ区画内に入ってしまうので有効とは言えません。やはり消令９条制定時には、用途が複合している防火対象物については、それぞれの用途部分の火災危険性を単純に合算すれば防火対象物全体の火災危険性を表す、と考えていたと見る方が妥当だろうと思います。

消令９条かっこ書き

消令９条のかっこ書きは、昭和44年(1969)３月の政令改正の際に初めて入りました。これは、収容人員が多い防火対象物並びに高層階や地階を有する防火対象物には、用途に関係なく非常警報設備の設置が必要との考えから、消令24条２項と３項の一部を消令９条の対象から除外したものです。

その後、第７講で述べたように、千日デパートビル火災を契機として複合用途防火対象物については大幅な規制強化が必要とされ、昭和48年(1973)に政令の大改正が行われました。この時、この消令９条のかっこ書きに、スプリンクラー設備、自動火災報知設備、漏電火災警報器、避難器具及び誘導灯の設置基準に関する規定が加わりました。これにより、複合用途防火対象物にこれらの設備を設置する場合の基準については、令９条の対象から除外して、「用途が複合するという特別な火災危険を持った防火対象物」として別に設置基準を考えることになったのです。

その後、このかっこ書きには、静岡ゴールデン街ガス爆発事故（昭和55年(1980)８月）を契機として消防用設備等に加えられた「ガス漏れ火災警報設備」の設置基準に関する規定が加わって現在に至っています（**表９－１**参照)。

表９－１　消防法施行令第９条（現行）

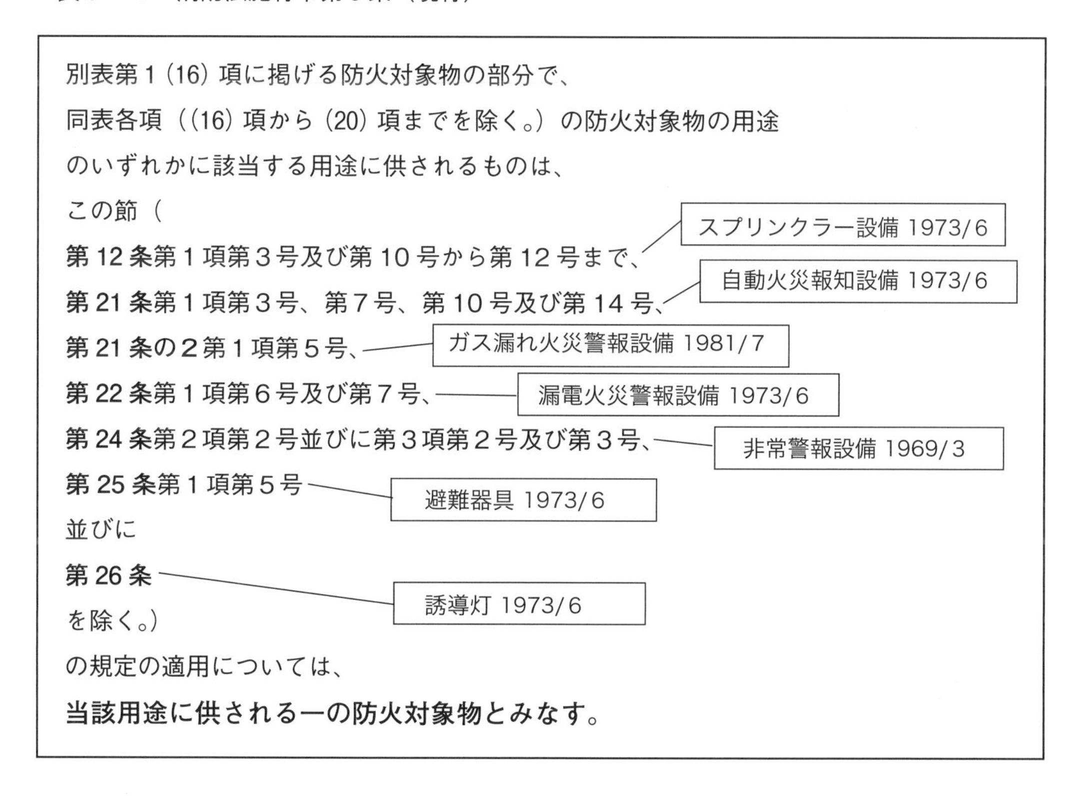

別表第１(16)項に掲げる防火対象物の部分で、
同表各項（(16)項から(20)項までを除く。）の防火対象物の用途
のいずれかに該当する用途に供されるものは、
この節（
第12条第１項第３号及び第10号から第12号まで、
第21条第１項第３号、第７号、第10号及び第14号、
第21条の２第１項第５号、
第22条第１項第６号及び第７号、
第24条第２項第２号並びに第３項第２号及び第３号、
第25条第１項第５号
並びに
第26条
を除く。)
の規定の適用については、
当該用途に供される一の防火対象物とみなす。

管理権原が分かれていることによる火災危険

管理権原が分かれていることによる火災危険性（冒頭の②）に対する対策が消防法に登場するのは、昭和43年(1968)の消防法８条の２(共同防火管理制度)の創設の際です。

この時、消防法８条の２を受けて昭和44年(1969) ３月に制定された消令４条の２（現行消令３条の３）で共同防火管理制度の対象とされたのは、令別表第１(16)項（まだ、イとロに分かれていなかった）に掲げる防火対象物だけでした。これにより、制度上、管理権原が分かれておりかつ用途が複合している防火対象物については火災危険性が高い、と位置づけられたことになります。この政令改正で消令９条に初めてかっこ書きが入った（前述）ことも合わせ考えれば、この時期になってようやく、用途が複合する防火対象物の火災危険性が認識されるようになってきたことがうかがえます。

表９－２は、消防法８条の２の規制対象の変遷を整理したものです。これを見ると、管理権原が分かれているため共同で防火管理を行わなければならない防火対象物として、当初は、高層建築物、指定地下街（消防長等が危険性が高いと判断して指定したもの）及び用途が複合する防火対象物とされていましたが、その後、次第に規制が強化されるとともに規定が精緻になっていった様子がわかります。

火災危険性が特に高いと考えられる地下街が指定制度になっていることには違和感がありますが、制定時の消防庁長官通知（昭和43年(1968) 6月25日消防総第180号）第１、３(4)では、「地下街の延長がきわめて短く、又は地上の屋外へ避難するための施設が十分あるため、地下街特有の危険がないもの」に配慮した旨が記されています。

単一用途の防火対象物については、昭和44年(1969)以来長い間、管理権原が分かれていても共同防火管理を行う必要はなかったのですが、飲食店と事務所からなる雑居ビルが共同防火管理制度の対象となるのに、複数の飲食店のみからなる雑居ビルが共同防火管理制度の対象となっていないことは、火災危険の点から見ても、法律執行の公平性の点から見ても問題があるため、現地消防機関から消防庁に強い改正要望が寄せられるようになりました。このため、昭和61年(1986)12月に消令４条の２（当時）が改正され、管理権原が分かれている防火対象物のうち特定用途防火対象物については、単一用途であっても共同防火管理が必要である、ということになり、平成24年(2012)の消防法改正で統括防火管理者制度に衣替えして以降も続いていくことになりました。

表9－2　共同防火管理制度・統括防火管理者制度の対象となる防火対象物（現　消令3条の3）の変遷

<table>
<tr><th rowspan="3">施行年月日</th><th rowspan="3">制　度</th><th colspan="4">管理権原が分かれている防火対象物</th><th rowspan="3">改正の契機となった火災</th></tr>
<tr><th colspan="2">複数の用途が混在する防火対象物</th><th colspan="2">単一用途防火対象物</th></tr>
<tr><th>特定防火対象物</th><th>非特定</th><th>特定防火対象物</th><th>非特定</th></tr>
<tr><td>S 44(1969)
4．1～
S 48(1973)
5.31</td><td rowspan="5">共同防火管理制度</td><td colspan="2">・指定地下街
・(16)項で地上5階建て以上</td><td rowspan="3"></td><td rowspan="6"></td><td rowspan="6">S 47(1972)
5.13大阪市千日デパートビル火災

S 56(1980)
8.16静岡ゴールデン街ガス爆発事故

H 18(2006)
1．8長崎県大村市グループホーム火災</td></tr>
<tr><td>S 48(1973)
6．1～
S 56(1981)
6.30</td><td>・指定地下街
・(16)項イで地上3階建て以上</td><td rowspan="2">・(16)項ロで地上5階建て以上</td></tr>
<tr><td>S 56(1981)
7．1～
S 62(1987)
3.31</td><td>・指定地下街
・(16)項イで地上3階建て以上
・(16の3)項</td></tr>
<tr><td>S 62(1987)
4．1～
H 21(2009)
3.31</td><td>・指定地下街
・(16)項イで地上3階建て以上収容人員30人以上
・(16の3)項</td><td rowspan="3">・(16)項ロで地上5階建て以上、収用人員50人以上</td><td>・地上3階建て以上、収容人員30人以上</td></tr>
<tr><td>H 21(2009)
4．1～
H 26(2014)
3.31</td><td rowspan="2">・指定地下街
・(6)項ロを含む(16)項イで地上3階建て以上、収容人員10人以上
・(6)項ロを含まない(16)項イで地上3階建て以上、収容人員30人以上</td><td rowspan="2">・(6)項ロで地上3階建て以上、収容人員10人以上
・(6)項ロ以外で地上3階建て以上、収容人員30人以上</td></tr>
<tr><td>H 26(2014)
4．1～</td><td>統括防火管理者制度</td></tr>
</table>

（複合用途、単一用途、特定用途、非特定用途にかかわらず、複数管理権原の高層建築物は全て対象となる）

第10講　複合用途防火対象物（3）

～41号通知はなぜ昭和50年(1975)に定められたのか？～

特定複合用途防火対象物に対する遡及適用と41号通知

昭和47年(1972)の千日デパートビル火災を契機に「複合用途防火対象物」の危険性が改めて認識され、令別表第1(16)項をイとロに分けて、特に(16)項イについて厳しい規制強化が行われました。その後、昭和48年(1973)の大洋デパート火災を契機に特定防火対象物が遡及適用の対象となったため、既存の防火対象物が(16)項イに該当するか否かを厳しく峻別する必要が生じ、昭和50年(1975)に41号通知が定められました。

当初の「令別表第1(16)項」は店舗併用住宅？

「複合用途防火対象物」という用語は、現行消防法令の骨格ができた昭和36年(1961)当時には法令上の定めはなく、「令別表第1(16)項」という位置づけがあるだけでしたが、千日デパートビル火災（昭和47年(1972)）と大洋デパート火災（昭和48年(1973)）を契機に消防法が改正された昭和49年(1974)に初めて消防法令に定められました。

昭和36年(1961)当時、「令別表第1(16)項」は、「前各項に掲げる防火対象物以外の防火対象物で、その一部が前各項に掲げる防火対象物の用途のいずれかに該当する用途に供されているもの」とされていました。

「前各項（(1)項から(15)項まで）に掲げる防火対象物以外の防火対象物」というのは、普通に考えれば戸建て住宅くらいしかありません。すると、(16)項は、「戸建て住宅で、その一部が前各項に掲げる防火対象物の用途のいずれかに該当する用途に供されているもの」となります。これに気づいた時は、「エッ、昭和49年以前は、(16)項は店舗併用住宅のことだったのか！？」と、随分驚きました。

その後、予防塾での議論などから、昭和36年(1961)5月10日自消甲予発第28号消防庁長官通知第3、1(5)に「(16)項は、いわゆる複合用途防火対象物であるが、主たる用途に従属する部分は、たとえ他の項に掲げる防火対象物の用途に該当する場合においても、独立した用途部部分とみるべきものではないこと。たとえば、百貨店の食堂、陳列場等は、百貨店としての用途に含まれることとし、複合用途防火対象物とはしないものであること。」とあり、当時の(16)項も現行の(16)項の概念と同様であることがわかって安心しました。

「当初の(16)項でいう「前各項に掲げる防火対象物」は単一用途の防火対象物を指す」

と考えれば、(16)項は「単一用途の防火対象物以外の防火対象物で、その一部が前各項に掲げる防火対象物の用途のいずれかに該当する用途に供されているもの」ということになり、今の概念と変わりません。

店舗併用住宅の取り扱い

当初の(16)項の「前各項に掲げる防火対象物以外の防火対象物」は、もちろん戸建て住宅も含みますので、戸建て住宅の一部が(1)項から(15)項までの用途のいずれかに供されていれば（店舗併用住宅であれば）、(16)項に該当することになります。

現行の消防法8条1項の「政令で定める二以上の用途」は、消令1条の2第2項で、「異なる二以上の用途のうちに別表第1(1)項から(15)項までに掲げる防火対象物の用途のいずれかに該当する用途が含まれている場合における当該二以上の用途とする。」とされています。「いずれかに該当する用途」ですから、(1)項から(15)項までの用途は最低一つでよいわけですが、もう一つは……もちろん、戸建て住宅ですよね。

というわけで、当初の(16)項も、現行の「複合用途防火対象物」も、店舗併用住宅を含めることを念頭に置いた書きぶりになっていることがわかります。

従属的な用途

複合用途防火対象物の「二以上の用途」について定めた消令1条の2第2項では、その後段で、「他の用途に供される防火対象物の部分の従属的な部分を構成すると認められるものがあるときは、当該一の用途は、当該他の用途に含まれるものとする。」とされています。劇場にある小さな売店のようなものをいちいち一つの用途として扱うと、ほとんどの劇場は「複合用途防火対象物」になってしまいますが、それでは、様々な建物の火災危険性を十分に反映していないので、こういう規定が置かれているのだと思います。前出の昭和36年(1961)の長官通知の考え方を法令上明確にしたもので、まあ、常識的な規定だと思います。

複合用途関係条文改正等の経過と41号通知

実は、この第2項は、千日デパートビル火災と大洋デパート火災を契機として昭和47年(1972)から昭和50年(1975)までの間に複合用途防火対象物と特定防火対象物にかかる規制強化が行われた際に、複雑な制定、改正の経過をたどっています。**表10－1**にその経過を整理してみました。

表 10－1　複合用途関係条文改正等の経過

改正年月日等	複合用途防火対象物に対する規制強化	二以上の用途と従属用途に関する規定	遡及適用に係る改正
S 47(1972) 5.13	（千日デパートビル火災　118 人死亡）		
S 47(1972) 12. 1	・令別表第 1 (16) 項をイとロに区分 ・(16) 項イについてＳＰ、自火報等の設置規制の大幅強化 ・消令 9 条かっこ書きの拡大（S 48(1973).6.1 施行）		
S 48(1973) 11.29	（大洋デパート火災　100 人死亡）		
S 49(1974) 6．1	複合用途防火対象物の用語と定義策定（現行法 8 条 1 項）(S49(1974).6.1 施行)	現行消令 1 条の 2 第 2 項前段（二以上の用途）制定（S49(1974).6.1 施行）	特定防火対象物に対する遡及適用（現行法 17 条の 2 の 5 第 4 号）(S49(1974).6.1 施行)
S 49(1974) 7．1		現行令 1 条の 2 第 2 項後段（従属用途）追加 (S50(1975).1.1 施行)	
S 50(1975) 4.15		41 号通知制定	

千日デパートビル火災（昭和 47 年(1972) 5 月）の後、まず、昭和 47 年(1972)12 月に消防法施行令の改正が行われます。この改正で、令別表第 1 (16) 項がイとロに区分されるとともに、(16) 項イについてはスプリンクラー設備の設置などについて極めて厳しい規制強化が行われました。

この改正の施行日（昭和 48 年(1973) 6 月）の半年後に大洋デパート火災（昭和 48 年(1973)11 月）が発生したため、昭和 49 年(1974) 6 月に特定防火対象物に対する遡及適用条項（現行消防法 17 条の 2 の 5 第 4 項）を含む消防法の大改正が行われ、その際に「複合用途防火対象物」という用語と定義が消防法 8 条 1 項に追加されました。千日デパート火災対策としては、それまで政令以下の改正しか行われていなかったので、大洋デパート火災を契機としたこの法改正の機会に改めて概念整理が行われたものと考えられます。

この消防法改正と同じ日（昭和 49 年(1974) 6 月）に消令 1 条（当時。現 1 条の 2）が改正され、2 項として「法第 8 条第 1 項の政令で定める二以上の用途は、異なる二以上の用途のうちに別表第 1 (1)項から (15) 項までに掲げる防火対象物の用途のいずれかに該当する用途が含まれている場合における当該二以上の用途とする。」と定められました。この規定は公布日即日施行とされ、後段の規定はありませんでした。

ところが、それからわずか 1 ヶ月後の昭和 49 年(1974) 7 月に 2 項に後段（「他の用途に供される防火対象物の部分の従属的な部分を構成すると認められるものがあるときは、当該一の用途は、当該他の用途に含まれるものとする。」）が追加され、施行日も半年遅らせて昭和50年(1975) 1月とされました。そしてその3ヶ月後に、ご存知の「令別表第一に掲げる防火対象物の取り扱いについて（昭和50年(1975) 4月15日付け消防予第41号、消防安第41号。以下「41号通知」という。）が出ているのです。

(16)項イと遡及適用

このように整理してみると、改めて41号通知の重要性がわかって来ます。千日デパートビル火災を契機に行われた昭和47年(1972) 12月の政令改正は極めて強い規制強化でしたが、既存防火対象物は対象ではなかったため、消防機関も何とか対応できたのだと思います。ところが、昭和49年(1974) 6月の消防法改正で特定防火対象物に対する遡及適用が義務づけられたため、既存防火対象物が(16)項イと判定されると、スプリンクラー設備を含む様々な消防用設備等を新たに設置しなければならなくなってしまったのです。中学校を(7)項として扱っていたところ、中に売店（(4)項）があるため(16)項イになるのでスプリンクラー設備の設置が必要になる（消令1条2項が前段だけだとそうならざるをえないことはおわかりでしょう。）、などということになったら大騒ぎですし、火災危険性の実態とも合いません。おそらくそんな指摘が消防機関の方々から相次ぎ、消防庁もあわてて消令1条2項に後段を追加するとともに、施行日に猶予期間を設けたのではないかと推測されます。それでも、現実の防火対象物の複雑な実態に対して用途をどう判定するかについては疑問が相次ぎ、施行後3ヶ月で41号通知を出さざるを得なくなったのではないでしょうか。この通知では、別表で「主たる用途」と「機能的に従属している用途」の別を設けるとともに（41号通知1(1)）、従属的用途の面積と割合についてもメルクマールを設け（同1(2)）、(1)又は(2)に該当するものについては「従属的な部分を構成すると認められる」として、「複合用途防火対象物」の判定が円滑かつ全国統一的に行われるよう措置したと考えられるのです。

この41号通知は、防火対象物が単一用途の防火対象物なのか複合用途防火対象物に該当するのかを判定する極めて重要な通知ですが、平成27年(2015) 2月に改正されました。その経緯や意味については、第28講でお話しします。

第11講　特定一階段等防火対象物

～特定一階段等防火対象物の意味と規制強化～

小規模雑居ビルの危険性の一つに、階段が一つしかないものがあることが挙げられます。新宿歌舞伎町雑居ビルの火災（平成13年(2001) 9月、44名死亡）以来、消防法令上は「特定一階段等防火対象物」として厳しい規制が行われていますので、建築基準法令上許容されている一階段ビルの条件などと合わせて解説します。

特定一階段等防火対象物と避難階以外の階

「特定一階段等防火対象物」という用語は、消則23条（自動火災報知設備の感知器等）４項７号へ でその定義が定められていますが、概念自体は消令４条の２の２（火災の予防上必要な事項等について点検を要する防火対象物）２号で登場します（**表11－1**参照）。

表11－1　特定一階段等防火対象物に関する法令上の表現

消則23条４項７号へ　特定一階段等防火対象物

当該階段及び傾斜路のうち、令別表第１(1)項から(4)項まで、(5)項イ、(6)項又は(9)項イに掲げる防火対象物の用途に供される部分が令第４条の２の２第２号に規定する**避難階以外の階**に存する防火対象物で、当該**避難階以外の階**から避難階又は地上に直通する階段及び傾斜路の総数が二（当該階段及び傾斜路が屋外に設けられ、又は第４条の２の３に規定する避難上有効な構造を有する場合にあっては、一）以上設けられていないもの（小規模特定用途複合防火対象物を除く。）

消令４条の２の２第２号

別表第１(1)項から(4)まで、(5)項イ、(6)項又は(9)項イに掲げる防火対象物の用途に供される部分が**避難階**（建築基準法施行令第13条第１号に規定する避難階をいう。以下同じ。）以外の階（１階及び２階を除くものとし、総務省令で定める避難上有効な開口部を有しない壁で区画されている部分が存する場合にあっては、その区画された部分とする。以下この号、第21条第１項第７号、第35条第１項第４号及び第36条第２項第３号において「**避難階以外の階**」という。）に存する防火対象物で、当該

> 避難階以外の階から避難階又は地上に直通する階段（建築基準法施行令第 26 条に規定する傾斜路を含む。以下同じ。）が二（当該階段が屋外に設けられ、又は総務省令で定める避難上有効な構造を有する場合にあっては、一）以上設けられていないもの

「特定一階段等防火対象物」は、平たく言えば「地階又は３階以上の階に特定防火対象物の用途が存する防火対象物で、階段が一つしかないもの」（**図 11 − 1 参照**）、という程度の意味ですが、**表 11 − 1** に見るように、極めて難解な表現になっています。

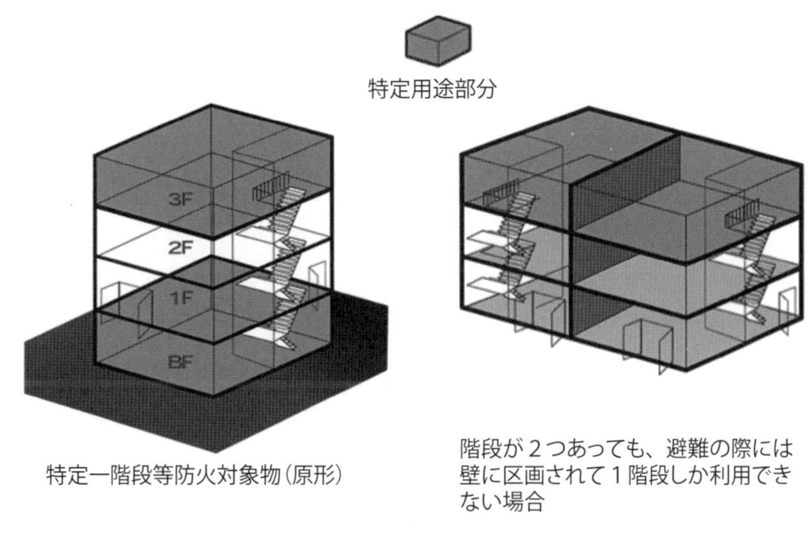

図 11 − 1　特定一階段等防火対象物
（(一財) 日本消防設備安全センターＨＰより）

特にわかりにくいのは、消令４条の２の２で建基令 13 条１号を引いて「避難階」という用語を使っているのに、「避難階以外の階」という用語を特別に定義し、その中で「１階及び２階を除く」としていることだと思います。「避難階」は通常１階だけの場合が多いので、単に「避難階以外の階」と言うと２階も含まれてしまいます。これでは規制が厳しくなり過ぎるので避難に一つの階段しか使えない３階以上の階のことをこう表現しているのですが、もっとわかりやすい表現がなかったのか、と思う方も多いことと思います。

実は、この改正の責任者は私だったので弁解の言葉もないのですが、タイムリミットに追われるギリギリの状況だったとはいえ、心を鬼にして、より適切な表現を工夫するよう指示すべきだった、と反省しています。

区画と階段

消令４条の２の２で「総務省令で定める避難上有効な開口部を有しない壁で区画されている部分が存する場合にあっては、その区画された部分とする。」というのもわかりにくいと思いますが、建物全体としては二本以上の階段があっても、避難に使える開口部等（消則４条の２の２第１項）がない壁で区画されている場合は、その部分ごとに二本以上

の階段がなければ、階段が一本しかないのと同様に厳しい規制がかかる、という意味です(**図11－1参照**)。

階段が一つしかなくても、それが屋外階段か「特別避難階段」なら、当該防火対象物は「特定一階段等防火対象物」にはなりません。屋内の「避難階段」の場合は、開口面積2㎡以上など消防庁長官が定める排煙上有効な開口部が設置されたものなら同様に「特定一階段等防火対象物」にはなりません（消則4条の2の3、平成14年(2002)消防庁告示7号)。「特定一階段等防火対象物」の「等」が建基令26条に規定する傾斜路を意味することは消令4条の2の2に規定されているとおりです（**表11－1**)。

特定一階段等防火対象物に対する規制強化

火災危険性の高い一階段の防火対象物について、特に「特定一階段等防火対象物」と名付けて規制が強化されたのは、平成13年(2001)9月の新宿歌舞伎町の雑居ビルの火災（死者44名）がきっかけです。同ビルは5階建てでしたが、一本しかない階段の3階部分に放置されていた可燃物に放火され、火災感知や対応が遅れたこと、竪穴区画が形成されなかったことなどのため、取り残された多数の客や従業員が死亡しました。このような状況が揃えば、こうなることは明らかであるとも言えます。この火災を契機に違反是正措置の強化などに関する消防法の改正が行われるとともに、この火災が一階段ビルの弱点をついたものだったことを踏まえて規制強化が行われました。その概要は**表11－2**のとおりです。

表11－2　特定一階段等防火対象物に対する規制強化条項

規制強化の内容		条項
ハード面	自火報の設置義務 ・延べ面積に関係なく設置 ・階段に設ける感知器の設置間隔の半減 ・再鳴動式地区音響装置	 令21条1項7号 則23条4項7号へ 則24条1項2号ハ
	避難器具に関する基準の細目 ・バルコニー設置 or 常時使用可 or 一動作使用可 ・設置場所識別措置 ・設置場所明示標識	 則27条1項1号 則27条1項3号イ 則27条1項3号ハ
ソフト面	防火対象物点検義務（法8条の2の2）	令4条の2の2第2項
	消防用設備等の設置時検査義務（法17条の3の3）	令35条1項4号
	消防用設備等の定期点検報告義務（法17条の3の3）	令36条2項3号

建築基準法令上、一階段ビルはどこまで認められるのか

階段が一つしかないと、火災時に避難が難しいことは明らかです。このため、建築基準法令では、原則として二以上の直通階段を設けることを求めていますが、狭いビルに必ず

階段を二本以上求めると、使える床の面積の比率が小さくなり過ぎて建物として成り立たなくなりますので、例外も認められています（建基令121条）。劇場等で客席等がある階には例外なく二以上の直通階段が必要ですが（同条1項1号）、他の用途に用いられる階は、低層階だったり居室の床面積が小さかったりすると、一階段でもよい場合があります。

たとえば、物品販売業を営む店舗で売り場がある階の場合、床面積の合計が1500m^2以下の場合は一階段でも建設可能です（同条1項2号）。1,500m^2というとかなりの広さですが、ここではそれでも一階段でよいとされています。建基令122条2項には「3階以上の階を物品販売業を営む店舗の用途に供する建築物にあっては、各階の売場及び屋上広場に通ずる2以上の直通階段を設け、これを次条の規定による避難階段又は特別避難階段としなければならない。」という規定がありますが、この「物品販売業を営む店舗」は床面積の合計が1,500m^2を超えるのものとされています（建基令121条1項2号）ので留意する必要があります。

風俗営業ビルの場合、一階段でもよいのは、①避難階の直上階又は直下階である5階以下の階でその階の居室の床面積の合計が100m^2（主要構造部が準耐火構造であるか、又は不燃材料で造られている建築物の場合は200m^2）を超えないものと、②**図11－2**左に示す4つの条件を全て満たした場合（Aの部分）に限られます（建基令121条1項3号、同条2項）のでかなり厳しくなっていますが、飲食店ビルの場合は、**図11－2**右のようにかなり甘くなっています（建基令121条1項6号、同条2項）。

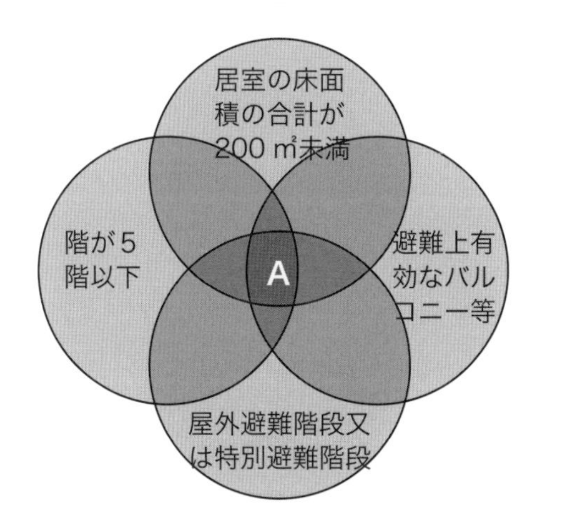

風俗用途に用いられる階（避難階の直上階又は直下階以外の場合）又は飲食店等で6階以上の階に居室を有するもの

避難階の直上階の場合：
居室の床面積の合計が
400 ㎡以下

避難階の直上階以外の場合：
居室の床面積の合計が
200 ㎡以下

飲食店等で5階以下の階に居室を有するもの

図11－2　主要構造部が準耐火構造又は不燃材料で造られている建築物で2以上の直通階段が必要な場合（建基令第121条第1項及び第2項）

このような建築基準法令における一階段ビル許容の状況をみると、新宿の火災のあと、特定一階段等防火対象物に対して規制強化を行わなければならなかった理由がおわかりいただけるのではないでしょうか。

第12講　高層建築物の火災危険とその対策（1）

～高層建築物に対する消防法と建築基準法の規制の変遷～

高層建築物に対する防火法令の規制内容とその強化の歴史

高層建築物が火災になると、避難困難性が高く消防活動も難しく、極めて厄介です。このため、高層建築物には建築基準法と消防法により、低中層の建築物に比べてより厳しい防火安全対策が義務づけられています。日本では人命被害の大きい本格的な高層建築物火災は発生していませんが、それは高層建築物の建設が解禁になった当初から周到な安全対策を実施して来たおかげです。近年、高層建築物火災の危険性を軽視しがちな風潮が見受けられますが、高層建築物火災の潜在的危険性がなくなったわけではありません。設計者も消防機関も、高層建築物火災対策の趣旨と内容を十分理解し、いざという時に備えておく必要があると思います。

高層建築物とは何か

「高層建築物」とは、日本では高さ31 mを超える建築物のことを言います。

日本では、昭和36年(1961)まで、建築物の高さは建築基準法の集団規定で31 m以下に制限されていました（建基法57条（当時））。この規定が建築物の高さを百尺に制限した市街地建築物法（大正8年(1919)制定。施行令第4条（地域による高の制限））から来ていることは、ご存知の方も多いと思います。この制限は、建基法57条が集団規定に位置づけられていたことからもわかるように、都市への過度の集中を抑制するために設けられたもので、地震対策や火災対策のためではありません。

昭和36年(1961)の特定街区制度（建基法59条の2（当時））及び昭和38年(1963)の容積地区制度（建基法59条の2。なお、この改正で特定街区制度は59条の3（現行60条）となりました。）の創設により、容積率を一定以下に抑えることを条件に高さ31 mを超える建築物の建設が容易になり、さらに、昭和45年(1970) 6月の改正で31 m以下という高さ制限は廃止されました。この時、容積地区制度も廃止され、建築基準法制定当初からあった容積率の制度（建基法52条（当時））に一本化されました。

このような動きの中で、将来高さ31 mを超える建築物が激増することが予想されたため、昭和43年(1968)に消防法に8条の2（共同防火管理制度）と8条の3（防炎制度）

が追加され、「高層建築物」の定義が定められました。なお、建築基準法には「高層建築物」という用語はなく、個々の条文の中で、11階又は15階と高さ31 mが高層部分の基準として用いられています。

高層建築物とは消防のはしご車が届かない部分がある建築物

このような経緯から、昭和40年代の半ばまでは高さ31 mを超える建築物は日本にほとんどなく、消防のはしご車も高さ31 mまでカバーすることを前提に整備されていました。ちなみに、昭和43年(1968)における東京消防庁のはしご車数は31台で、30 m級が16台、24 m級が10台、15 m級が5台とされています（消防年報　昭和44年(1969)版）。

このため、当時の日本では、「高層建築物」とは「消防のはしご車が届かない部分がある建築物」と同義でした。実は、これほど明確に高層建築物を定義して、特別な防火避難対策を講じている国はあまりありません。多くの国では、高層建築物を便宜上20 m以上とか、10階以上とか、各国の歴史的・社会経済的な事情から適当に定義して、防火対策をその定義に連動させているだけで、「消防のはしご車が届かない部分がある建築物」と明確に位置づけてはいないのです。

はしご車を使って消防活動できない部分で火災が発生すると、消防隊は燃えている建物の中に階段を使って進入して活動せざるをえなくなります。高層建築物に限らず燃えている建物は、消防隊員にとっては、生還の保証のない極めて危険な空間です。

また、高層階で火災が発生すると、消防隊が火点に到達するまでの距離も、危険な場合に待避する距離も長くなり、消防活動に使用する資機材の運搬補給の距離も長くなります。消防車のポンプでは高層階まで水を圧送できない、ということも起こります。このため、消防隊にとって、高層建築物火災は、本来、極めてやっかいな火災ということになります。

高層建築物に対する防火法令の規制

消防法令や建築基準法令では、高層建築物について、以上のような消防活動上の困難性と在館者の避難困難性を考慮して、極力火災が発生しないようにするとともに、万一高層部分で火災が発生した場合には、避難や消防活動をできるだけ行い易いように、建築物の側に様々な対策を講ずべきことを義務づけています。

表12－1は、その概要を整理したもので、私の知識と考え方で作成し、私の判断で○△×をつけたものです。定説になっているわけではありませんので、ご注意ください。

表12－1　高層建築物に組み込んでおくべき防火安全対策とその実現度合い

	対策の内容	建築基準法		消　防　法	
		現行規定	実現度	現行規定	実現度
防火対策	火災発生防止	内装制限	△	防火管理・防炎	△
	初期消火の徹底			スプリンクラー設備	○
	小規模防火区画	高層面積区画	○		
	上階延焼防止の徹底	竪穴区画・スパンドレル・埋め戻し	○		
	連鎖的上階延焼防止	×			
避難対策	避難階段の数、容量、配置	2以上の直通階段・物販店舗の階段幅	△		
	避難階段の安全対策	特別避難階段	○		
消防活動対策	消防隊用エレベーター	非常用の昇降機	○		
	消防活動拠点の各階設置	×			
	消防活動拠点の配置、機能、構造			連結送水管の放水口の位置・非常コンセント設備	△
	消火用水の確保			消防用水	○
	消火用水の圧送対策			連結送水管のブースター	○
崩壊対策	主要構造部の耐火性能	耐火構造	○		

高層建築物で火災が発生すると手に負えなくなる可能性があるため、何はともあれ火災が発生しないようにすることが第一です。そのためには、火気管理を徹底することと、内装や家具調度類を不燃化、難燃化することが必要です。昭和43年(1968)に、消防法における高層建築物対策としてまず共同防火管理制度と防炎制度が創設されたことには違和感を持つ人もいるかも知れませんが、「火災を発生させないことが第一」という発想から来たのだとすれば理解できると思います。

しかし、**表12－1**でこの部分に△がついていることからもおわかりのように、この対策を徹底することは容易ではありません。防火対象物の11階以上の階に原則としてスプリンクラー設備の設置を義務づけている（消令12条1項12号）のは、火災の発生を完全に防ぐことは難しいので、火災が発生しても初期段階で消火・抑制することを徹底しようという趣旨だと考えられます。

連鎖的上階延焼防止と消防活動拠点の各階設置

表12－1で×をつけた連鎖的上階延焼防止と消防活動拠点の各階設置について、少し説明しておきます。

高層建築物については消防活動拠点を各階ごとに確保すべき、ということを明記している条文は、建築基準法令にも消防法令にもありません。非常用エレベーターの乗降ロビーがそれに近いのですが、特別避難階段の付室と兼用することは必ずしも求められていません。

特別避難階段は避難系の規定なので、避難安全検証法により省略される場合がありますが、その場合、特別避難階段等に直結していない非常用エレベーター乗降ロビーができる可能性があります。このような乗降ロビーは消防活動拠点としては不十分だと思います。

以前は、経済合理性から乗降ロビーと付室の兼用が当たり前だったのであまり問題にならなかたのですが、性能規定化以降、状況が変わってしまいました。避難安全検証法を作った時、乗降ロビーの安全な階段への接続義務の規定を付加すべきだったのだと思いますが、できていません。現在は、消防同意の際の行政指導でしか担保できないのではないかと思いますが、果たして大丈夫でしょうか？

次に連鎖的上階延焼についてですが、現在は、ある階からその直上階への延焼を防ぐことだけが考えられています。それが必ず成功するなら、最上階まで次々に燃え上がっていく高層ビル火災は起こりえないのですが、本当にそう考えてよいのか、という問題意識から×をつけました。

特に高さ500 m、600 mという超高層建築物は、高さ200m程度の高層建築物とは別物で、在館者が何万人もいる場合もあります。確率は低くても、最上階まで次々に燃え上がっていく火災が起こると大変なことになりますので、高さ500 mなどという超高層建築物を造る場合には、その対策が必要だと思います。

こういう今まで経験したことのない建物を造る場合は、設計者も相当考えていますし、幾つもできるわけではないので法規制する必要はとりあえずなさそうですが、消防側でもきちんと考えておく必要はあると思いますし、消防同意の際には設計思想を聞いて、一緒に対応策を考えることなども必要だと思います。

高層建築物に対する消防用設備等の規制強化

表12－2は、各種消防用設備等の設置対象として高層建築物又はその部分が特別に定められるようになった時期を示したものです。

表12－2　消防用設備等の設置対象として高層建築物又はその部分が定められた時期

消防用設備等	設置対象にかかる制定・改正当時の条文	改　正　年　月			
スプリンクラー設備（消令12条1項）	五　第一号から第三号までに掲げる防火対象物以外の別表第1(1)項から(6)項まで、(12)項ロ及び(15)項に掲げる建築物の11階以上の部分のうち、建築基準法施行令第112条第5項から第7項までの規定により区画された部分以外の部分で、当該部分の床面積の合計が100㎡をこえるもの	昭和39年(1964)7月 昭和47年(1972)12月の改正で廃止)			
	七　前各号に掲げる防火対象物又はその部分以外の別表第1に掲げる防火対象物の11階以上の階（自治省令で定める部分を除く。）			昭和47年(1972)12月	
	二　別表第1(1)項から(4)項まで、(5)項イ、(6)項、(9)項イ及び(16)項イに掲げる防火対象物で、地階を除く階数が11以上のもの（自治省令で定める部分を除く。）				昭和49年(1974)7月
自動火災報知設備（消令21条1項）	七　前各号に掲げる防火対象物又はその部分以外の別表第1(1)項から(6)項まで、(12)項ロ及び(15)項に掲げる建築物の11階以上の部分のうち、建築基準法施行令第112条第5項から第7項までの規定により区画された部分以外の部分で当該部分の床面積の合計が100㎡をこえるもの		昭和44年(1969)3月 昭和47年(1972)12月の改正で廃止)		
	十一　前各号に掲げるもののほか、別表第1に掲げる防火対象物の11階以上の階			昭和47年(1972)12月	
非常用の放送設備（消令24条3項）	一　地階を除く階数が11以上のもの又は地階の階数が3以上のもの		昭和44年(1969)3月		
避難口誘導灯誘導標識（消令26条1項）	一及び四　別表第1(1)項、(2)項、(4)項、(5)項イ及び(6)項に掲げる防火対象物並びに同表(3)項、(5)項ロ及び(7)項から(15)項までに掲げる防火対象物の地階及び11階以上の部分	昭和39年(1964)7月			

通路誘導灯 (消令26条1項)	二　通路誘導灯 別表第1(1)項及び(2)項に掲げる防火対象物並びに同表(3)項から(15)項までに掲げる防火対象物の地階及び11階以上の部分(昼間(日出時から日没時までの間をいう。)のみ使用する防火対象物又はその部分で、採光が避難上十分であるものを除く。)	昭和39年 (1964) 7月			
消防用水 (消令27条1項)	二　別表第1に掲げる建築物で、その高さが31 mをこえ、かつ、その延べ面積（地階に係るものを除く。以下この条において同じ。）が25,000㎡以上のもの	昭和39年 (1964) 7月			
非常コンセント設備 (消令29条の2第1項)	別表第1に掲げる建築物で、地階を除く階数が11以上のもの	昭和39年 (1964) 7月			

容積地区制度が導入された直後の昭和39年(1964) 7月にスプリンクラー設備、誘導灯と誘導標識、消防用水及び非常コンセント設備の設置が高層建築物又はその部分を対象として初めて義務づけられました。また、昭和43年(1968) 6月の消防法改正に伴う昭和44年(1969) 3月の政令改正の際に、自動火災報知設備と非常用の放送設備の設置義務が課せられました。非常用の放送設備がこの時に初めて消防用設備等として導入されたことを考えると、当時、高層建築物火災の避難困難性が強く意識されていたことがうかがえます。

また、スプリンクラー設備と自動火災報知設備については、当初は建築基準法の高層面積区画（建基令112条5～7項（当時））がなされている部分には設置義務がありませんでしたが、千日デパートビル火災を契機とした対策の一環として昭和47年(1972)12月に、11階以上の階には原則として設置するよう規制強化がなされました。

さらに、大洋デパート火災を契機として、昭和49年(1974) 7月の改正で、11階建て以上の特定防火対象物には全て、建物全体にスプリンクラー設備の設置が義務づけられることになりました。

これらの設置基準のうち、「高さ31 mを超える」という高層建築物の定義を直接用いているのは消火用水の基準だけで、他の消防用設備等については同趣旨の「11階以上の階」が用いられています。これは、階単位で設置されるものについては階単位で規制する方がまぎれがないためだと思います。

高層建築物に対する建築基準法令の規制強化

建築基準法令上、高層建築物の火災対策として最も注意が払われているのが、上階への火煙の拡大防止です。高層建築物の火災で上階に次々に火煙が拡大していったら、在館者の避難が極めて困難となるだけでなく、消防としても打つ手がなくなってしまうためだと思います。

15階以上の階に特別避難階段（建基令122条1項）の設置を義務づけたのは昭和39年(1964) 1月の改正、竪穴区画の規制（建基令112条8項（当時））は昭和44年(1969) 1月の改正ですが、これらの内容や改正の時期を見ると、「高層建築物では絶対に上階に火災を拡大させてはならない」という、当時の強い意志が感じられます。ただし、当初は「煙」が上階に拡大することの危険性はわかっておらず、竪穴区画に煙対策が入ってくる（建基令112条14項（当時））のは、千日デパートビル火災の後の昭和48年(1973) 8月の改正の時です。

いずれにしろ、「上階への火煙の拡大防止」というねらいは今のところ成功しています。広島基町高層アパート火災（昭和55年(1980) 2月、平成8年(1996)10月など複数回）を除けば、高層建築物が上階にどんどん延焼していく火災は、日本では見られなかったからです。しかし、ロンドンのグレンフェル・タワーの火災（2017年6月　死者71人）と、同様の理由で外壁表面が7階から最上階まで延焼した名古屋市の11階建て高層共同住宅の火災（平成30年(2018) 5月　死者はなし）が発生し、状況が多少変わってきています。この辺については、講を改めてお話しします。

第13講　高層建築物の火災危険とその対策（２）

〜エレベーター避難と中間避難階〜

超高層建築物火災における避難の必要性と方法論

最近、アジアは100階建てを超える超高層建築物の時代に入っています。日本では、令和２年(2020)現在「あべのハルカス」が最も高い建物ですが、スカイツリーなども出来ており、超高層建築物の防火避難対策を改めて考えなければならない時代になって来ています。

アジアの超高層建築物

2017年、ソウル消防の招きで、「超高層建築物の消防対策」という国際セミナーの講師としてソウルに行って来ました。超高層ビルで火災が発生した時の消防活動や避難をどうすべきか、というテーマでした。私は消防活動経験がないので、超高層ビルにおける消防活動や消防戦術をどうすべきかについては知見がありません。このため、日本では高さ31 mを超えると「高層建築物」として、防火避難対策について建築基準法と消防法で厳しい規制があることなど、前講でお示しした内容を中心に話して来ました。

しかし、ソウル消防の主たる関心は、当時建設中（2017年４月３日オープン）のロッテワールドタワー（123階建て、高さ555 m）が完成したとき、消防としてどう活動すべきか、どう避難させるべきか、というものでした。同様に招かれていた上海消防の方は、2014年に完成した上海タワー（128階建て、高さ632 m）の防火避難対策について話されていました。上海には、上海環球金融中心ビル（いわゆる「上海森ビル」、101階建て、高さ492 m）など、超高層ビルが林立しています。この時には台湾は参加していませんでしたが、台湾には台北１０１（101階建て、高さ508 m）があり、釜山には釜山ロッテタウン・タワー（107階建て、高さ508 m）も建設中（2023年完成予定）です。東アジア４か国の中で、300 mのビルが最も高い、などというのは日本だけです。高さ31 mを超えると幾ら高くなっても基本は同じ、という日本の考え方が時代遅れに見えたことは否めませんでした。

「超高層」建築物対策は必要か

日本の「高層建築物」の防火避難対策は、前講で整理したとおりです。高層建築物の防火避難対策は、当初、高層ビル第１号の霞が関ビル（36階建て、高さ147 m、昭和43

年(1968)竣工）をモデルに考えられました。前講でも述べたように、日本の建築物は、建築基準法により昭和36年(1961)まで原則として高さ31mまでに制限されていたため、当時は、設計者、施工者、消防機関とも、100mを超えるような高層ビルの火災性状、防火避難対策、消防活動等については全く知見がありませんでした。このため、上記三者に行政機関や研究者なども加わって、霞が関ビルをモデルにケーススタディを行い、必要と考えられる防火安全対策を全て同ビルに盛り込みました。それらの対策の多くは、同ビル建設当時には法令上の義務づけはなかったのですが、当時建てられた黎明期の高層ビルには霞が関ビル同様の対策が施され、それらのビルの竣工と相前後して、昭和43年(1968)の消防法改正及び昭和45年(1970)の建築基準法改正により義務化されたため、日本の全ての高層ビルには、前講で整理した防火安全対策（**表12－1**）が、一部の×印のものを除き、事実上全て講じられることになりました。

その後、高層建築物の数は激増しましたが（平成31年(2019)3月現在53,512棟、消防白書）、高くても50～60階建て高さ250m～300m程度までで、30～40階建て高さ150～180m程度までのものが大半です。実態を見る限り、数棟の例外を除き、50年前に霞が関ビルをモデルに作られた防火避難対策の範疇で考えても、そうおかしくはないと考えられます。

日本の高層建築物がこの程度の高さに留まっているのは、一つは航空法による高さ制限のためとされていますが、耐震基準が厳しいこともあって、あまり高い建築物を造っても経済的に割が合わないこともあるのではないでしょうか。採算を度外視して高さ記録に挑むなどという余裕は、もう日本にはないのかも知れません。そして、この範囲に留まっている限り、高層建築物に対する日本の防火避難対策は、今のところ万全の効果を上げています。高層建築物の高層階で火災が発生することは珍しくありませんが、大きな被害は皆無に近いからです。

エレベーター避難

高層建築物の防火避難対策で、今、世界の防火技術者たちの関心を集めているのは、エレベーター避難の問題です。火災が発生したとき、高層階にいる数万人の人々を一定時間内に安全な地上まで避難させることは必要か、必要ならどんな準備をしておけばよいか、エレベーターを使用することを考えても良いのではないか、という問題です。あの9・11テロで倒壊したニューヨークのＷＴＣビルの経験も影響しています。スプリンクラー設備の効果などもあって、実際には、高層ビルで火災が発生してもほとんど消火してしまいますので、全館避難などという事態には滅多にならないのですが、「100％消火できるので、高層ビルからの全館避難を考える必要はない」とまでは誰も言い切れませんし、そうである以上、その方法論を考えるのが防火技術者の役割だからです。

日本では、私も委員だった東京都の火災予防審議会が平成25年(2013)4月に「高層建築物等における歩行困難者等に係る避難安全対策」について答申を出し、エレベーター避難を認める場合の条件などを示しています。

この答申を受け、ＮＰＯ法人日本防火技術者協会では、2016年11月に「火災時のエレベーター利用避難のための設計・運用ガイドライン（案）」をとりまとめて、ホームページで公開しています。私はこのガイドライン（案）の作成にも参加しました。同案の考え方は、避難者を一定時間火煙から安全な空間に待避させて時間を稼ぎつつ、特別避難階段と火災時にも使える避難用エレベーターを用いて順次避難させる、というものです。その際、災害時要援護者を優先的にエレベーターで避難させよう、などと考えると、極めて高度なオペレーションと高度に訓練された自衛消防隊が必要になる、ということもわかって来ました。そのためかどうか、上海では、超高層ビルには専従の自衛消防隊の設置を義務づけているということです。

中間避難階

上海環球金融中心ビルでは、中間避難階（火災時に在館者が一時避難できるよう考慮された階）をところどころに設け、火災により全館避難が必要になった場合には、在館者をとりあえず一時そこに避難させ、その後順次エレベーターなどで地上に降ろす、という方法論をとっています。台北１０１が先鞭をつけた考え方で、ロッテワールドタワーでも採用されています。建設中の同ビルの避難エリアを見ましたが、広大な何もない空間が火災時の一時避難のためだけに用意されていて感心しました。

日本では、あべのハルカスで、15階、37階、56階に延焼防止帯を設けるとともに、16階と38階に避難者の中間滞留スペースを設けています。同ビルではエレベーター避難は考えていないようですが、高さ数百ｍクラスの超高層ビルには連鎖的上階延焼防止対策や中間避難階などの特別な防火避難対策が必要、という考え方が主流になってきていることをうかがわせます。

芦屋浜高層住宅プロジェクト

実は、日本にはそんな考え方を40年前に先取りした超先進事例があります。兵庫県芦屋市の芦屋浜高層住宅団地です。この団地は、コンペで１位になると総戸数3385戸の高層工業化住宅団地をまるごと造る権利が得られるという、当時の建設省が行った大プロジェクトで１位になった設計により建設されたものです。この高層住宅群は、巨大な鉄骨の大架構で４階建ての壁構造のアパートを幾つも積み上げ、５階ごとに中間避難階を設けています（**写真13－1**）。エレベーターはこの中間避難階にしか止まらず、日常的にも避難の際にも、この中間避難階を利用して地上まで行き来する仕組みです。これなら、前講で懸案事項としてあげた連鎖的上階延焼の危険もありません。

私は、建設省入省後最初の仕事がこのコンペの審査だったため良く知っていたので、ソウルのセミナーではこの芦屋浜の事例を紹介したのですが、「日本はさすが……」と反響を呼び、ようやく一矢報いることができました。

写真 13 − 1　芦屋浜高層住宅（兵庫県芦屋市　昭和 54 年(1979)竣工）

第14講　高層建築物の火災危険とその対策（3）

～可燃性サンドイッチパネルの危険性～

建築物の外側に張り付けられた可燃性材料の火災危険

2017年にロンドンのタワーマンションで最上階まで延焼する火災が発生しました。これについては、次講以降でお話しますが、本講では、ロンドンの火災以前から、ドバイなどアジア各地で、外壁に貼り付けたサンドイッチパネルを介して最上階まで燃え上がる超高層ビル火災が連続して起こり、防火関係者の間で注目されていたことを紹介します。

ドバイの超高層マンションの火災

2015年2月、中東ドバイの79階建ての超高層マンション「ザ・トーチ（たいまつ）」の50階付近で火災が発生しました。出火後3時間程度で鎮火し、死者は出ませんでしたが、最上階まで炎上するとともに、燃えた外壁の落下により下階にも延焼し、一時、付近の住民も含めて数千人が避難する騒ぎとなりました。

この火災は日本のマスコミにも大きく取り上げられましたが、専門家的には、燃える外壁がはがれて落下している映像が注目されました。この燃える外壁がサンドイッチパネルだったためです。

サンドイッチパネルというのは、ウレタンフォームなどの芯材をアルミ板などで挟み込んだ複合建材で、外装材としては、金属光沢の美しい外観を演出したり、外壁の断熱性能を上げたりするのに使われています。

アジアでは類似火災が多数発生

実は10年以上前から、防火関係者の間では、外壁の外側に張り付けるサンドイッチパネルの危険性が注目されて来ました。2009年の北京市中央電子台の火災、2010年の釜山の超高層マンションの火災などは、いずれも外壁に貼り付けられた可燃性の芯材を持つサンドイッチパネルが燃えて上階まで延焼しています。また、ドバイでは、ザ・トーチの他にも5件の類似火災が発生しており、2015年には大晦日にも63階建て高層ホテル「アドレス・ダウンタウン・ドバイ」が、ザ・トーチとほとんど同様の火災を引き起こしています。

さらに、寒冷地では、省エネのため、耐火構造の外壁に厚さが10cm～30cmもある発泡ポリウレタンなどの可燃性の断熱材を吹きつけたり張り付けたりし、その上を薄くモルタルで被覆する工法も普及しています。外壁の外側を断熱材で包むため比較的安価に大きな省エネ効果が得られますが、サンドイッチパネルと同等又はそれ以上の火災危険性を持っています。2010年に発生して日本でも大きく報道された上海の高層マンションの火災（死者・行方不明者合計100人以上）はそのタイプですし、2016年1月に韓国のソウル近郊で発生した高層マンションの火災では、上階だけでなく同タイプの隣棟にも延焼して、4人が亡くなっています。

外装材の延焼危険と日本の建築基準法

外壁の外装が燃えると、上階延焼の危険があるほか、隣棟への延焼危険も出て来ますし、内階段より安全なはずの「外階段」が避難に使えない事態も考えられます。釜山の火災も上海の火災も、外壁の火災が内部に進入しスプリンクラー設備が作動しましたが、当然ながら外壁の火災は消火できませんでした。

日本ではまだこれほどの火災は起きていませんが、建築基準法令を見る限り、「日本では大丈夫」というわけにはいきません。

建基令107条では、耐火建築物の外壁には、通常の火災による火熱を1時間（階によっては2時間）加えた場合に、構造耐力上支障のある変形、溶融、破壊その他の損傷を生じないこと（非損傷性能）、加熱面の反対側の面の温度が可燃物燃焼温度以上にならないこと（遮熱性能）及び屋内から屋外に火炎を出す原因となる亀裂その他の損傷を生じないこと（遮炎性能）の3つの性能が要求されていますが、外壁表面の不燃性能は要求されていません。日本では、耐火構造の外壁の表面に化粧のために木材のような可燃物を張り付けても、可燃性の断熱材やサンドイッチパネルを張り付けても、上記3つの性能が満たされる限り、建築基準法違反とは言えない、ということになります。

この種の外装は日本ではまだ超高層ビルにはあまり使われていません。大手設計会社や建設会社が「問題がある」と敬遠しているためだと聞いています。それでも、北海道など寒冷地では低中層建築物の断熱性能向上のため、サンドイッチパネルや現場施工の外断熱工法が普及し始めていると聞いています。省エネ建築が奨励されている昨今、この種の建築物が大量に建設されるようになるのは時間の問題かも知れません。

まずはＪＩＳの整備から

可燃性のサンドイッチパネルを貼り付けた建物や可燃性外断熱工法による建物が広まって、ザ・トーチのような火災が起こる前に、外壁の不燃性について一定の基準を作って歯止めをかける必要があると思います。それには建築基準法令上の手当が正攻法ですが、それを待たず、研究者や建材メーカーが動き始めています。平成26年(2014)には、外壁の燃焼性状の試験方法に関するＪＩＳ　Ａ 1310（建築ファサードの燃えひろがり試験方法）が発行されました。その後、外壁の火災が次々に上階に延焼して最上階まで達するようなことが起こらないようにすることを目指し、平成31年(2019)に試験結果を判定する考え方を加えるなどした改訂版を発行しています。

サンドイッチパネルと言えば、平成21年(2009) 6月の神戸市東灘区の食品倉庫火災で、内装に使われたサンドイッチパネルが予期せぬ危険な燃焼挙動を示し、出動隊員が殉職された事故のことも忘れるわけにはいきません。この内装用のパネルについても、同様にＪＩＳ化を進め、平成29年(2017)にＪＩＳ　Ａ 1320（建築内装用サンドイッチパネルの箱型試験体による燃焼性状試験方法）として発行しました。私は、両方のＪＩＳの作成をお手伝いしています。

建築基準法が改正されなくても、メーカーは新たなＪＩＳ基準に従ってパネルを作り、設計者や建設会社はそのパネルを使うようにすれば、超高層ビルの炎上火災や危険なサンドイッチパネルを内装に使用しないようにできる、という戦略です。現場施工の外断熱工法にも有効だと思います。

超高層ビルの上階延焼について、「サンドイッチパネル」や「可燃性外断熱工法」という新たな強敵が現れて来ましたが、日本で他のアジア諸国と同様の事態が起こる前に、何とか食い止めたいと考えています。

第15講　高層建築物の火災危険とその対策（4）

～ロンドンのグレンフェル・タワーの火災～
急激な上階延焼と多数の死者発生の理由

前講で、可燃性のサンドイッチパネルや断熱材を外壁に貼り付けることが高層建築物の上階延焼の危険要因として注目されていると書きましたが、その直後に、ロンドンでとんでもない火災が発生しました。この火災について、少し詳しく考察してみます。

ロンドンのタワーマンション火災

2017年6月14日の夜半、ロンドン西部のグレンフェル・タワー（Grenfell Tower）で火災が発生。4階（日本流に数えると8階に相当）から出火した火災は外壁等を伝って短時間に建物全体に延焼し、死者・行方不明者70人以上、重傷者約20名、軽傷者と中等症者約78名などと報道される大きな被害を出しました（**図15－1**）。グレンフェル・タワーは1974年にランカスター・ロード・プロジェクトの一環として建設された24階建て、高さ68 mのタワーマンション型公営住宅で、120世帯が入居していました。2016年に外壁等を含む大規模改修が行われましたが、今回の火災は、その改修が裏目に出てしまったということのようです。

図15－1　火災後のグレンフェル・タワー

急激に上階延焼した理由は？

当初、この火災の出火時刻は午前1時20分（日本時間午前9時20分）頃と推定されていましたが、BBCの時系列写真を見ると、1時30分の写真では早くも火炎が屋上まで到達しており、2時10分と2時34分の写真では、高層階の相当部分が内部も外壁も激しく燃焼している様子が見てとれます。耐火構造の共同住宅は防火区画がしっかりしているのが普通であり、ましてヨーロッパの共同住宅は強固な防火区画に守られている（その分、スプリンクラーなどの消防設備はあまり設置されていない）と理解していましたので、この延焼の速さには驚きました。

報道では早くから、急激な上階延焼の理由は2016年の大規模改修時に外壁の外側に断熱材を貼り、それが燃えたため、としていました。

報道画面では、グレンフェル・タワーの外側に貼られていたのは典型的なサンドイッチパネルのように見えましたので、当初は私も、コア材を可燃性の断熱材としたサンドイッチパネルが燃えて上階に延焼したのではないかと考えていました。しかし、私が副委員長を務める「建築ファサード燃えひろがり試験方法ＪＩＳ原案作成委員会」のメンバー（この問題に関する高い専門的知識を有する）と情報を持ち寄って意見交換した結果、外装部材については、概ね以下のようなものだったために急激に延焼したのではないかと考えるに至りました。

壁部分：グレンフェル・タワーでは、壁部分の断熱改修措置として、イソシアヌレートフォーム2～3層合計約100～150mm厚の断熱材を外壁の外側に貼り、その外側に約50mmの通気層を設け、さらにその外側に、アルミニウム板を表面材とし難燃処理をしていないポリエチレンをコア材とした厚さ4mmのサンドイッチパネルを化粧用に貼っています。ウレタンフォームは本来燃えやすいため、化学的に耐燃性や耐熱性を高めるためにイソシアヌレート化を図る一方、それによりもろくなるのを防ぐためウレタンの良さを生かしたウレタン変成イソシアヌレートとして用いられるのが普通だということで、専門家の間では難燃性は比較的高いと認識されています。

それが急激に延焼してしまったのは、断熱材と化粧用サンドイッチパネルとの間に通気層があり、サンドイッチパネルのコア材がポリエチレンでよく燃えるため、そこからの熱供給があったからではないか、断熱材とサンドイッチパネルが通気層を介して相互に燃焼し合う悪循環を引き起こしたのではないか……というのが当時の推測でした。

柱部分：グレンフェル・タワーの外周には南北面に各5本、東西面に各4本の柱が設けられて、最上階まで直通しています（**図15－2**）。**図15－3**は、元からあった柱の外側にＰＣ（プレキャストコンクリート）の支持材を取り付け、そこに断熱材を貼りさらにその外側に化粧用のサンドイッチパネルを貼った部分の水平断面詳細図です。これを見ると、サンドイッチパネルと断熱材の間に通気層があるのは壁部分と同じです。柱部分も壁部分と同様に、断熱材と可燃性サンドイッチパネルが通気層を介して延焼し合う、というメカニズムだったのではないか、ただし、最上階まで直通している柱部分の通気層が急速な上階延焼を引き起こした主要な要因だったのではないか、というのが当時の私たちの推測でした。

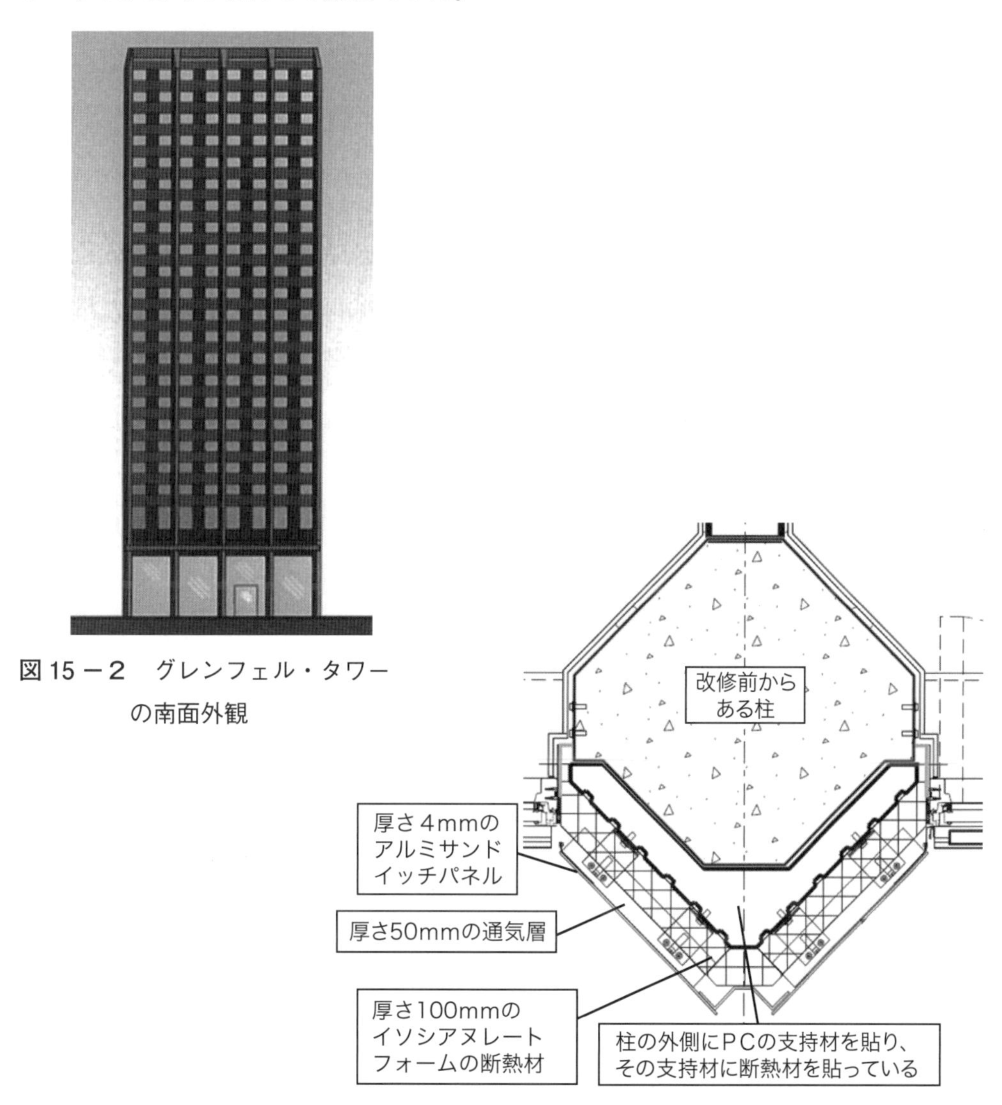

図 15 － 2　グレンフェル・タワーの南面外観

図 15 － 3　柱部分の断熱材と通気層及び化粧用サンドイッチパネルの位置関係

なお、**図 15 － 2** と**図 15 － 3** 及び**図 15 － 4**（後出）は、いずれも Royal Borough of Kensington and Chelsea（ロンドンの王立自治区の一つで、東京 23 区の一つの区に相当する行政組織）のホームページに Documents related to case PP/12/04097, Planning search として公開されている情報に私が一部加筆したものです。

ファイアストップ：壁材にも柱材にも、通気層部分には上層部に延焼を防ぐファイアストップの役割を果たす水平部材（ファイアストップの目的で設けられたものかどうかは不明）が一定の間隔で設置されているため、通気層部分が単純に「煙突状」になっているわけではありません。ただし、その水平部材には隙間が多く、特に接合部には何も措置されていないように見えます。このため、「柱部分の空隙を介した上方への延焼が水平部材にぶつかって壁部分の空隙を介した横方向への延焼につながり、それがさらに柱部分の上方への延焼につながる……という延焼経路をたどって上階へも水平方向へも急速に延焼していったのではないか。」という推測もなされました。

何故多数の死者が出たのか？

図 15－4は、グレンフェル・タワー住戸階の平面図です。

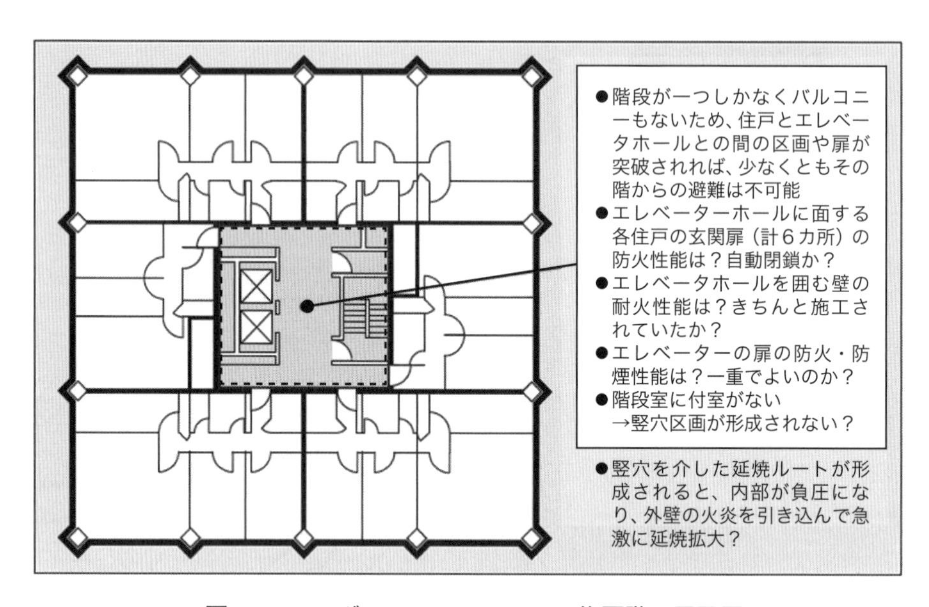

図 15－4　グレンフェル・タワー住戸階の平面図

この図を見ると、以下のことがわかります。

①　エレベーターと階段を含むホールの周りに６戸の住戸が配置されていること

②　階段が１箇所しかないこと

③　階段区画は一重で、日本の特別避難階段のような付室がないため、階段区画に火煙が侵入する可能性が（特別避難階段に比べて）高いこと

④　エレベーター前の扉も一重であり、これが防煙性能を持つ防火戸でない場合は、エレベーターシャフトの防火・防煙区画が形成されない可能性が高いこと

⑤　各住戸からホールに通じる扉（全部で６枚ある）が自動閉鎖の防火戸でない場合は、住民が避難した時に開放状態になる可能性があるため、住戸が火災になるとホールに火煙が充満して使用不能になる可能性が高いこと

⑥　ホールに火煙が充満すると、階段区画とエレベーター区画（竪穴区画）が弱ければ、（外装材が燃えなくても）そこを通じて火煙が上階に拡大して行く可能性が高いこと

⑦　竪穴区画が延焼経路になると、内部が負圧になり、外装部材の火炎を引き込んで内部がさらに延焼するなどの悪循環を引き起こす可能性があること
⑧　バルコニーがないため、バルコニーを通じた避難ルートが確保されていないこと

以上のうち③〜⑦は可能性を述べているだけですが、もしこのうちの幾つかの現象が実際に起こっていれば、死者が多数であった理由にもなりますし、上階延焼が異常に速かった理由の一つにもなると考えられます。

グレンフェル・タワー火災の教訓

耐火構造の建物の外壁に可燃性の断熱材やサンドイッチパネルを貼り付けたために超高層ビルが最上階まで炎上してしまう火災は、前講で述べたように東アジアとドバイで多発していましたが、とうとうロンドンでも起こってしまいました。これまでは対岸の火事扱いして来たかに見える日本としても、いよいよ他人事では済まなくなってしまいました。

ロンドンの火災で改めて明らかになり、日本としても教訓とすべきことは、以下のようなことではないでしょうか。

①　外装が燃えると、建物内部の防火区画、特に竪穴区画が弱ければ、外装の火災が容易に建物内部火災に遷移して、人命を含めて大きな被害を出す可能性がある。
②　外装が燃えると、内階段に比べて安全とされてきた外階段が避難に使えない。
③　外装が燃えると、階段や廊下が外気に開放されているとかえって危険になり、日本で重視しているバルコニーを介した避難も困難になるため、消防用設備等の免除要件等を考え直す必要が出て来る。
④　サンドイッチパネルや断熱材の燃焼特性以外に、外壁に取り付けるこれらの部材の取り付け方や相互の接続方法、通気層の存在などが、延焼拡大の大きな要因になる可能性がある。

特に④は、可燃性のサンドイッチパネルや断熱材を外壁に貼り付けることの危険性に警鐘を鳴らしてきた私たちにとっても、新しい課題を増やすことになりました。これまでも、サンドイッチパネルの試験は単純に「材料」を試験すれば良いというものではない、と考えて試験方法を考えて来たのですが、ロンドンの火災で、他の建材との組み合わせ、通気層の存在、接合部の仕様、ファイアストップの適切な配置などが延焼拡大に大きな影響があることが改めて示唆されたため、これらの要素を試験方法にどのように反映させるのか、もう一度考えてみる必要が出て来たと感じています。

いずれにしろ、私としては、これらの教訓を踏まえ、ロンドンの経験を日本の安全に役立てることができるよう、微力を尽くしたいと考えています。

第16講　高層建築物の火災危険とその対策（5）

～グレンフェル・タワー火災に関する公式調査報告書～

被害が大きかった要因は建築的要因とロンドン消防の失敗

2017年6月に発生して71人の死者を出したロンドンの高層共同住宅火災に関するイギリスの公式調査報告書が2019年10月に公表されました。これまで不明だったことについても、相当突っ込んだ調査結果が記載されています。本火災直後の前講と比較しながら、改めてあの火災について考えてみます。

報告書の位置づけなど

2019年10月に公表されたイギリスの公式報告書は「Grenfell Tower Inquiry; Phase 1 Report」という名称で、今後詳細について「Phase 2」で述べていくという位置づけになっています。（https://www.grenfelltowerinquiry.org.uk/phase-1-report）

本報告書は、首相が指名した議長による調査委員会の報告書なのでイギリス政府の公式報告書のはずですが、イギリス政府の名でなく、議長（Rt Hon Sir Martin Moore-Bick）名で出されています。Phase 1だけでも内容は膨大ですが、公式の概要版がついており、日本語版もあります。日本語概要版のタイトルは「グレンフェル・タワーに関する調査：フェーズ1報告書の概要（2017年6月14日に発生したグレンフェル・タワー火災に関する公開調査の報告書）」となっています。本講は、主としてその日本語版によっており、以下、この日本語版を「報告書」、図などの出典である報告書の本文を「報告書本文」ということにします。

報告書の内容は多岐にわたっていますが、本講では、「何故最上階まで急速に延焼したのか？」、「何故多数の死者が出たのか？」という二点を中心にまとめてみます。

何故最上階まで急速に延焼したのか？

この点について前講では、概ね①～④のとおりとしていました。

① 出火時刻1：20とされるのに1：30の映像では最上階まで炎が到達している。

② 化粧用に貼られた厚さ4mmのサンドイッチパネル（両面アルミ板、コア材は難燃処理されていないポリエチレン。以下「ACMパネル」）と厚さ100mm～150mmのイソシアヌレート製の断熱材（以下「PIR断熱材」）が50mmの通気層を挟んで外壁外側に設置されており、それらが急速に延焼した。難燃性が高いとされるイソシアヌレー

トが延焼拡大要因となったのは、通気層があったためではないか。

③　柱部分の外側も外壁部分の外側と同様の構造になっており、通気層が煙突の役割をして急速な上階への延焼を助長したのではないか。

④　通気層のところどころに設置されていたファイアストップ状の水平部材が、横方向への延焼拡大を助長したのではないか。

これについて、報告書では、大略以下のようなことだったとしています。

まず、上記①では出火時刻は1：20頃、最上階への火炎の到達は1：30頃で、その時間は10分程度としていましたが、報告書では、最初の消防への通報は0：54、火炎の屋根への到達は1：27で、その時間は33分程度とされています。急速な上階延焼が起こったことは間違いありませんが、当初伝えられていたほどではなかったようです。

出火原因は、4階（日本式に数えると8階に相当）住戸内の大型冷凍冷蔵庫の電気的故障とされており、その火炎が窓枠を変形させてACMパネルとPIR断熱材との間の通気層に入り込んだことが外壁（の外側部分）の延焼の発端ではないかとしています。火炎が窓から噴出しACMパネルに外側から接触して延焼した可能性はゼロではないが低いとしています。

垂直方向への急激な外壁延焼の主たる原因はACMパネルの延焼だとしており、PIR断熱材の延焼は外壁延焼の一端を担った、という書きぶりになっています（**図16－1参照**）。

これについては、日本でも「法適合に向けた既存建築物の防火改修の手法の検討報告書（平成30年(2018) 3月、（一財）日本建築防災協会、アイエヌジー（株））作成の一環と

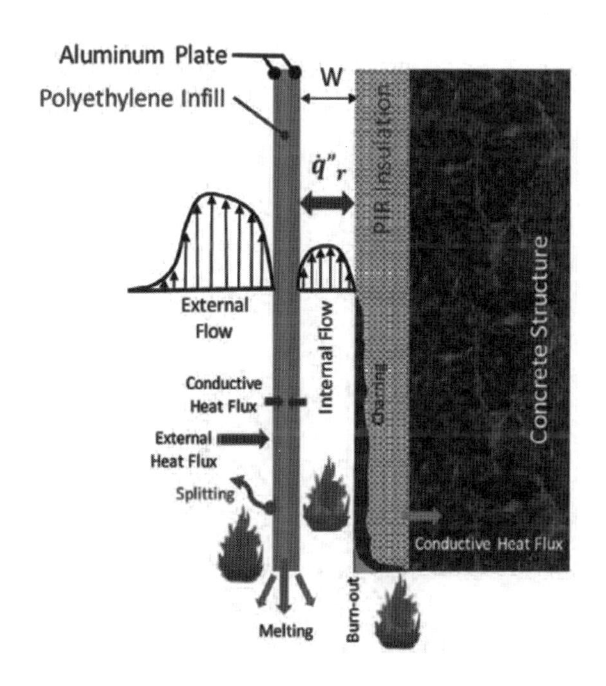

図16－1　外壁外側のAMCパネルとＰＩＲ断熱材の燃焼（報告書本文より）

して建築研究所で行われた実験で同様の結果が出ています。この実験については私も関与しましたが、厚さわずか4mmのACMパネルが猛烈な勢いで延焼し、厚さ150mmのＰＩＲ断熱材はそれに伴って燃焼するだけで主役ではなかったのは意外でした。イソシアヌレートの難燃性の効果ではないかと思います。

また、火災の前になされたグレンフェル・タワーの外断熱改修の際に、窓の位置がコンクリートの壁の部分から外壁の外側に設置された外断熱の部分に変更されたことが上階延焼の要因になったという記述もあります（**図16－2**）。

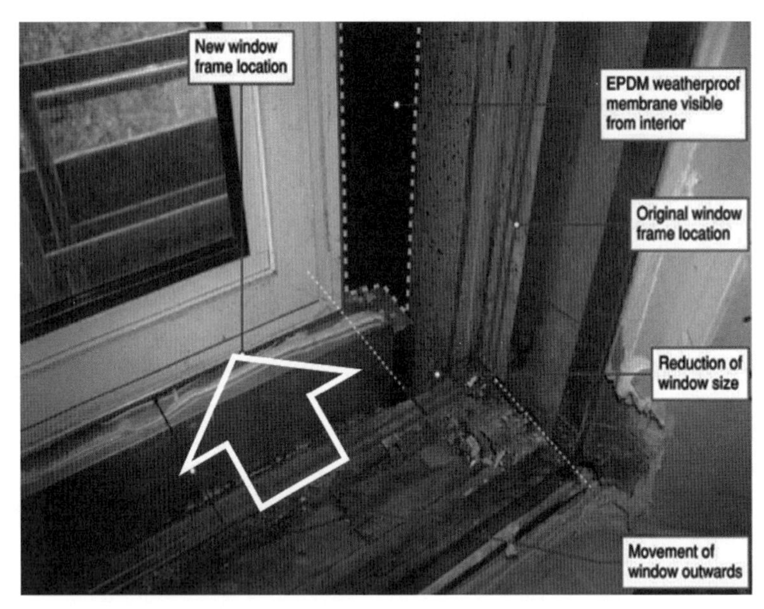

図16－2　外断熱改修の際に窓の位置がコンクリート外壁部分から外断熱部分に変更になったことを示す図(報告書本文より)

窓が耐火構造の外壁の部分でなく延焼媒体となった外断熱の構造材の部分に設置されていれば、その部分を伝わって上階延焼して来た火炎は、容易に住戸内部に侵入してしまいます。その意味では、「真犯人」の一人ともいうべき重要な指摘だと思いますが、報告書での扱いは小さく、フェーズ２で検証すべき事項として先送りされています。

一方、水平方向及び下方へ火が広がった主なメカニズムとして、前講ではファイアストッパーの存在を疑っていましたが、報告書では意外な事実を報告しています。グレンフェル・タワーには「クラウン」と呼ばれる屋根の縁の枠材（**図16－3**）があるのですが、炎がこのクラウンにぶつかって横に拡がり、そのことが水平方向への延焼拡大の大きな理由だとしています。考えて見れば、**図16－1**のような構造で燃え上がって最上部まで来た炎が、それに蓋をするような部分にぶつかれば、報告書で指摘されたような挙動をとることは当然かも知れません。

また、グレンフェル・タワーはこのクラウンのフィン部分にACMパネルが使われていますが、外壁及び柱に使われているACMパネルと相まって、その燃焼により芯材のポリエチレンが溶けて滴り落ちたことで（**図16－4**）、建物下部に着火し、その後、この火が再び上方向に延焼したため、炎が建物の各外壁面を斜めに燃え上がったとしています。特に、柱のACMパネルと垂直方向の通気層の存在が、下方への延焼の大きな要因だったとしています。

また、PIR断熱材とフェノール発泡断熱ボードの存在及び窓の周囲の構成要素が、垂直方向の炎の広がりの速度と度合を大きくしたのではないかとの記述もあります。

建物の外壁については、「2010年建築規則のスケジュール1の要件B 4(1)に準拠していないという説得力のある証拠があるが、詳細についてはフェーズ2で検討する。」とされています。

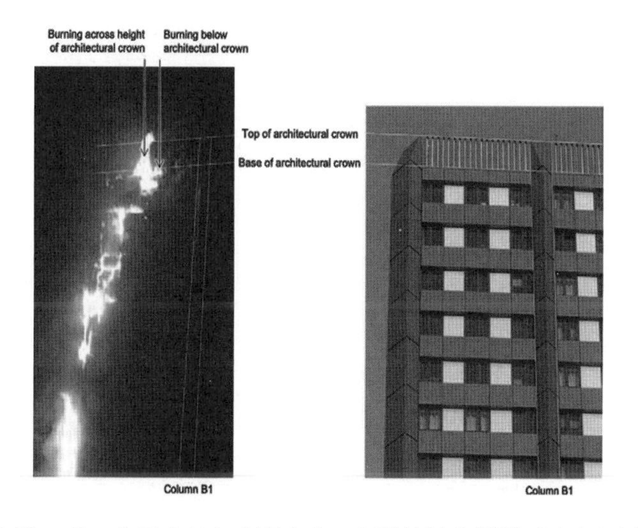

図16－3　クラウンと水平方向への延焼拡大(報告書本文より)

図16－4　滴り落ちる溶解ポリエチレン(報告書本文より)

何故多数の死者が出たのか？

前講では、「何故多数の死者が出たのか？」の項でこの点について整理していますが、報告書では、防火区画の破綻とロンドン消防の対応の失敗が主因であるとしています。

防火区画の破綻

グレンフェル・タワーの火災では、外壁外側の火はすぐに多くの階で建物内部に延焼し、火煙が建物の内部に急速に広がって、初期段階で効果的な防火区画の形成に失敗したのですが、その理由は以下のようなものだとされています。

ａ．強い熱が窓ガラスを破損させて火炎の侵入口になったこと

ｂ．キッチンの換気扇ユニットが熱により変形して外れ、火炎の侵入口になったこと

ｃ．効果的な自動閉鎖装置がないため幾つかの防火扉は開いたままで、火煙の拡大防止に失敗したこと

ｄ．閉鎖された防火扉も、消防活動の際に破壊されたり、一部開放されたりしたこと

このうち防火扉については、タワー全体の防火扉、各階のホールに通じる個々の住戸の玄関ドア及びホールから階段に通じる防火扉のそれぞれについて、その防火・防煙性能と自動閉鎖装置の構造及び維持管理が極めて重要であるとの指摘が専門家からなされたが、フェーズ２における検討事項とされた、としています。

階段区画の防火戸の性能や区画形成確率は唯一の階段が避難に使える時間の長さに直結するため極めて重要ですし、住戸の玄関ドアが閉鎖するかどうかも各階ホールが避難に使える時間の長さに直結するので極めて重要ですが、いずれもフェーズ２に先送りされています。

ロンドン消防の失敗

報告書を見ると、イギリスでは、高層共同住宅火災の際の住民の行動については、すぐに避難する方法とステイプット（そのまま動かずにいる）という方法があり、その状況に応じた運用をどうするかは、建物構造等に応じて所轄の消防があらかじめ考えておく必要がある、という仕組みになっているようです。グレンフェル・タワーは、ステイプット戦略をとる対象だったとされています。

実は、グレンフェル・タワー火災に先立つ2009年７月に、ロンドンのサザークでラカナルハウス火災という火災があり、ロンドン消防には、避難とステイプットの運用や切り替えについて、疑問が投げかけられていました。この火災では、14階建ての建物の９階で火災が発生して火煙が他のフロアにも急速に拡がり６名の死者が出たのですが、現場ではステイプットと避難との状況に応じた切り替え判断がうまくできず、また、火災建物内の在館者から消防の管制室に「避難すべきか籠城すべきか」など対応行動についてのアドバイスを求める電話（以下「ＦＳＧコール」）が多数あったのに、現場との情報共有が適切になされなかったために管制室が適切に対応できずに死者を増やしてしまった、というの

です。

報告書では、ロンドン消防は、グレンフェル・タワー火災に際して、ラカナルハウス火災の教訓を全く生かせていなかったのではないか、と厳しく指摘しています。その指摘を整理すると、概ね以下のようになります。

①　政府の指導基準では

ａ．消防機関は、高層ビルの火災で防火区画が突破されステイプット戦略が維持できなくなった場合に対処するための緊急時対応計画を作成しておく必要があること

ｂ．消防機関は、管内の各高層ビルについて、現場の指揮者が部分避難や全館避難が必要になるタイミングを理解し適切に対応できるよう訓練させる必要があること

となっているのに、ロンドン消防の対応は決定的に不十分だったとしています。

②　グレンフェル・タワーについては以下のような状況だったとされています。

ａ．一部の指揮者は、同建物の外装に可燃性被覆材が用いられていること、外国の火災事例からそれが特異な火災性状を示すことについては理解していたが、特殊な火災危険に対する知識が十分でなく、訓練もなされていなかった。

ｂ．当初の現場指揮者は、避難の必要性を認識する方法や、避難を組織化する方法に関する訓練を受けていなかった。

ｃ．グレンフェル・タワーの避難のための緊急事態計画はなかった。

ｄ．ロンドン消防が作成していたORD（消防隊の活動や部隊運用のために現場から緊急時にアクセスできるデータベース）が使用されなかった。

ｅ．グレンフェル・タワーに関するORDには現場指揮者に必要な事項がほとんどなく、改修等に伴うアップデートもなされていなかった。

ｆ．ORD以外でロンドン消防が保持している情報も間違っていたり、欠落していたりした。

③　火災現場では以下のような状況だったとされています。

ａ．当初の現場指揮者は経験豊富だがランクが低く、重大事態に対する準備が不足していた。

ｂ．当初の現場指揮者は、防火区画が突破された場合に多数の人が避難しなければならなくなることについて理解できず、状況を制御することも戦略を変えることもできなかった。

ｃ．ステイプットから全員避難への方針変更の判断は、1：30から1：50の間に行われるべきだったのに実際には指揮系統が重大事故体制に切り替わった後の2：35までできず、1時間のロスがあった。この間、階段は避難に使用できる状況だった。指揮系統の切り替わりにも大きな混乱があった。

ｄ．管制室に来ていた在館者からのFSGコールの情報を現場指揮者と共有する仕組みも、現場の火災拡大や避難・救助の状況を管制室と共有する仕組みもなく、警察ヘリコプターとの情報共有の仕組みもなかった。

e．指揮官は応援部隊を適切に運用できなかった。

f．通信システムが適切に機能しなかった。

④　管制室では、ラカナルハウス火災の教訓があったにもかかわらず、高層ビル火災におけるFSGコール殺到への理解が不足しており、体制作りも準備も訓練も出来ておらず、具体的には以下のような状況だったとされています。

a．FSGコールが殺到して処理可能件数を超え、FSGコールの際の回線保持の原則（救出等まで回線を切らない等）との折り合いをつけられずに混乱した。

b．FSGコールに向けたステイプットと避難の判断の原則や避難の際の注意事項などが文書化されていなかった

c．FSGコール発信者から聞き取るべき情報内容（所在階、避難者数など）が決まっておらず、聞き取りが行われなかった。

d．FSGコール発信者からの情報を管制室内で共有する仕組みや、他の情報源からの火災現場の情報を共有する仕組みがなく（③のｄなど）、オペレーターは火災の全体像を把握できなかった。このため、適切なアドバイスができなかっただけでなく、火災が最上階まで延焼しているのに、出火階だけが燃えているなどという誤った情報を伝えることも起こった。

再発防止策

報告書では、グレンフェル・タワーの外壁外部にACMパネルや可燃性の断熱材などが設置されていたことが、建物全体に急速に延焼拡大した理由だったことは明らかだとしています。その後の調査でイギリス国内に同様の高層住宅が400以上あることが判明しており、そのようなビルでは、ACMパネル等については「できるだけ早く取り外して、可燃性が限定された材料と交換する必要がある。」としています。

この外壁の可燃性の程度については、「高層ビルの外壁については、ユーロクラスＡ１（BS　EN　13501－１に準拠した火災反応の最高分類）に限定すべき」との意見もあるが、政府がユーロクラスＡ２ｓ１、ｄ０よりも低い特定の種類の新しい建物の材料の使用をすでに禁止していることを踏まえ、フェーズ２の調査結果が出るまでは、ユーロクラスＡ２の材料の使用を直ちに停止することを推奨することは適切ではないとして、ここでもフェーズ２に先送りしています。

報告書では、そのほかに、以下のような事項について改善策を講ずべきとしていますが、具体的な内容については、フェーズ２の重要な検討事項であるとしています。

a．消防活動に寄与する階ごとのプランの提供方策

b．火災時に消防隊が安全なエレベーターを確実に使えるようにする方策

c．スプリンクラー設備の設置は効果的だがコストとの兼ね合いもあるので慎重に検討

d．防火扉の防火防煙性能の確保と維持方策

e．グレンフェル・タワー火災で露呈したロンドン消防の様々な失敗に対する改善方策

ｆ．外壁の外側やクラウンなど装飾部分に用いられるACMパネルや断熱材などの材料、垂直方向の延焼拡大要因となる設計などの改善方策
ｇ．外断熱の場合に窓の位置が内部延焼を助長しないようにするための方策
ｈ．排煙設備の効果的な設置方法

報告書についてのまとめ

報告書では、グレンフェル・タワー火災における急速な延焼拡大は外壁に設置されたACMパネルが最大の要因であるとしており、同様の危険性があるものについては早急に交換すべきとしていますが、外壁外側部分の可燃性の程度についてはフェーズ２に先送りするなど、歯切れが悪いような気がします。

また、同火災で多数の死者が出た原因については、防火区画が破綻したこととロンドン消防の失敗が大きいとしていますが、改善策になると、防火区画など建築的要素の多くをフェーズ２に先送りしている一方、消防については大部を割いて具体的に記述している部分が多くなっています。このため、全体として、多数の死者が出たのはロンドン消防の失敗が最大の原因であるかのような印象を受ける記述ぶりになっています。

確かに、報告書を見る限り、グレンフェル・タワー火災におけるロンドン消防の対応は混乱しており、あらかじめやっておくべきことを十分にやっていなかったことも事実のようです。ホール部分は階によって煙汚染などの状況が違いますが、階段自体はかなり長時間避難に使えたということなので、ステイプット戦略から全館避難への方針変更が１時間早く出来ていたら、犠牲者はずっと少なくなっただろうというのは、正しい指摘だと思います。

しかし、火災時（に限らず様々な非常時）のオペレーションは、よほど周到に準備したり訓練したりしていても、混乱してなかなか完全には出来ない、というのが普通ではないかと思います。だからこそ、そのような事態が発生する可能性をできるだけ低くするために、建築規制や消防設備・防火管理などの規制があるのだと思います。日本語の概要版を読んだ限りですが、この報告書は、グレンフェル・タワー火災で大きな被害が出た原因をロンドン消防に押し付け過ぎているのではないか、というのが、私の印象です。

第17講　埼玉県三芳町倉庫火災と大規模物流倉庫の防火対策

～大規模物流倉庫の火災危険と防火対策～

平成29年(2017) 2月に発生した埼玉県三芳町の大規模物流倉庫の火災は、巨大で複雑な閉鎖空間に大量の可燃物が集積していたため、消防活動が困難を極め、鎮火までに12日間を要しました。事態を重視した政府は、総務省消防庁と国土交通省が合同で「埼玉県三芳町倉庫火災を踏まえた防火対策及び消防活動のあり方に関する検討会（以下「検討会」)」を設置して検討を行いました。私はその座長を務めましたので、本講では、検討会の報告書（平成29年(2017) 6月）などをもとに、大規模物流倉庫の安全対策についてお話しします。

火災の概要

埼玉県三芳町倉庫火災の概要は以下のとおりです（検討会報告書)。

- 出火日時　平成29年(2017) 2月16日（木）9時頃（調査中)
- 覚　　知　同日9時14分
- 鎮　　圧　同月22日9時30分
- 鎮　　火　同月28日17時00分
- 出火場所：倉庫1階北西部端材室
- 出火原因：フォークリフトの高熱部が段ボールに接触した可能性が指摘されているが調査中
- 焼損床面積：約45,000m^2（調査中)
- 負傷者：2名（重症1名、軽症1名)

開口部が少ない大規模空間

燃えた物流倉庫は、長さ240 m、幅109 mという巨大な3層の建物で、各階の階高は6～8 mと普通の建物の2倍から3倍もあり、床面積が広いため、巨大な内部空間が形成されています（**図17－1参照**。検討会資料に筆者が加筆したもの)。

工場の建物にもこの種の形態の建物は多いのですが、製品製造のために何もない空間が保持されており、物品が詰め込まれていることは多くありません。ところ

・階数：３階建て
・高さ：22.4 m
・建築面積：３万７千m^2　延べ面積：７万２千m^2
・構造：鉄筋コンクリート造　一部鉄骨造
・各階階高　１Ｆ：6.85 m　２Ｆ：8.13 m　３Ｆ：5.97 m
・在館者：421名（1階139名、２階235名、３階47名）

図17－1　埼玉県三芳町倉庫火災（２月16日12時頃　埼玉県防災航空隊撮影）

が、倉庫の場合は物品が天井高く積まれている部分も多く、大量の可燃物が集積されることになって、火災の際に対応を難しくしています。

火災となった倉庫は、２階には外部への開口部がほとんどなく、消防法令上は無窓階になります。１階と３階には搬入・搬出のための大きな開口部が設けられている壁がありますが、建物の奥行きが深いため、開口部のない壁に近い側は、無窓階に近い状況になっています。

以上のような状況で火災が発生し初期消火に失敗すると、大量の可燃物に対して空気の供給が不足するため、長時間燃え続ける一因になります。

また、商品棚のほかに仕分けや配送のためにコンベア類を初め様々な機械類が配置されており（**図17－2**）、火災時の避難や消防活動という視点から見ると大きな障害となります。消防隊員にとっては、前進するにも退避するにも、これらの機械類等が危険な邪魔物となり、進入経路や退避経路が長大になることともあいまって、内部に進入して消火活動をすることを難しくします。

図 17 － 2　三芳町倉庫の内部状況（火災前）検討会資料より作成

何故初期段階で延焼拡大防止できなかったのか

図 17 － 3 は、出火した端材室の状況です。端材室というのは、使用済みの段ボール箱を処理して回収にまわす作業を行う部屋です。この端材室の上階に使用済み段ボールがコンベアで運ばれて来て、そこから床（端材室の天井）に開けた投下用開口部（**図 17 － 3** の①の上部）を通じてこの端材室に落下する仕組みになっています。その結果、この端材室には使用済み段ボールがうず高く堆積し、それをフォークリフトで押しつぶして回収に回しているということです。

そのフォークリフトの運転手が、リフトの後方で火災が発生しているのを発見し、周囲の従業員と協力して消火器で消火しようとしましたが失敗。その後、駆けつけた他の従業員たちが屋外消火栓設備を用いて消火しようとしましたが、やはり失敗しました。屋外消火栓のポンプ起動ボタンを押さなかったためです。9 時 21 分（通報から 7 分後）に公設消防隊が到着し消火活動を引き継ぎました。その時点で端材室内は一面が炎に包まれた状態でしたが、消防隊はすぐに火勢を鎮圧し、1 階の他の部分への延焼は生じませんでした。

この間に、強烈な火炎が段ボール投下用開口部を介して 2 階に回りました。シミュレーションによれば、当該開口部の天井中央部は出火からおよそ 5 分程度で

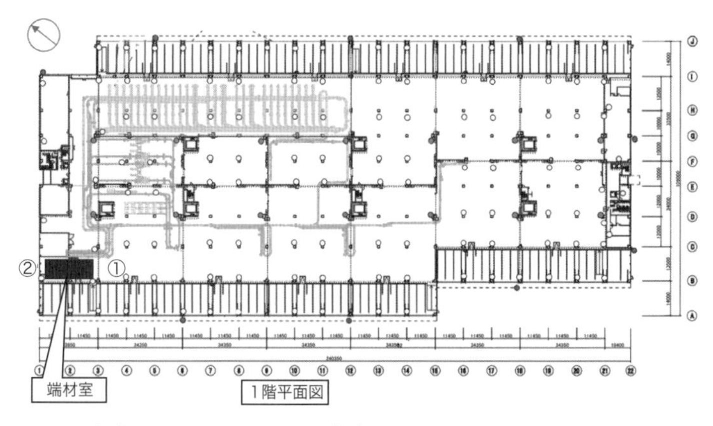

①【端材室内（南側）】

②【端材室内（北側）】

・出火原因については調査中
・出火箇所は端材室（廃ダンボール置き場）
・フォークリフトの運転手が火災に気づき、消火器等で消火するが失敗
・自火報鳴動で職員が駆け付けて消火器で消火するが失敗

図 17 － 3　出火室の状況（検討会資料より）

1,000℃を超える高温となったと推定されています。この急激な温度上昇のため、開口部上部に設置されていた煙感知器は、警報信号は発したけれど、防火シャッターを閉鎖する信号を出す前に脱落して、1階から2階に延焼阻止するのに失敗。その後、2階に延焼拡大する要因となりました。

多様な可燃物が集積しており、段ボールも厄介

製造業の製品倉庫の場合、どんな物品がどのくらい貯蔵されているかは、大体把握されています。製品倉庫が火災になると、消防隊は、その情報を倉庫の管理者に聞くなどして消防活動を行います。

ところが物流倉庫の場合は、内部に保管されている物品は時々刻々異なるのが普通です。火災になれば、種々雑多な可燃物が燃えることになり、消火活動も消防隊員の安全確保対策も、一筋縄ではいきません。内部にたまたま危険物が保管されていると爆発危険などがあるため、さらに厄介です。今回火災となった倉庫は、危険物については仕分けて別棟に保管されることになっていましたが、現場の消防隊から見れば、火災部分にも危険物があるかも知れない、という警戒を緩めることはできないでしょう。

段ボールも、火災という視点から見ると厄介です。段ボールは、強度を増すために波状に加工した紙を表と裏の紙で挟んで接着した形状をしています。この構造は、空気を大量に抱え込んでいるため、厚紙を折り重ねたものなどに比べると、非常に燃えやすく、火力も強く、箱の形に組み立てられると、さらに燃えやすくなります。

段ボールはネット通販や宅配便で多用されるため、物流倉庫には大量に存在していま

す。今回の火災の原因として段ボールが疑われていますが、それだけでなく、延焼拡大が速かった一因にもなっているのではないかと思います。

多数の人が中で働いている

今回火災になった倉庫の内部では、1階に139名、2階に235名、3階に47名、合計421名の従業員が働いていました。建築基準法も消防法も、搬入搬出時以外は内部にほとんど人がいない古典的な「倉庫」を前提として規制基準が作られています。あの火災の際に、内部にいた人たちがよく避難できたな、というのが率直な印象です。

搬入搬出のため1階と3階には大きな開口部が設けられていたこと、天井高が高く煙降下に時間がかかったこと、避難訓練を行っていたこと、たまたま朝礼の時間帯だったためそろって避難できた人たちが多かったこと、などが、全員避難できた理由だと思います。

内部に取り残された人がいなかったため、消防隊は危険な救助作業を行う必要がなく、無理に内部進入して殉職に至るという事態を免れたとも言えそうです。この火災では、たまたま在館者が全員避難できましたが、何人か取り残されていれば、消防隊もその人たちの救出を考えざるをえず、消防活動がはるかに危険で困難なものになっていた可能性があります。

防火シャッターが閉まらなかった

物流倉庫は、大量の物品を効率よく納入し、貯蔵し、取り出し、仕分け、配送するために、できるだけ大規模な空間とすることが求められています。一方、建築基準法は建物を

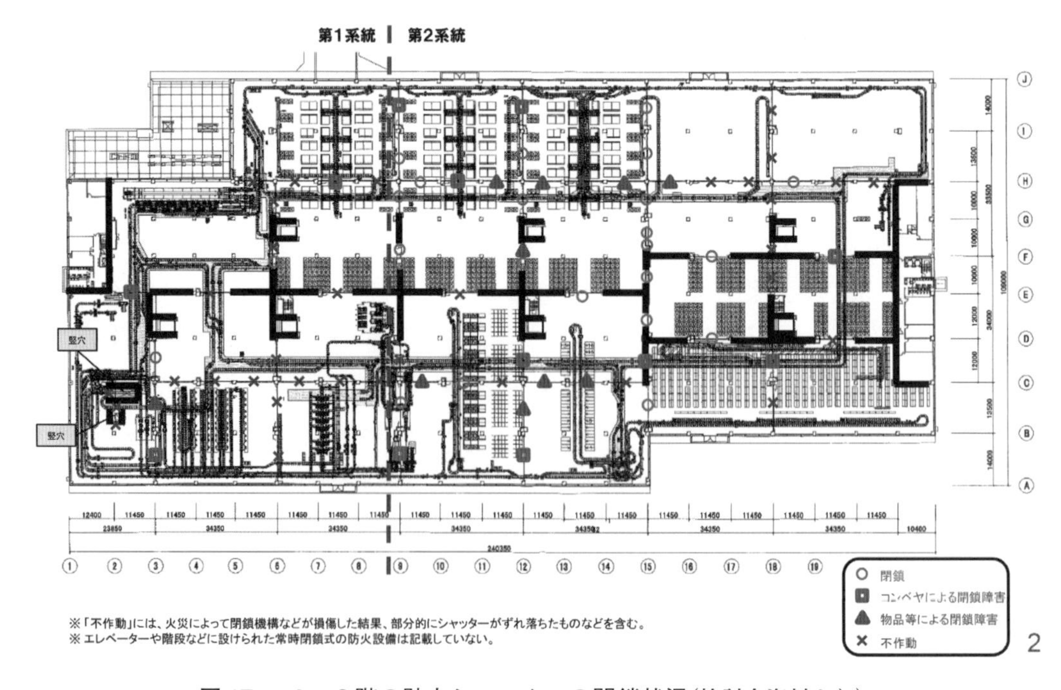

図17－4　2階の防火シャッターの閉鎖状況(検討会資料より)

1,500m^{2}以下ごとに防火区画することを求めています。普通、防火区画は床と壁と開口部に設置された防火戸によって形成されますが、この種の物流倉庫では壁を作ると効率が悪くなるためか、ほとんど防火シャッターで区画されています。しかし、この火災では、閉鎖しない防火シャッターがかなりありました（図 17 － 4）。

報告書では、防火シャッターが降りなかった理由として、

① 急激な温度上昇のため感知器や耐熱電線などが想定より早く破損し、防火シャッターの作動信号や動力が伝わらなかった。

② 防火シャッターとコンベアが交差するものについては、コンベアの側にシャッター降下を妨げない仕掛けがあるが、その作動が不良だったり運搬中の物品が挟まったりした。

ことなどをあげています（図 17 － 5）。

特に②については、コンベアの設計や設置状況が防火シャッターの作動に大きな関係があるのに、建築基準法上「建築物」ではないため、その設計・施工に防火安全に関する知見が活かされていなかったことが大きな問題とされました（図 17 － 6）。

防火区画をシャッターに頼りすぎると延焼リスクがかなりあるのですが、大空間を仕切るのにシャッター以外の方法は見当たりません。どうしても大空間を造りたいというなら、メンテナンスをきちんと行うのは当然のこと、実態に合わせ、様々な手法を駆使して防火シャッターの不作動確率をできるだけ下げるしかありません。報告書では防火シャッターの降下に関して責任を持つ「設置責任者」と「維持保全責任者」を定めて、記録なども残すように求めています。

図 17 － 5　コンベアによる防火シャッターの閉鎖障害（検討会資料より）

- コンベヤにはベルトコンベヤとローラコンベヤの2方式がある。
- 防火シャッターの下降位置には何もない（10cm程度の隙間で落ちない形状の荷物のみを扱う前提）場合もあるが、荷物が落ちない、あるいは痛まないように渡り部分に可動機構（可動シュートや可動ローラ）を設ける場合が多くある。
- その場合、渡り部分は上方や下方に折れたり、スライドするなどして防火シャッターの下降位置から退避。
- 渡り部分の動作は基本的に動力装置で制御される。ただし、一部に制御用の動力装置を用いないもの（危害防止機構がない防火シャッター用のレバータイプ）もある。

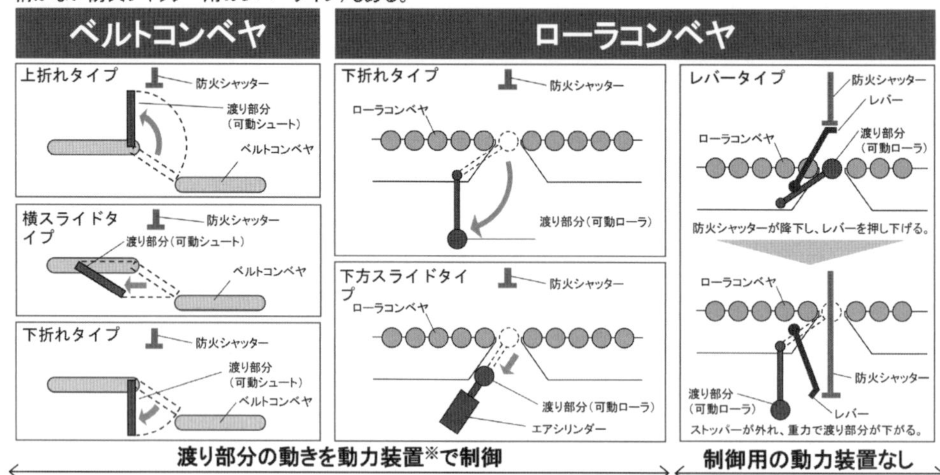

図17－6　防火シャッターをまたぐコンベアの作動方式（検討会資料より）

自衛消防隊と訓練

今回火災となった倉庫には自衛消防隊が設置されており、訓練も行われていました。結果を見ると、成功と失敗が混在しています。成功したのは、避難誘導です。リーダーが定められており、訓練を行っていたこともあって、出火後の全員避難に成功しました。全員避難していることが確認されたため、消防隊は消火に専念できましたが、このことは隊員の安全などを考えると極めて大きかったと思います。

一方、失敗したのは、屋内消火栓と屋外消火栓を使った消火です。屋内消火栓は使われず、屋外消火栓は使おうとしましたが、起動ボタンを押さなかったために消火できませんでした。この倉庫では、消火器を使った訓練は行っていましたが、屋内消火栓や屋外消火栓を使った訓練は行っていませんでした。火災発生を知り、8人が21本の消火器を使って消火していますが、火勢が強くて消火できませんでした。消防隊が到着後すぐに、この屋外消火栓も使って火災室の消火に成功していることを見れば、早い段階で消火栓を使った消火が行われていれば……、という感は否めません。消防への通報が火災覚知から7分後で少し遅れていますが、これも、通報訓練が行われていなかったことと無縁ではないでしょう。

この火災での自衛消防隊の活動内容を見ると、訓練していることはできても訓練してないことはできない、ということがよくわかります。検討会報告書で、訓練の重要性を強調しているのも、このためです。

スプリンクラーはどうか？

この種の倉庫の防火安全対策として、アメリカではスプリンクラー設備が主役だということで、スプリンクラー設備が設置されていないと火災保険にも入れない、などという話も聞きます。

しかし、日本でこの種の施設にスプリンクラー設備を設置しようとしても、幾つかの大きな問題があって簡単にはいきません。

一つはスプリンクラー設備の設置費用が極めて高額になり、建築費用の相当部分を占めることになって現実的ではない、ということです。連結散水設備はさらに高額になるという話もありました。アメリカと比べて配管の工事費が極めて高いため、などという話も聞きますが詳しくはわかりません。技術的な問題でなく、社会・経済的な問題ではないかと思いますが、なぜ日本のスプリンクラー設備等の設置費用が高くなってしまうのか、時間をかけて研究してみる必要があると思います。

もう一つは、天井高が高く可燃物量が多いため、有効に消火するには相応の技術的な検討が必要だということです。日本ではこの種の建物にはスプリンクラー設備の設置を義務づけておらず、自主的に設置する例もあまりないため、検定規格で想定している普通のスプリンクラー設備ではなかなか消しにくいと思いますが、放水型スプリンクラーヘッドなど、この種の火災に対応できそうなものもあります（**図 17 − 7**）。

アメリカで倉庫火災に対応するスプリンクラーは、時間当たりの放水量が多く、水滴も大きく、水源の水量も大きいと聞きます。その分、費用もかかりそうなのに何故成り立っているのか、検討してみる必要があると思います。

というわけで、検討会での結論は、いきなりスプリンクラー設備の設置義務づけなどと

図 17 − 7　スプリンクラーヘッド（放水型ヘッドと普通のヘッド）
（ホーチキ総合防災実験場）

いうことにはなりませんでしたが、連結散水設備などと合わせ、今後の検討課題としています。

私としては、天井に取り付けたレールに吊り下げた移動式の放水銃などを設置し、炎感知器などと組み合わせて、初期火災をピンポイントで消火する新しいタイプのロボット消火設備を開発することなども視野に入れたらどうかと考えています。

避難安全検証法の問題

検討会の報告書には間に合いませんでしたが、ゼネコンの防火技術者などと話していて、一つ重要な問題があることがわかってきました。避難安全検証法の問題です。

内部で常時働いている人が多数いる場合、倉庫部分であっても、建築基準法上は「居室」として扱われているということです。「居室」だと避難路などについて様々な規制がかかりますので、設計者は、「避難安全検証法」を用いてこの規制に対する緩和規定の適用を受けることが多いようです。避難安全検証法は、その建物ごとに煙の降下時間などを計算して避難限界時間を計算。一方、避難ルートと歩行速度などから避難に要する時間を計算し、限界時間までに全員避難できれば階段の数などを減らすことができるという仕組みです。そういう考え方自体は、性能規定の考えからはおかしくないのですが、問題は避難ルートです。

竣工した建築物は、施工者が発注者に引き渡すまでは、内部に何もない大空間です。避難ルートも、障害物のない一直線のルートとして計算できます。天井高が高いため、限界時間にはかなり余裕があります。その結果、面積に比べて極端に階段や出入口が少ない建物ができてしまう可能性があります。

この場合、建築物の竣工・引き渡しの段階では、建築物を設計・施工した企業には、法律上何の問題もありません。しかし、その後、棚やコンベアが設置されると（**図17－2参照**）、事実上大きな問題が出て来ることは明白です。実際の避難ルートが複雑になり長くなるため、避難時間も当初の計算より長くなり、避難限界時間を超えてしまうこともあるかも知れません。

設計・施工者としては、引き渡し後にそういう使われ方をすると知っていれば、当然、実際の配置計画に基づいて避難計算を行うべきですし、事前に配置計画がわからなければ、相当高い安全率をかけて計算しなければならないと思います。ところが、そこまでやっているものは少ないように聞いています。発注者は、そこに防火安全上の問題があるとは気づかないでしょう。実際に人命被害が出た場合、誰の責任になるのでしょうか？

この問題について、私は、消防機関が訓練立ち会いの際などに避難限界時間内に本当に避難できるか実際に検証すべきだと考えています。避難限界時間は避難安全検証法に用いられた煙降下時間を用いればよいでしょう。全員、通常の業務の位置について火災警報を鳴動させ、全員が安全な部分まで避難するのに要する時間を測定すればよいのです。最終的には、シャッターを降ろしてくぐり戸を使った避難、照明を落として非常用の照明装置だけに頼った避難なども行ってみる必要があると思います。いずれにしろ、避難限界時間をオーバーするようなら、改善策を考えるよう指導します。天井高が高く煙降下時間が長いため、避難経路を工夫したり、訓練を繰り返したりすれば、そう費用をかけずにクリアできるようになるのではないかと思いますが、避難安全検証法で許容されるギリギリまで階段の数等を絞り込んでいるところでは、相当苦労するかも知れません。倉庫関係者も最初は戸惑うと思いますが、理屈どおりの指導なので従わざるを得ないと思います。

まずはガイドラインで

検討会資料によれば、延べ面積 5 万 m^2 以上の大規模倉庫は、当時でも全国で 150 件あるということでした。近年急増しており、10 年間で 3 倍、15 年間では 6 倍になっています（**図 17 − 8、図 17 − 9**）。大規模物流倉庫は近年現れた新しい建築空間と労働環境を持っており、当然新しい火災リスクを持っています。特に、初期消火の段階を突破されると消防活動が極めて困難になること、人命危険が大きいことは大きな問題です。

倉庫に対する防火規制は特定防火対象物に比べると遙かに緩くなっています。第三者に対する人命損害は取り返しがつかないため厳しく規制されていますが、火災損害を自ら防ぐべき立場である従業員自身の危険や財産損害は、防火対策、火災保険、損害リスクの総費用の相関を見ながら、自己責任で考えるべき、という考え方なのだと思います。

埼玉県三好町の火災で明らかになった巨大物流倉庫の火災リスクは、超高層ビルや地下街の火災リスクに似た危険性を秘めています。技術的にも検討すべき事項が多いですし、それを克服しようとすると、大きな費用を必要とする可能性もあります。倉庫を巨大化するほど効率が良くなるというこれまでの考え方を見直してみる必要もありそうです。この

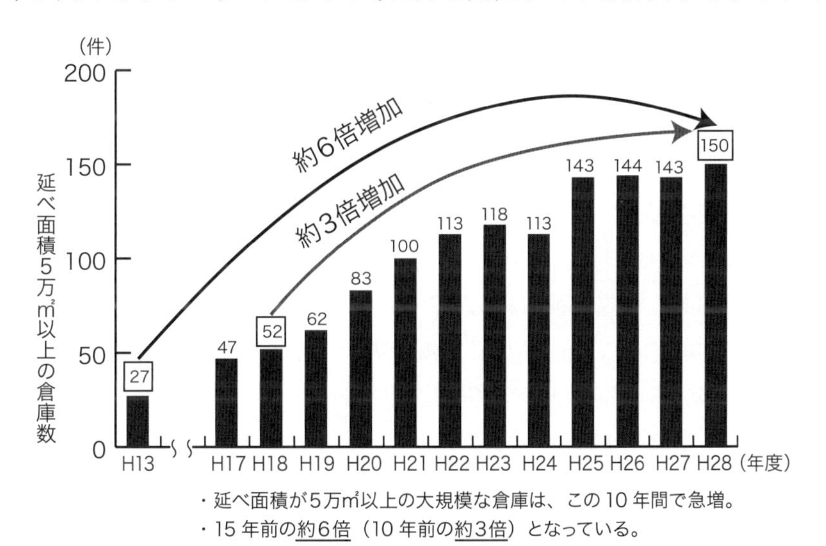

図 17 − 8　延べ面積 5 万 m^2 以上の大規模な倉庫の状況（検討会資料より）

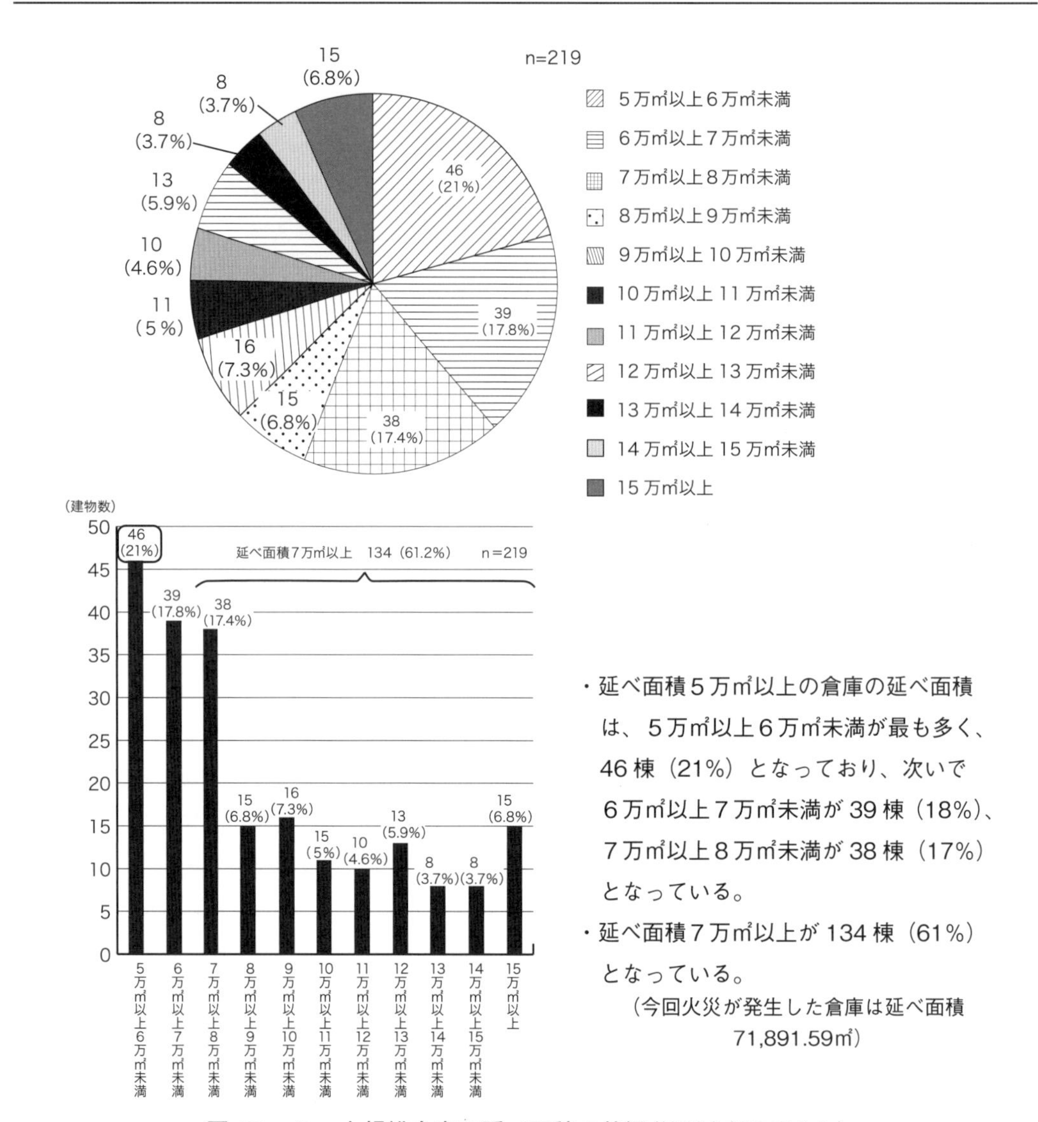

図17－9　大規模倉庫の延べ面積の状況（検討会報告書より）

種の倉庫が急増している現在、これまで述べて来たような課題を解決しないと、また同じような火災が起こる可能性は高いと思います。人命リスクも低いとは言えません。経営者としては、その対策を規制に促されて行うのか、火災リスクを織り込んだ経営の一環として行うのかが問われています。

検討会では、とりあえず規制強化はあまり行わず、ガイドラインを作成して自主的に安全対策を行うよう誘導することになりました。規制によらなければ、費用対効果の視点から安全対策の最適解を求めるルートが多様化できます。第三者の人命危険が少ないことを考えれば、まずは妥当な結論になったのではないかと思います。

いずれにしろ、消防としては、限界時間内に全員避難できるかどうか確認することを徹底して、取り残されている人がいない状況を作り出すことが、消防活動にとって最も重要だと思います。

第18講　高齢者福祉施設の火災危険と防火安全対策(1)

～高齢者福祉施設に係る消防法令の強化と防火・避難マニュアル～

高齢者福祉施設の防火安全対策の歴史とその効果

現在の火災予防行政の最大の課題の一つは、社会の急速な高齢化に伴う高齢者の防火安全対策です。特に高齢者を介護する就寝施設では、お年寄りが多数亡くなる火災が相次ぎ、そのたびに消防法令が改正強化されました。その内容は複雑で、遡及適用対象でもあるため、現場では相当苦労されているようです。今回から、その内容や経緯などを整理してお話しすることにします。

高齢者福祉施設の火災と消防法令の強化

高齢者福祉施設は、高齢化の進展に伴い施設数が年々増加し、それに伴って火災件数も増加しています。そして時に多数の死者を伴う火災が発生し、**表18－1**に示すように、そのたびに消防法令の改正が行われて、この種の施設の防火安全対策が強化されてきました。

消防機関としては、現在、改正された基準を適用し、施設の安全対策の向上を図っている段階だと思いますが、特に既存の施設にスプリンクラー設備等を設置させることなど

表18－1　高齢者福祉施設（現消防法施行令別表第1（6）項ロ）に対する消防法令の規制強化の変遷

改正期日	規制強化の内容	施行期日	既存遡及適用期日	契機となった火災
S 62(1987) 10. 2	スプリンクラー設備（以下「ＳＰ」）の設置基準強化（延べ面積6,000㎡以上→1,000㎡以上）	S 63(1988) 4．1	H 8 (1996) 4．1	昭和61年(1986)7月 神戸市障害者福祉施設火災（8名死亡） 昭和62年(1987)6月 東京都東村山市特別養護老人ホーム火災（17名死亡）

<table>
<tr><td>H８(1996)
2.16</td><td>火災通報装置の設置義務化（延べ面積５００m^2以上）</td><td>H８(1996)
４．１</td><td>H10(1998)
４．１</td><td></td></tr>
<tr><td rowspan="5">H19(2007)
6.13</td><td>防火管理者設置基準の強化（収容人員30人以上→10人以上）</td><td rowspan="5">H21(2009)
４．１</td><td>H21(2009)
４．１</td><td rowspan="5">平成18年(2006)１月
長崎県大村市グループホーム火災（7名死亡）</td></tr>
<tr><td>消火器具の設置基準の強化（延べ面積150m^2以上→面積制限撤廃）</td><td>H22(2010)
４．２</td></tr>
<tr><td>ＳＰの設置基準強化（延べ面積1,000m^2以上→275m^2以上）及び代替区画基準等の整備</td><td rowspan="3">H24(2012)
４．１</td></tr>
<tr><td>自動火災報知設備（以下「自火報」）の設置基準の強化（延べ面積300m^2以上→面積制限撤廃）</td></tr>
<tr><td>火災通報装置の設置基準の強化（延べ面積500m^2以上→面積制限撤廃）</td></tr>
<tr><td rowspan="2">H25(2013)
12.27</td><td>ＳＰの設置基準強化（延べ面積275m^2以上→面積制限撤廃）</td><td rowspan="2">H27(2015)
４．１</td><td rowspan="2">H30(2018)
４．１</td><td rowspan="2">平成21年(2009)３月
群馬県渋川市高齢者施設火災（10名死亡）
平成22年(2010)３月
札幌市グループホーム火災（7名死亡）
平成25年(2013)２月
長崎市グループホーム火災（5名死亡）</td></tr>
<tr><td>火災通報装置の自火報連動義務化</td></tr>
</table>

に、大変苦労されているのではないでしょうか。でも、**図18－1**を見て頂ければおわかりのように、これまでの改正の効果は、火災統計上も歴然と現れています。

防火管理指導の充実強化が必要

消防用設備等の設置基準が強化されると、予防行政担当者の関心は、ついそちらに行きがちだと思いますが、防火管理指導の強化も極めて大切です。

ＮＰＯ法人日本防火技術者協会では、リタイアしたベテランの防火設計者など専門家が中心となって、高齢者福祉施設の避難安全に関する研究会を作っています。私もメンバーの一人です。研究会では、各地の消防機関や社会福祉協議会の方々の協力を得て、手弁当

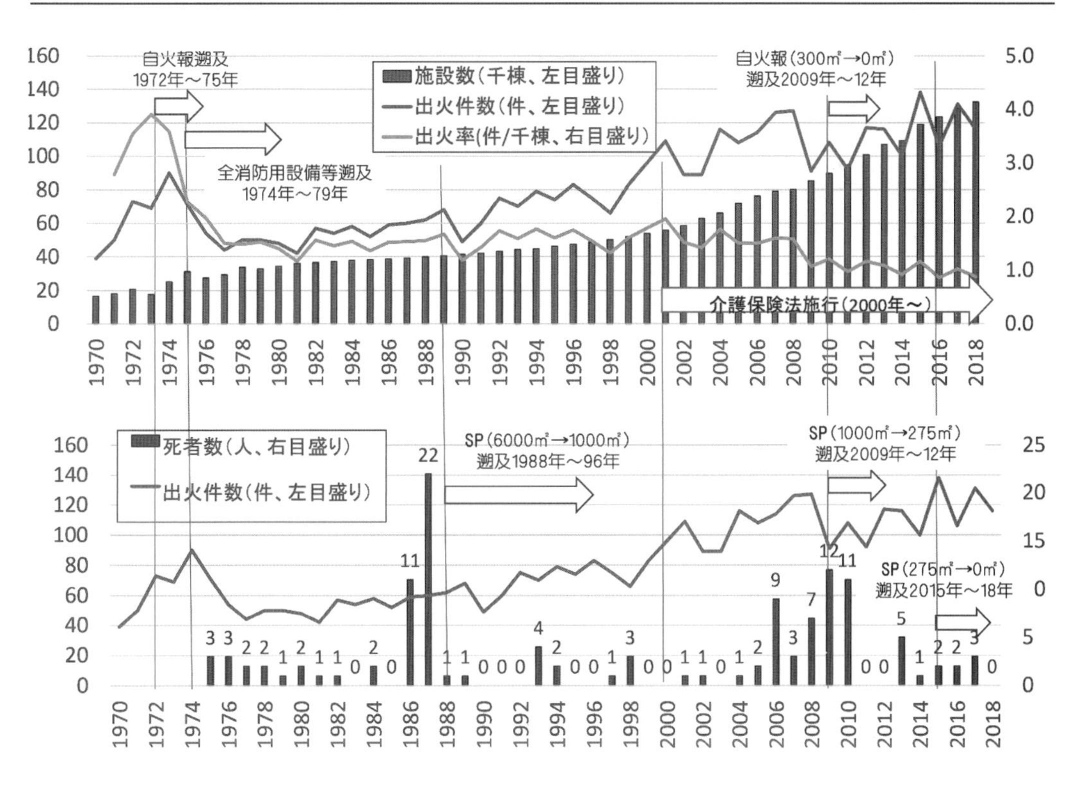

図18－1　福祉施設等（現行(6)項ロ・ハ）の施設数・火災件数・出火率・死者数の推移
（1970～2018）消防白書より作成

で、夜間の火災時の対応等に関する講習会を行ったり、施設に出向いて出前研修を行ったりして来ました。その際、施設を見学させて頂いたり、関係者とディスカッションしたりして、施設の実態把握に努めています。

その結果、多くの施設の施設長や防火管理者の方々は、極めて真面目に火災時の対応等について考え、避難訓練等も他の事業所等に比べて遙かに熱心に行っていることが、改めてわかってきました。それでも、人手の少ない夜間に火災が起こったら、とても全員を安全に避難させることはできない、と心配され、どうしたら良いか悩んでおられるというのが実態のようです。

私たちの目から見ると、最近の消防用設備等の充実ぶりは驚くほどです。これを施設の実態に合わせてうまく使えば、多くの施設ではもうそれほど火災時の人命被害を心配する必要はないのではないかと思うのですが、その方法論がわからず、悩んでいるのだと思います。

社会福祉施設及び病院における夜間の防火管理体制指導マニュアル

実は、昭和62年(1987)6月の東京都東村山市の特別養護老人ホーム「松寿園」の火災（死者17名）の後、就寝型高齢者福祉施設におけるスプリンクラー設備の設置基準が延べ面積6,000m^{2}以上から1,000m^{2}以上に規制強化された時にも、同じようなことが課題になりました。この時作成したのが「社会福祉施設及び病院における夜間の防火管理体制指導マニュアル」です。

当時、私は東京消防庁の指導課長としてこの種の施設の防火管理指導に携わっていたのですが、自治省（当時）消防庁に協力してこのマニュアルを作成しました。

このマニュアルの考え方は、

① この種の施設で夜間に火災が発生し初期消火に失敗したら、入居者全員を短時間に安全な地上に避難させることは不可能 → 地上への避難は消防隊が行う → 出来るだけ早く消防へ通報することが必要

② 内装の不燃性の度合いやスプリンクラー設備の有無等に応じて限界時間を設定し、その時間内に必要な対応行動を行うことを目標とする

③ 火災室の戸を閉めて火災を閉じ込め、限界時間を延ばすのが基本

④ 限界時間内に入居者全員をまず同一階の「一定時間安全な場所」に水平避難させる

⑤ 「一定時間安全な場所」としては、第一はバルコニー、第二は火災から見て防火戸の向こう側

⑥ バルコニー避難の場合はそのままそこに留まってもよいが、防火戸の向こう側の場合はいずれ危険になるので、さらに一定時間内にもう一枚の防火戸の向こう側に避難させる

というものでした。

このマニュアルの考え方は一種の性能規定であり、当時としては画期的で、消防庁の指導により全国的に実施され大きな効果を上げましたが、やがて多くの施設にスプリンクラー設備が設置されるようになり、この種の施設で火災による死者が出なくなったためか、次第に忘れられてしまったようです。

それでも、現在までマニュアル指導をずっと続けて来た消防本部もあります。マニュアル発案者としては大変嬉しく思っています。

新たなマニュアル作り

私たちの研究会では、以上のような経緯を踏まえ、施設の責任者や防火管理者に読んで頂き、訓練等に反映してスキルアップと安心感の醸成に繋げて頂こうと、平成27年(2015)に「高齢者福祉施設の夜間火災時の防火・避難マニュアル」という新たなマニュアルを作成し、近代消防社から出版しました（**図18－2**）。その考え方は、以前のマニュアルの考え方を、介護現場の方々の実態や最近の消防用設備等の充実強化の状況を反映しつつ、発展させたものです。

私たちのマニュアル作成に至る一連の活動が認められ、「高齢者福祉施設における実践的な防火安全思想の啓発・教育活動」として、平成26年度(2014)日本建築学会教育賞（教育貢献）を頂きました。研究者となって間もないのにこのような賞を受賞でき、光栄の至りと感謝しています。

なお、平成28年(2016) 3月に消防庁から「水平避難有効性検証タスクフォース報告書」が出されていますが、私たちの考え方とほとんど同様の考え方に立つものです。消防機関では、現在はこの報告書の考え方に基づいて高齢者福祉施設等への防火管理指導を行っているのだと思います。私たちのマニュアルとこの報告書の内容や関係については、次講以降にお話しします。

図18－2　高齢者福祉施設の夜間火災時の防火・避難マニュアル(近代消防社)

第19講　高齢者福祉施設の火災危険と防火安全対策（2）

～高齢者福祉施設の夜間火災時の防火・避難マニュアル～

高齢者福祉施設の夜間火災時に特に留意すべき点と避難限界時間

高齢者福祉施設で夜間に火災が発生した場合、少数の職員が入居者全員を階段を使って安全に地上に避難させることは不可能です。私たちは、この事実を直視する一方で、現在の消防法令で義務づけられているスプリンクラー設備や火災通報装置などの有効性を前提に、火災時にも慌てて避難させず、扉を閉めるなど火煙の拡大防止対策を講じた上で、危険性の高い居室から順次バルコニー等に避難させつつ消防隊の到着を待つ、地上への避難は消防隊が受け持つ、という方法論を提唱しています。

マニュアル作成の理由

前講で述べたように、私たち日本防火技術者協会の有志メンバーは、平成27年(2015)に「高齢者福祉施設の夜間火災時の防火・避難マニュアル（以下「マニュアル」）」を作成しました。

自力避難困難者が多く含まれる多数の高齢者集団を、全員、少数の職員で、２階以上の階から安全な地上まで、短時間のうちに避難させることは不可能です。多くの施設関係者はこのことに気づいてはいるのですが、行っている避難訓練を見ると、階段を使って入居者を順次避難させるタイプの訓練が大半です。これでは訓練時に全員を避難させようとすると長時間かかってしまいますので、参加できる何人かを避難させたら終了、などということが行われています。施設関係者も「これではダメだ」と不安を感じているのですが、「スプリンクラーもついているし、指導してくれる消防職員が何も言わないのだから、消防隊が何とかしてくれるのだろう」と、結局従来どおりの訓練を続けているところが多いようです。

一方で最近、就寝型の高齢者福祉施設には、原則として全て、自動火災報知設備（以下「自火報」）、火災通報装置、スプリンクラー設備（以下「ＳＰ」）の設置が義務づけられ、既にほとんどの施設に設置されています。バルコニーが設置されているものも沢山あります。また、通報さえすれば、多くの施設では、消防隊が８分程度で駆けつけてくれることを期待できます。

そんなことを踏まえ、戦略と戦術を明確にすれば、多くの施設では、もっと実態に即した火災対応方針を持ち、有効な避難訓練ができるはずです。私たちは、そのための方法論を教え、施設関係者の不安を少しでも軽減したいと考えて、マニュアルを作成しました。

高齢者福祉施設の火災対応を考える際に明らかにしておくべきこと

高齢者福祉施設で火災が発生した場合の対応を考えるには、建物の構造、階数、延べ面積、設置されている消防用設備等、単独施設か複合施設か、入居者数と要支援者数、夜間の防火管理体制などの基本事項以外に、以下の点を押さえておかなければなりません。

①　避難限界時間
②　ＳＰの効果
③　バルコニーがある場合の利用方法
④　バルコニーがない場合の避難方法
⑤　居室と廊下の間の戸の閉鎖
⑥　排煙設備の使い方
⑦　全職員が火災階に集結
⑧　行方不明者をゼロに
⑨　大地震時の対応

以上のうち、重要な点について、順次解説します。

火災時に危険となるまでの限界時間

火災発生時に、施設職員が火災発生階で対応行動が可能なのは、火災が成長し危険な状況になる前までです。施設職員には、まず、その時間（避難限界時間）がどの程度あるのかを知っておいてもらう必要があります。

避難限界時間は、建築基準法の避難安全検証法により煙降下時間を計算すれば一応の答は得られますが、施設関係者にとっては難しいため、私たちのマニュアルでは、消防庁の「小規模社会福祉施設に対する消防用設備等の技術上の基準の特例の適用について（平成19年(2007) 6月13日消防予第231号消防庁予防課長通知（以下「231号通知」））」に示されている限界時間の考え方を基本としています（**表19－1、表19－2**）。

実はこれでも難しいので、高齢者福祉施設の一般的な内装仕上げの状況などを念頭に、通常の高齢者福祉施設の場合、自火報発報後、火災室については、室内の家具調度など可燃物が多ければ２分、通常３分、あまりないなら４分、火災室以外の部分については、廊下や戸のない部屋の出火は火災室と同じ、戸がある居室は＋２分と考えて訓練等を行ってもよい、としています。231号通知はＳＰの設置を免除するための基準ですから厳密に考える必要がありますが、訓練の際の限界時間は必要な行動を完了する目安の時間なので、この程度の大雑把なものでも十分だと考えたためです。

表19－1　火災室の避難限界時間

火災室の避難限界時間＝基準時間（2分）
　＋　仕上げの不燃性の程度に応じた加算時間（0分～3分）
　＋　寝具・布張り家具の防炎性能による加算時間（1分）

避難限界時間算定のための基準時間と加算条件

基　準　時　間			2分
加算条件	壁及び天井の室内に面する部分の仕上げ	不燃材料	3分
		準不燃材料	2分
		難燃材料	1分
	寝具・布張り家具の防火性能の確保		1分

表19－2　火災室以外の部分の避難限界時間

火災室以外の部分の避難限界時間＝基準時間＋延長時間
　基準時間；火災室が盛期火災に至る算定上の時間
　延長時間；盛期火災に至った火災室からの煙・熱によって、他の居室や避難経路が危険な状況となるまでの算定上の時間

避難限界時間算定のための延長時間

算　定　項　目		延長時間
火災室からの区画の形成	防火区画	3分
	不燃化区画	2分
	上記以外の区画	1分
当該室等の床面積×（床面から天井までの高さ－1.8m）≧200㎡		1分

第20講　高齢者福祉施設の火災危険と防火安全対策（３）

～確認前通報と直接通報～

－非火災報対策の進展と火災通報装置の自火報連動義務付けまでの経緯－

近年、高齢者福祉施設や病院等については、火災通報装置を自動火災報知設備（以下「自火報」）の作動と連動して起動させることが義務づけられるようになりました。これは、一刻も早く通報するためには画期的な改正だと思います。本講では、この種の施設の通報について、関係規定等が非火災報対策の進展とともに変化して来た歴史を概観します。

消防への通報をどの時点で行うか

高齢者福祉施設の火災の際に「入居者を２階以上の階から安全な地上に避難させること（垂直避難）は消防隊に期待する」という戦略をとるなら、一刻でも早く消防機関に通報することが極めて重要になります。

これについて、昭和62年(1987)に「社会福祉施設及び病院における夜間の防火管理体制指導マニュアル（以下「夜間指導マニュアル」)」を作成した頃には悩ましい問題がありました。

当時はまだ非火災報がかなりあり、普通の防火対象物については確認後通報（自火報が作動したら、まず火災かどうか確認し、火災だと判明してから通報すること）が原則でした。これは、非火災報が少なくなった今でも同様でしょう。

しかし、高齢者福祉施設で夜間に火災が発生し、職員が１～３人程度しかいない場合、これでは遅れをとってしまいます。入居者の安全を優先して考えれば、自火報が作動したらすぐに通報し、その後で確認に行って、火災でなければ消防に訂正の電話を入れる、という手順（確認前通報）の方が望ましいことは明らかです。

一方で、当時、ＬＳＩの記憶容量が飛躍的に増えつつあり、消防機関に通報する音声データをチップ１枚に収納できるようになって来たため、押しボタン一つで通報できる装置(現在の「火災通報装置」)が開発されました。これを用いれば、通報に要する時間はさらに短くて済むため、その実用化が急がれていました。さらに、どうせ確認せずに通報するなら、自火報の作動と連動してこの火災通報装置を起動すれば（直接通報)、通報はなお早く確実になります。

しかし、確認前通報も直接通報も、非火災報の確率が高い場合は、火災でないのに消防隊が出場することが多くなり、消防にとってはかなりの負担になります。

これについて、東京消防庁では内部で真剣に議論が行われ、結局、確認前通報も直接通報も認めよう、ということになりました（昭和62年(1987) 7月)。このような画期的な方針を採用したのは、東京消防庁が松寿園火災（昭和62年(1987) 6月、死者17名）を所管していた、ということも大きかったのだと思います。

ただ、当時の非火災報率はまだかなり高く、空出場などで消防機関に相当の負担がかかることが予想されたため、全国的には、確認前通報にも直接通報にも慎重にならざるを得ませんでした。このため、夜間指導マニュアルでは、確認前通報や直接通報を認めるか、確認後通報を求めるかは、各消防機関の判断によることとされました。

火災通報装置の消防法令への導入

その後、火災通報装置が一般化して来ましたので、消則25条が改正され、「一の押しボタンの操作等により消防機関に通報することができる装置（電話回線を使用するものに限る。以下この条において「火災通報装置」という。)」は防災センター等に設置しなければならない、という規定が初めて導入されました（消則25条2項1号、平成8年(1996) 2月)。

「火災通報装置」は「消防機関へ通報する火災報知設備」の一種との位置付けであり、「消防機関へ通報する火災報知設備」は、令別表第1⑸項イと⑹項については延べ面積が500㎡以上のものに設置することとされていました（消令23条1項2号（当時))。ただし、「消防機関へ常時通報することができる電話を設置したときは、……（消防機関へ通報する）火災報知設備を設置しないことができる（消令23条3項)。」とされており、当時は既にこの種の施設への電話機の設置率が100%になっていたため、「消防機関へ通報する火災報知設備」は事実上ほとんど設置されていませんでした。このため、上記（消則25条2項1号）の改正の際には、同時にその免除規定から「別表第1⑸項イ並びに⑹項イ及びロに掲げるもの」を除くという改正も行われました。

昭和36年(1961)の消防法施行令制定時に規定された「消防機関へ通報する火災報知設備」は電話回線を使わない古い技術であったため、消令23条3項があったことにより消令23条1項が死文化していたこともあって、平成8年(1996)当時は古いタイプの「消防機関へ通報する火災報知設備」は製造すらされていませんでした。このため、この改正により、旅館・ホテル、病院・診療所及び福祉施設等に、事実上、新たに「火災通報装置」が義務づけられることになったのです。

これらの改正と同時に、火災通報装置の技術基準である「火災通報装置の基準（平成8年(1996) 2月16日消防庁告示第1号）も定められました。

火災通報装置の設置対象の拡大

上記のように、平成８年(1996)当時は「火災通報装置」の設置義務対象は令別表第１(5)項イ又は(6)項で延べ面積が500㎡以上のものでしたが、この種の用途の防火対象物で多くの死者が出る火災が頻発したことから、順次設置対象が拡大されました。

まず、長崎県大村市のグループホームの火災（平成18年(2006)１月、死者７名）を受けて行われた平成19年(2007)６月の政令改正で、令別表第１(6)項ロの用途に係るものについては自火報の設置対象の面積制限が撤廃されたことなどと合わせ、火災通報装置の設置についても面積制限が撤廃されました（消令23条１項１号）。

さらに、長崎市グループホームの火災（平成25年(2013)２月、死者５名）、福岡市外科医院の火災（同年10月、死者10名）等を受けて行われた平成26年(2014)10月の政令改正で、令別表第１(6)項イ(1)～(3)に係るものについても火災通報装置の面積制限が撤廃されました。

自火報連動通報の義務づけ

スプリンクラー設備の面積制限が撤廃された平成25年(2013)12月の政令改正（第18講参照）では、もう一つ大きな改正がありました。令別表第１(6)項ロの用途に係るものに設置される火災通報装置については、原則として自火報の作動と連動して起動させなければならない、という規制が導入されたのです（消則25条３項５号　平成25年(2013)12月)。この規制は、先述の福岡市外科医院の火災を受けて、平成26年(2014)10月には、令別表第１(6)項イ(1)及び(2)にも拡大されています。

これにより、この種の防火対象物については「直接通報」が義務づけられることになりました。それなら、人が通報する場合も「確認前通報」が原則になるのは当然です。

直接通報がなされるなら、火災通報装置の押しボタンを押す動作は不要ではないか、という考えもありそうですが、自火報が作動しているのに通報の動作を省略してもよい、とするには、ためらいがあります。機器の故障の可能性もありますが、それ以上に、他の対象物は相変わらず確認後通報が原則なので、この種の防火対象物だけ通報の動作をしなくてもよいとすると、危険な習慣を植え付けることにもなりかねないと思うからです。

自火報連動で通報がなされて消防隊が出場準備に入り、そこに押しボタンによる通報が来れば自動通報の信頼性が上がります。自火報の受信機の隣に火災通報装置を設け、自火報が作動したら火災通報装置のボタンを押してから確認に行くことをルーティン化する方がよい、というのが私の考えです。ただ、現在の火災通報装置の機構では、自動通報がなされたら、ボタンを押してもその情報は通報されない、というようにも聞いています。一考が必要ではないかと思います。

いずれにしろ、直接通報の義務づけは、確認前通報すら恐る恐る指導していた夜間指導マニュアルの頃を知る者にとっては隔世の感があります。その頃に比べて、非火災報対策技術が格段に進歩したことが大きいのではないかと考えています。

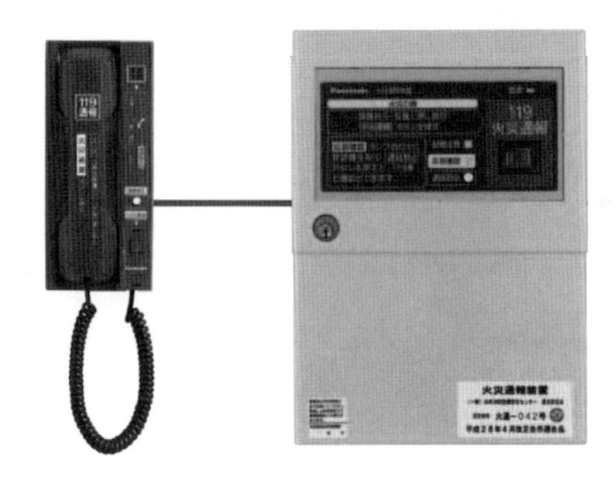

火災通報装置

第21講　高齢者福祉施設の火災危険と防火安全対策（４）

～スプリンクラー設備の消火能力を前提とした避難戦術の提唱～

スプリンクラー設備（以下「ＳＰ」）の消火や火災抑止の能力が高いことはご承知のとおりです。私たちは、このことを前提に、消火器を放射した後は直ちに火災室の戸を閉めて火煙を閉じ込め、続いて火災階の全居室の廊下側の戸を閉めて火煙が居室に侵入するのを遅らせつつ、入居者を一時居室に待機させて消防隊の到着を待ち、危険性が高い順に順次バルコニーに避難させる、という方法論を提唱しています。

ＳＰの火災抑制能力

ＳＰの消火成功率が極めて高いことは経験的によく知られています。2001年～2009年に発生した高齢者福祉施設の火災634件のうちＳＰが作動した火災は80件ありますが、このうち70件（88％）は消火に成功しています（**図21－1**）。

ＳＰが作動しているのに10件（12％）が消火に成功しなかったというのは、ＳＰの消火能力が期待ほどではないようにも見えますが、焼損面積は０m^2（９件）又は１m^2（１件）となっており、延焼阻止には成功しています。「消火出来なかった」と言っても、障害物の陰にあって消火水がかからなかったために消しきれなかった部分が残ったもので、残った火は施設職員や消防隊員が始末したものと考えられます。

このデータは、ＳＰの設置されている高齢者福祉施設の火災対応を考える上で、極めて示唆に富んでいます。ＳＰは「少なくとも火災を鎮圧してくれる」と期待してよい反面、１割程度は完全消火には至らず、残火の消火など、施設職員の事後の適切な対応が必要だということだからです。

このように信頼性の高い消火設備が設置されているのに、それが消火に完全に失敗することを前提として避難訓練を行うことの是非については、よくよく考えてみる必要があると思います。

福祉施設や病院等以外の、たとえばデパートやホテルなどであれば、ＳＰが消火に失敗することを想定して避難訓練を行う方が安全側ですが、高齢者福祉施設の場合は、入居者が避難訓練に参加すること自体がリスクとなることなどを考えると、かならずしも最善と

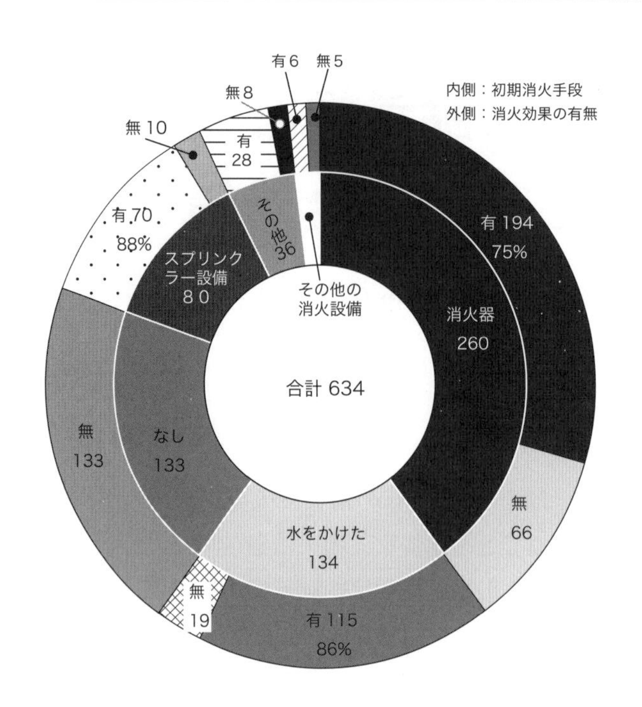

図21－1　高齢者社会福祉施設の火災における初期消火手段別件数と消火効果の有無（2001～2009）（n＝634） 火災報告データより作成（大野哲生）

は言い切れません。

私たちは、ＳＰの消火成功率を考えれば、万一初期消火に失敗した場合に備えて、火災室以外の居室に火煙が侵入して来る時間を極力遅くする手段を講じた上で、入居者を慌てて地上まで避難させずに居室に留め、ＳＰが消火してくれることを期待しつつ消防隊の救助を待ち、その間に危険性の高い居室の入居者から順次バルコニーなどより安全な部分に避難させるという方法論（「居室待避型避難」）が有効な戦術としてもっと検討されるべきだと考えています。

居室と廊下の間の戸の閉鎖とバルコニー側の戸の解錠

消防訓練では、火点を発見した場合は携行した消火器で消火を試み、次に、それが失敗したことを想定して屋内消火栓や消火用散水栓を使って消火するシナリオで行うことが多いと思います。確かに、職員数が多く、通報連絡、初期消火、避難誘導等を並行して行うことができる昼間の場合はそうすべきだと思いますが、夜間で職員数が１～３人くらいしかいない場合は話が別です。初期消火にこだわった挙げ句万一失敗すると、火煙の拡大が先行するため、避難等にかけられる時間が限られてしまうからです。

このため、夜間など職員が少ない時間帯の火災の場合、火点を発見し携行消火器で消火剤を放射した後は、消火の成否にかかわらず火災室の戸を閉鎖して火煙を閉じ込める措置をし、その後はＳＰの作動に期待すべき、というのが現在の私たちの考え方です。「夜間は、屋内消火栓等による消火は行わない」と割り切った方がよい、ということでもあります。

火煙を閉じ込めて時間を稼いでいる間に、全居室の戸を順次閉鎖します。その際、居室の中に入ってバルコニー側の出入口のロックを解錠しておくと、後でバルコニー側から居室に入って入居者を避難させやすくなります。このロックを自火報連動開錠できるものにしたり、リモコン開錠装置をつけておいたりすれば、この開錠操作が不要になり、行動時間が短縮できます。

排煙とバルコニーへの避難

高齢者福祉施設の居室の廊下側の戸は、横開きの吊り戸になっていることが多いようです。車椅子での出入りを考慮したものだと思いますが、隙間が多く、火煙の閉じ込め能力はあまり高くありません。水平避難有効性検証タスクフォース報告書（平成28年(2016)総務省消防庁）によれば、ある程度の効果は期待できるとされていますが、火煙はいずれ火災室から廊下に漏出し、さらに近隣の居室に侵入することは否めません。このため、火災対応に当たる施設職員は、廊下の排煙口や窓を開けるなどして、煙の降下や近隣居室への侵入の時間をできるだけ遅らせることが必要になります。また、消防隊が到着するまでの間に、危険性の高い居室から順に、入居者をバルコニーに避難させます（**図21－2**）。

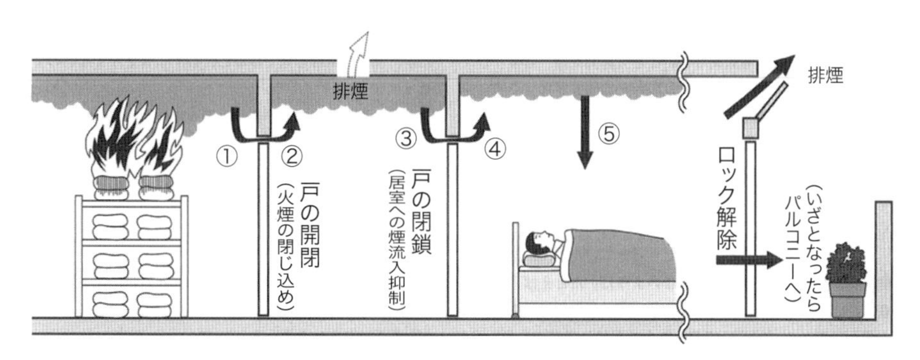

図21－2　廊下側開口部を閉鎖した場合の火災時の煙の動き
（高齢者福祉施設の夜間火災時の防火・避難マニュアルより）

火災発生後一定時間経つと、廊下は火煙で危険な状態になりますので、入居者をバルコニーへ避難させるには、バルコニー側から活動すべきです。前述のバルコニー側開口部のロック解除は、このような活動を想定してのものです。そうこうしているうちに消防隊が到着しますので、以後の活動は消防隊の指示に従います。

問題は、火災が廊下やホール等で発生した場合です。この場合は短時間のうちに廊下が火煙で危険な状態になる可能性があります。この場合でも、「全ての居室の廊下側の戸の閉鎖とバルコニー側の出入口のロックの解錠を行う」という行動自体は同様にすべきだと思いますが、居室の入居者が危険になるまでの時間は極めて短くなると考える必要があります。その分、必要な作業を短時間で行う訓練を積んでおく必要があるということです。私たちは、訓練の際には、火災を出火室に閉じ込めることができる場合の半分程度をとりあえずの目標時間としたらどうかと考えています。

バルコニーのない施設の場合は、居室が危険になった時の最終避難場所がありませんので、廊下が危険な状態になる前に、消防隊が救出しやすい場所に設けた防火区画性能の高い部屋に水平避難させることにせざるを得ませんが、入居者がある程度以上の数になると、なかなか難しいかも知れません。また、古い高齢者福祉施設の中には、居室に戸がないものもあります。この場合は、火災階の全入居者を短時間のうちにバルコニーなど火煙からの安全を一定時間以上確保できる空間に避難させる必要がありますが、夜間などで入居者数に比べて職員数が少ない場合は難しいと思います。これらの施設では、ＳＰの作動だけが頼み、ということになるかも知れません。

第22講　高齢者福祉施設の火災危険と防火安全対策（5）

～高齢者福祉施設の火災で留意すべきこと～

高齢者福祉施設で夜間に火災が発生した場合の施設職員の対応については、前講までにいろいろな視点から解説してきました。私たちは施設に出かけて出前指導なども行っていますが、現場の職員とのディスカッションから、排煙の重要性、火災発生場所への職員の集合、行方不明者をなくすこと、火災発生場所の想定、大地震時の対応などについては、あまり考えられていないという印象を受けています。本講では、これらに関する考え方を整理します。

排煙を行うことの重要性

「火煙で危険になるまでの時間をできるだけ延ばす」ための方法論の一つとして、「排煙」があります。火災時に有効に排煙できれば、避難可能時間を延ばすことができます。

居室等で火災が発生した場合、廊下は火災発生室の次に危険な空間です。煙は火災発生室からまず廊下に拡大しますので、廊下に滞留する煙をできるだけ排出してしまえば、廊下で活動する時間を延ばすことができますし、居室等に一時退避・待機させている入居者が危険になるまでの時間を遅らせることもできます。

設置されている排煙設備等の状況は施設ごとに違いますが、施設職員が排煙の重要性や排煙設備の作動方法、排煙窓の開放方法等を知っていることは少ないので、消防職員は火災のプロとして、それらを教える必要があります。中廊下の排煙を一部の居室を介して行っている危険な施設（建築基準法上許容されているので結構多い）もあります。その場合は、排煙ルートになっている居室の入居者をまず移動させないと、かえって危険になります。

火災室に設置されている排煙窓を開放すると、廊下に流出してくる煙を少なくすることができます。これが建築基準法の「居室の排煙」の基本的な考え方ですが、状況によっては職員が危険になる可能性がありますので、私たちのマニュアルでは、必須事項としていません。状況次第で、可能なら実施、という位置付けにしています。

いずれにしろ、施設に防火管理指導に行く消防職員には、その施設の計画や設計、設備の状況等を現場で的確に判断して、最適な対応行動を指導できる知識や能力が期待されています。

夜間火災時には、職員は火災発生場所に集まる

多くの施設では、夜間の当直職員は、指定された特定のフロアの入居者について、その介護やいざという時の安全の確保などに責任を持つという位置づけになっています。このため、火災が発生しても、持ち場以外の火災発生場所などに駆けつけることには大きな抵抗があるようです。担当フロアの入居者の安全を守るのが自分の役割だと考えるからだと思います。

しかし、火災発生場所での対応は、複数人で協力して行えば、一人で行うのと比べて遙かに容易になります。火災発生直後にできるだけ多くの職員が火災現場に駆けつけて共同して対応することが、結局は自分の担当フロアの入居者をも救うことになるのです。火災直後の一連の対応行動が一段落したら、状況次第では自分のフロアに戻るという計画にしておくことも可能です。

施設職員にそのことを理解させ、火災時の対応マニュアルや消防計画にその旨を記述させるようにして、訓練もその方針で行うよう指導することが大切だと思います。

行方不明者がいると大変

垂直避難を消防隊に期待する、という戦略をとる場合、行方不明者が一人でもいると、消防隊の活動は途端に大変になります。燃えている建物内での検索・救助という危険な活動を余儀なくされるからです。消防職員は、「そういう危険な活動はしたくない」とは言いたがらないようですが、大事なことなのでキチンと説明しておくべきだと思います。そして、入居者と施設職員が全員確実に消防隊員が救出しやすい所定の場所に待避していることを確認して消防隊に報告することを、消防訓練のルーティンとして組み込んでおくことが必要だと思います。

初期対応の一環として、トイレ等に取り残された人はいないか確認して居室に戻すことなどを必須事項としておく必要があります。夜間使用しない部屋は夜になったら施錠して、入居者が入り込まないようにしておくことも、行方不明者を出さないために効果があります。

また、自力で階段を降りて避難できる入居者がいる場合には、「勝手にどこかに行って行方不明」などということがないように、地上階での避難場所を指定し、避難者を掌握して指示する者（行動や判断が比較的しっかりしている入居者でもよいと思います）を指名してその役割を決めておくことなども不可欠です。

火災はどこでどのように発生するのか

消防訓練をする場合、厨房を火災発生場所として想定することが多いようですが、夜間火災の場合には、実態に合っていません（**図22－1、図22－2参照**）。高齢者福祉施設では、昼でも夜でも、最も多く火災が発生するのは、居室です。最も多い出火原因は、電気火災か、たばことマッチやライターです。

厨房火災の件数は、昼の火災では第二位ですが、夜には他の部分に比べて特に多いとは言えません。昼も夜も、出火場所として比較的多いのは洗濯室で、出火原因はガス乾燥機などです。洗濯室は、出入りしやすいのに見通しが悪く可燃物が多いので、放火されやすいとか隠れ喫煙のリスクが高いなどの特徴もあります。夜の火災を想定した訓練で出火場所を想定するなら、居室と洗濯室がお勧めです。

放火は、高齢者福祉施設でも要注意です。放火されるのは居室が多いのですが、倉庫など、人目につきにくいところも定番です。夜間の火災では、外から入り込んだ不審者が敷地内に放火する例も少なくないので、注意が必要です（**図22－1、図22－2**）。

大地震で消防隊がすぐに出動できない場合

垂直避難を消防隊に期待する戦略のアキレス腱は、大地震などで消防隊がすぐに出動できない場合です。大地震では、頼みのスプリンクラー設備が破損する可能性も高くなります。

ただ、地震直後に火災が発生するのは、倒れて来た可燃物が使用中の火に接触して……などという場合が多いので、火を使わない夜間にはそのようなリスクが小さいことが期待できます。火を使っていなければ、地震により火災が発生する可能性があるのは、危険物等の貯蔵庫、ガス使用設備の配管接続部……など限られますし、事前に予測可能です。地震を想定した訓練の際には、倒れた家具の下敷きになった人を助けるなどという定番のシナリオの前に、「揺れが収まったら、まず消火器を持って予め想定しておいた地震火災発生リスクの高いエリアを点検して回る」というシナリオを組み込んでおけばよいのです。地震直後にそういう場所を点検して、火災の芽を摘んでしまえば、夜間の地震により火災が発生して、消防隊の到着が間に合わずに多数の死者が出る、なという可能性はあまり高くないと考えています。

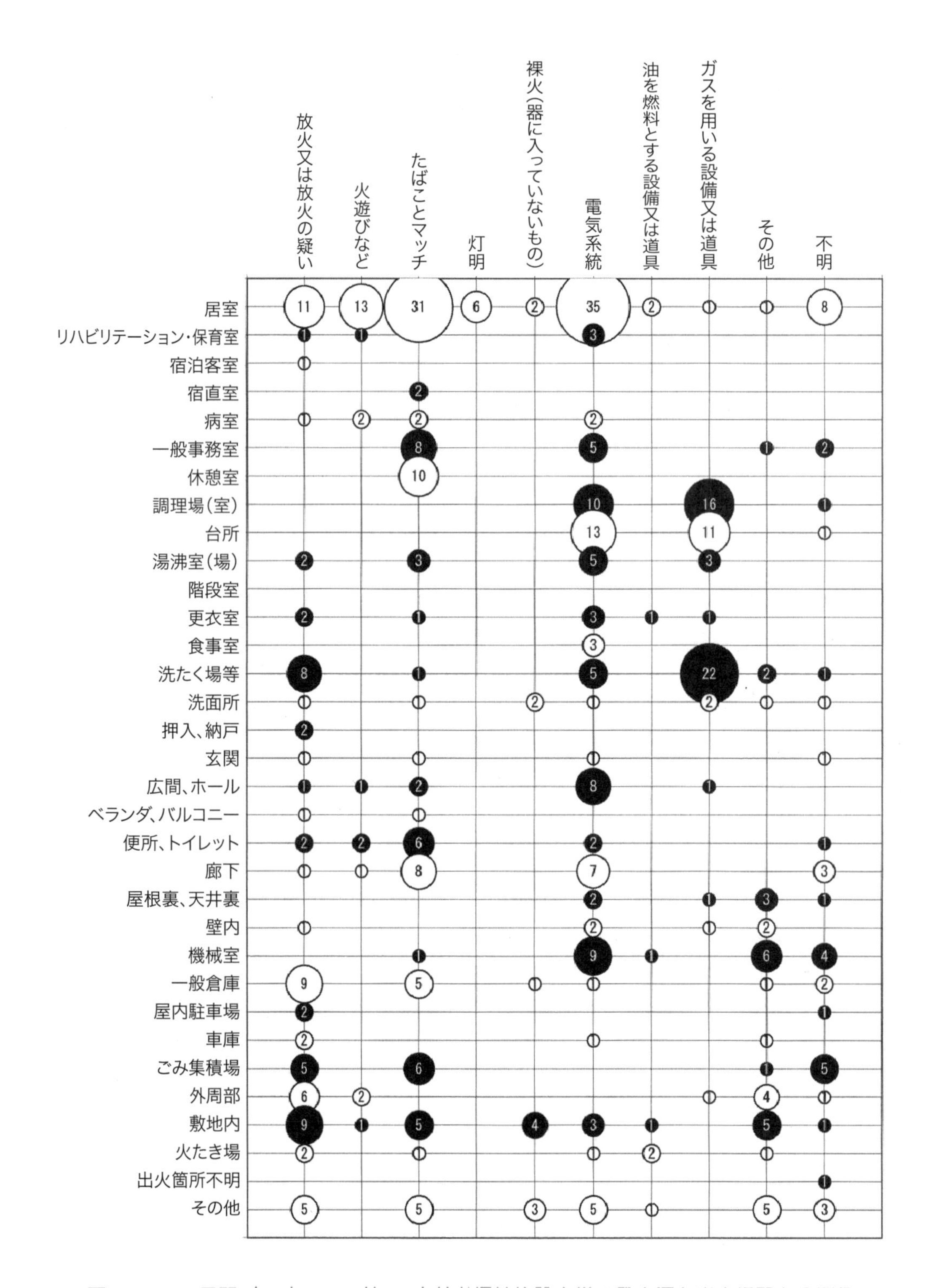

図22－1　昼間（5時～20時）の高齢者福祉施設火災の発火源と出火場所との関係（1996年～2009年）（高齢者福祉施設の夜間火災時の防火・避難マニュアルより）

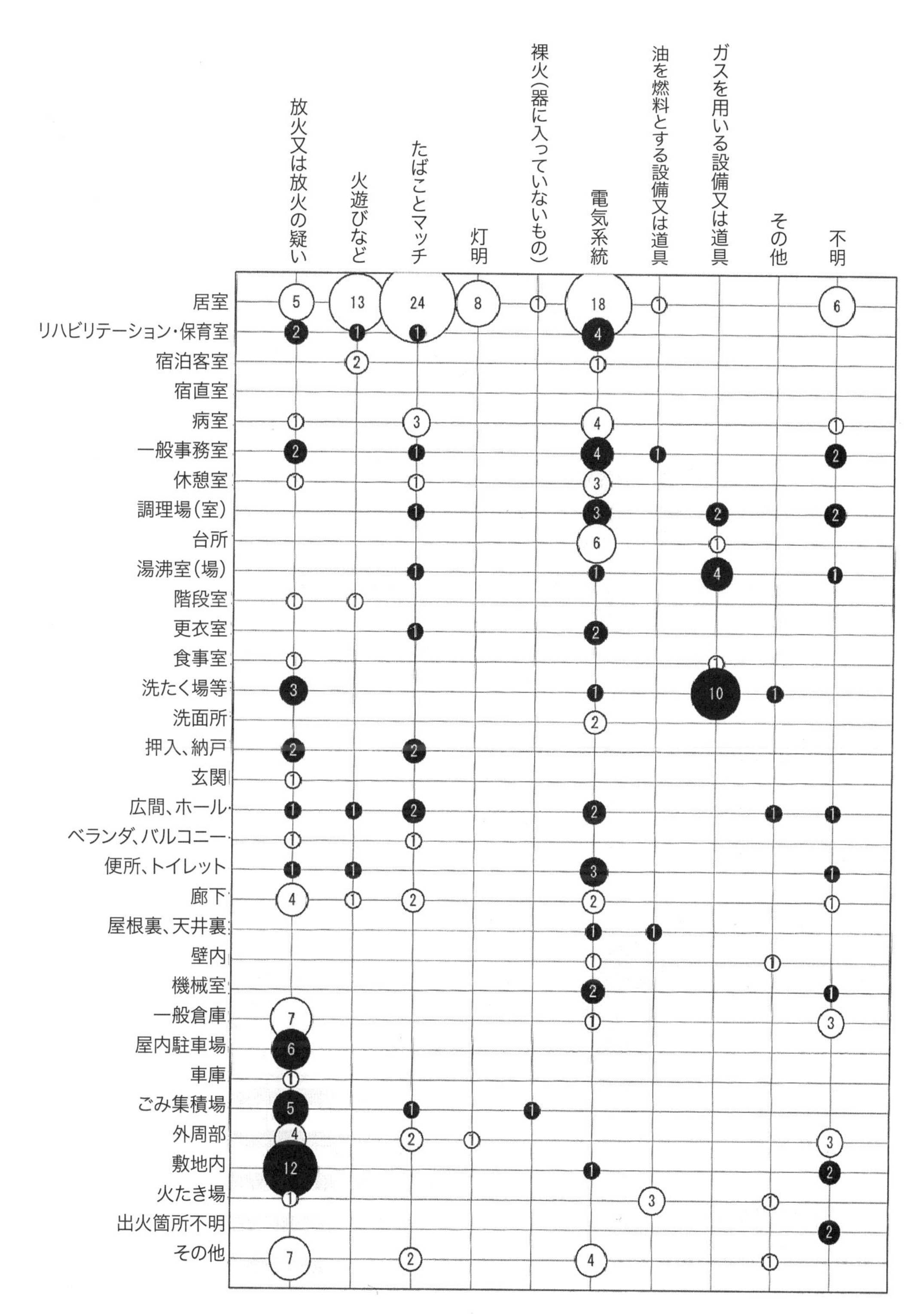

図22－2　夜間（20時～5時）の高齢者福祉施設火災の発火源と出火場所との関係（1996年～2009年）（高齢者福祉施設の夜間火災時の防火・避難マニュアルより）

第23講　高齢者福祉施設の火災危険と防火安全対策（6）

～スプリンクラー設備を設置することを要しない構造①～

消則12条の2と基準面積

近年、高齢者福祉施設であれば小規模なものでも原則としてスプリンクラー設備を設置することが義務づけられましたが、これと並行して、建築構造上一定の措置を講じたものについてはその設置を免除することができるように措置されました。この規定はなかなか難解ですので、本講以降、5回にわたって解説します。

消則13条と「規則13条区画」

スプリンクラー設備は設置にも維持管理にも相当の費用を要するため、「建築構造上一定の措置を講じた場合には、スプリンクラー設備を設置したのと同様の安全性が確保できると考えて、その設置を免除する」という考え方は、昭和36年(1961)の消防法施行令と同法施行規則の制定当初からありました（消則13条）。

消則13条は、当初は、「内装が難燃材料でなされ、開口部の合計面積が4 m²以下で、かつ、それぞれ甲種防火戸（現在の特定防火設備）が設置されていれば、スプリンクラー設備の設置を免除できる」という、シンプルですがかなり厳しい規定でした。

消則13条は、千日デパートビル火災（昭和47年(1972)5月　死者118名）を契機として、全ての建築物の11階以上の部分にスプリンクラー設備の設置が義務づけられた時(昭和47年(1972)12月改正)、その施行（昭和48年(1973)6月）に合わせて大幅に改正され、現在の消則13条2項（当時は1項）の原型の形に整備されました。当時、免除規定の主たるターゲットは、増加し始めていた高層共同住宅で、この基準に基づいた区画(いわゆる「規則13条区画」)を設けることにより、共同住宅については11階以上の階であってもスプリンクラー設備を設置しないことが普通になりました。共同住宅は、平成8年(1996)2月に消則13条1項（当時）の対象から外されましたが、現在の規定（消則13条2項）には、共同住宅を念頭に置いて作られた痕跡が色濃く残されています。

高齢者福祉施設等にかかる消則12条の2の追加と消則13条1項の改正経緯

平成18年(2006)1月に発生した長崎県大村市のグループホームの火災（死者7名）を契機として、平成19年(2007)6月に消令12条1項1号（当時）が改正され、平成21年

(2009) 4月から令別表第1(6)項ロ（以下、本稿では「令別表第1」を省略し、単に「(6)項ロ」といいます。他の用途についても同様とします。）に係るスプリンクラー設備の設置規制が強化（延べ面積 1,000m²以上→ 275m²以上）されたことを受け、消防法施行規則に、(6)項ロをターゲットとして、スプリンクラー設備を設置することを要しない構造等について定める消則12条の2が追加されました（平成19年(2007) 6月）。

この消則12条の2第1項は、当時の小規模な令別表第1(6)項ロの実態に合わせて消則13条1項（当時）の内容を調整したもので、延べ面積が1,000m²未満のものを対象とする消則12条の2第1項1号と、延べ面積が1,000m²以上のものを対象とする2号からなっていました。この時は、消則13条1項（当時）自体は改正されませんでした。

ところが、平成22年(2010) 2月に、令別表第1(6)項ロを対象とした消則13条1項の改正が行われ、それまで「規則13条区画」としてスプリンクラー設備代替区画の代名詞だった1項は2項に移ることになりました。

その後、平成25年(2013) 2月に発生した長崎市のグループホームの火災（死者5名）等を受けて、平成25年(2013)12月に(6)項ロに係るスプリンクラー設備の設置基準における面積制限が撤廃され（施行は平成27年(2015) 4月）、さらに福岡市の整形外科医院の火災（平成25年(2013)10月）を受けて平成26年(2014)10月に(6)項イ関係についても同様の規制強化が行われました（施行は平成28年(2016) 4月）。スプリンクラー設備についてこのように多段階に規制強化が行われたことを受け、平成26年(2014) 3月に消則12条の2に2項と3項が追加され、さらに平成26年(2014)10月には(6)項イを含んだ形で改正が行われて現在のようになっています。

消則13条については、その後、「小規模特定用途複合防火対象物」の概念が登場した平成27年(2015) 2月に消則13条1項に2号が追加され、さらに、民泊関係の規定整備のため、平成30年(2018) 6月に消則13条1項1号の後ろに1号の2が追加されて、現在に至っています。

これらの経緯はかなり複雑ですので、**表23－1**に整理しました。

表23－1　スプリンクラー設備（ＳＰ）の設置基準の強化と免除規定の関係

改正年月等	改正の契機となった火災	ＳＰ設置基準（消令12条）	ＳＰ設置免除規定
平成18年(2006) 1月	大村市グループホーム火災		
平成19年(2007) 6月		(6)項ロ　1000㎡以上→275㎡以上 施行：平成21年(2009)4月	・消則12条の2追加 ・231号　予防課長通知※1
平成22年(2010) 2月			・消則13条1項追加（従来の1項は2項へ）

平成25年(2013) 2月	長崎市グループホーム火災		
平成25年(2013) 10月	福岡市整形外科医院火災		
平成25年(2013) 12月		(6)項ロ　面積制限撤廃 施行：平成27(2015)年4月	
平成26年(2014) 3月			・消則12条の2第2項・第3項追加 ・告示4号[※2] ・105号　予防課長通知[※3]
平成26年(2014) 10月		(6)項イ(1)(3)　面積制限撤廃 施行：平成28(2016)年4月	・消則12条の2の対象を(6)項イにも拡大
平成27年(2015) 2月			・消則13条1項に2号(小規模特定用途複合関係)追加
平成30年(2018) 6月			・消則13条1項に1号の2(民泊関係)追加

※1　平成19年(2007)6月13日付け消防予第231号消防庁予防課長通知「小規模社会福祉施設に対する消防用設備等の技術上の基準の特例の適用について」(第26講参照)

※2　平成26年(2014)消防庁告示第４号「入居者等の避難に要する時間の算定方法等を定める件」(第26講参照)

※3　平成26年(2014)3月28日付け消防予第105号消防庁予防課長通知「小規模社会福祉施設に対する消防用設備等の技術上の基準の特例の適用について」(第26講参照)

令別表第１の改正

上記では簡略化のために(6)項イとか(6)項ロなどと書きましたが、これらの用途について、スプリンクラー設備の設置対象を小規模なものに拡大するという強い規制強化を行うたびに、規制対象となる用途についてはピンポイントに絞り込まざるを得なくなり、令別表第１についても改正が重ねられました。

昭和62年(1987)６月に発生した特別養護老人ホーム松寿園の火災（死者17名）を契機として昭和62年(1987)10月にスプリンクラー設備の設置基準が強化された時には「……床面積の合計が6,000m²（同表(6)頃イに掲げる防火対象物のうち病院にあっては3,000m²、同表(6)項ロに掲げる防火対象物のうち身体上又は精神上の理由により自ら避難することが困難な者が入所するものとして自治省令で定めるものにあっては1,000m²）以上のもの（消令12条１項３号（当時））」という書きぶりで、令別表第１は改正されず、省令によって措置されました。

上述した平成19年(2007)６月のスプリンクラー設備の設置基準の強化の際には、旧(6)項ロがロとハに分けられ（旧(6)項ハは(6)項ニに移行）、特に火災の際の人命危険性が高い用途については(6)項ロとしてスプリンクラー設備の設置強化の対象とされる一方、それ以外のものについては(6)項ハとして据え置かれました。

また、平成25年(2013)12月の(6)項ロのスプリンクラー設備設置基準に係る面積制限の撤廃の際には、(6)項ロを(1)から(5)に分け、(1)（養護老人ホーム等）と(3)（乳児院）については原則として全てその対象とする一方、(2)、(4)及び(5)については、介助がなければ避難できない者を主として入所させるもののみをその対象とすることとされました。

さらに、平成25年(2013)10月に発生した福岡市の整形外科医院の火災（死者10名）を受けて行われた平成26年(2014)10月の政令改正に合わせて別表第一がさらに改正され、(6)項イも含めて(1)、(2)……や(i)、(ii)などと細かく仕分けられるようになり、これらの結果、令別表第1の中で(6)項だけが非常に細かく分類されるようになりました。

また、以上の規制強化の際に、(16)項イ又は(16の2)項の防火対象物についても、スプリンクラー設備の設置規制が強化された用途に供される部分が存するものは、当該用途部分については同様に規制強化の対象とされました。

以上のような経緯で、消防法施行令や施行規則の条文表現は非常に難解なものとなってしまいましたが、極めて強い規制強化を行うために対象をピンポイントで絞り込んだ結果ですので、やむを得ないのかも知れません。

なお、本書では、「スプリンクラー設備の設置基準に係る面積制限の撤廃」の対象となっている防火対象物を、以後「(6)項ロ等」ということとします。

基準面積

消則12条の2を読み解くには、まず同条1項1号に出て来る「基準面積」という概念を理解しなければなりません。

基準面積とは、「令第12条第2項第3号の2に規定する床面積の合計をいう。」とされています。「令第12条第2項第3号の2」は特定施設水道連結型スプリンクラー設備を設置することができる防火対象物又はその部分を規定する条文で、当該床面積は「防火上有効な措置が講じられた構造を有するものとして総務省令で定める部分以外の部分の床面積」とされています。

この総務省令で定める部分は、消則13条の5の2（防火上有効な措置が講じられた構造を有する部分）で示されています。その要件は、①**用途**（同条1号）、②**構造**（同条2号）及び③**階と床面積の組み合わせ**（同条3号）から成っています。

① **用途**は、消則13条3項7号又は8号に掲げる部分とされ、具体的には、

7号：手術室、分娩室、内視鏡検査室、人工血液透析室、麻酔室、重症患者集中治療看護室その他これらに類する室

8号：レントゲン室等放射線源を使用し、貯蔵し、又は廃棄する室

です。

また、②**構造**は、次のいずれかに該当する防火上の措置が講じられた部分であることとされています。

イ　**準耐火構造の壁及び床で区画**され、かつ、**開口部に防火戸**（随時開くことができる自動閉鎖装置付きのもの又は随時閉鎖することができ、かつ、煙感知器の作動と連動

して閉鎖するものに限る。）を設けた部分

ロ　**不燃材料で造られた壁、柱、床及び天井**（天井のない場合にあつては、屋根）で区画され、かつ、**開口部に不燃材料で造られた戸**（随時開くことができる自動閉鎖装置付きのものに限る。）を設けた部分であって、当該部分に隣接する部分（消則 13 条 3 項 6 号に掲げる部分（直接外気に開放されている廊下その他外部の気流が流通する場所）を除く。）の**全てがスプリンクラー設備の有効範囲内**に存するもの

さらに、③**階と床面積の組み合わせ**は、

床面積が 1,000m^{2}以上の地階若しくは無窓階又は床面積が 1,500m^{2}以上の４階以上 10 階以下の階に存する部分でないこと

とされています。

なお、この基準面積には上限が設定されており、防火対象物の延べ面積の２分の１までとされています（消則 13 条の５の２）。

なかなか難解ですが、平たくいえば、病院等に手術室やレントゲン室などスプリンクラー設備を設置することが適当でない部分（以下「手術室等」）がある場合、手術室等が他の部分からの延焼の恐れが少なく、かつ、床面積が一定以下であれば、手術室等にどの程度の区画性能を持たせればスプリンクラーを免除できるかどうかという判断は、延べ面積でなく、延べ面積から手術室等の床面積（延べ面積の半分が限度）を差し引いた面積（基準面積）を用いて判定する、とされているのです。

第24講　高齢者福祉施設の火災危険と防火安全対策(7)

～スプリンクラー設備を設置することを要しない構造②～

基準面積が 1,000m²未満のもの（消則 12 条の２第１項１号）

消則 12 条の２は、条文を読むだけだと難解ですが、**表 24 － 1** のように整理すると、全体の構造がわかりやすくなります。この表では、スプリンクラー設備の設置を不要とする構造を５種類に分けているので、一つずつ丁寧に読み解いていくこととします。

基準面積が 1,000m²未満のもの

まず消則 12 条の２第１項１号について見てみます（**図 24 － 1**）。この規定は、「(6)項ロ等」のうち「基準面積」が 1,000m²未満のものについて、スプリンクラー設備の設置を不要とする場合の構造等の条件を示したものです。その条件は、以下のイ～ホの５つで

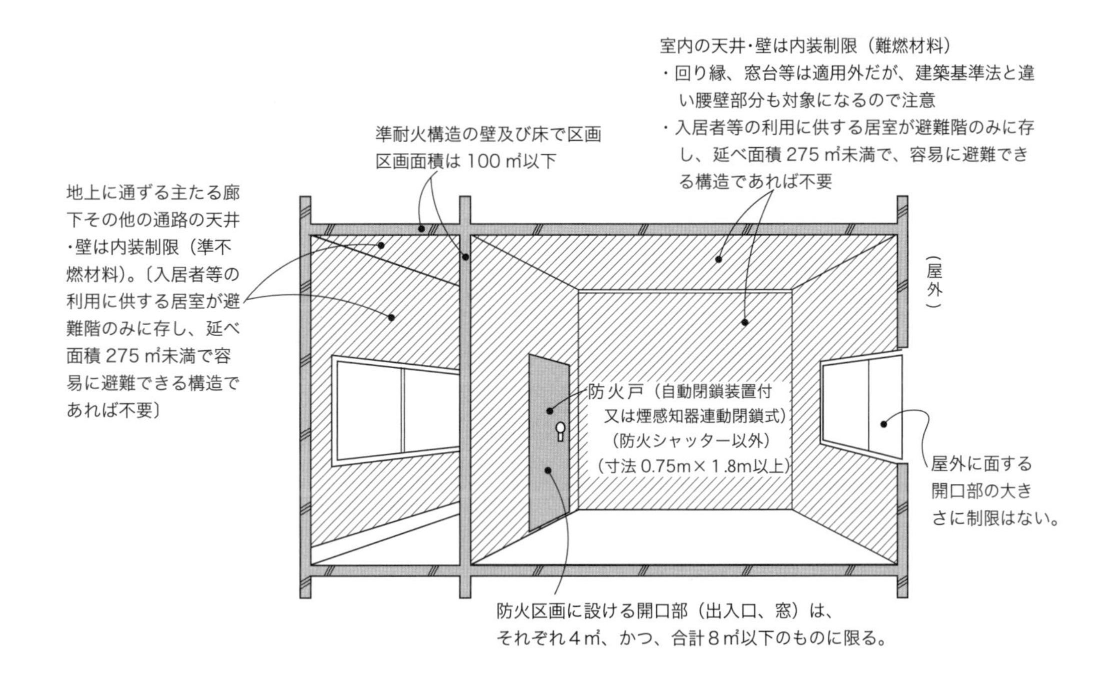

図 24 － 1　スプリンクラー設備代替区画（基準面積 1,000m²未満）
((6)項イ(1)及び(2)並びにロ等）消則 12 条２第１項１号

あり、この条件を全て満たしていればスプリンクラー設備は不要、ということになります。ここで「(6)項ロ等」と「基準面積」については、前講で解説しているので参照してください。

> イ　当該防火対象物又はその部分の居室を準耐火構造の壁及び床で区画したものであること。

まずイは、スプリンクラー設備を不要としたい防火対象物又はその部分のうち、居室部分を区画する構造を示したものです。この「居室」は、建基法2条4号に規定する「居室」のことです（消則11条2項）。

消則13条2項の対象は耐火構造の建物を前提としていますが、消則12条の2の対象には防火構造程度のものも含まれるため、ここでは建物全体の構造には触れず、部分的な区画の性能を求めているのだと思います。その区画も、居室以外の部分にはこうした区画は必要なく、「居室」についてのみ準耐火構造以上の区画性能が必要、としています。

> ロ　壁及び天井（A）の室内に面する部分（B）の仕上げを
> 地上に通ずる主たる廊下その他の通路にあっては準不燃材料で、
> その他の部分にあっては難燃材料で
> したものであること。
> ただし、入居者等の利用に供する居室※1が避難階のみに存する防火対象物で、
> 延べ面積が275㎡未満のもののうち、
> 次項第二号の規定の例によるものにあっては、
> この限りでない。
> A　天井のない場合にあっては、屋根
> B　回り縁、窓台その他これらに類する部分を除く。
> ※1　この部分は、条文上は「居室（もっぱら当該施設の職員が使用することとされているものを除く。以下次項において「入居者等の利用に供する居室」という。）」という表現になっています。

ロは、内装の仕上げ材料（内装制限）の条件を示したものです。スプリンクラー設備の設置を不要とするには、内装の仕上げを難燃材料以上の難燃性能を持ったものとするとともに、特に避難経路については準不燃材料以上の不燃性能が必要だとしています。

建築基準法令では、居室の内装制限は「床面からの高さが1.2m以下の部分を除く。」とされていますが（建基令129条1項）、消防法令の内装制限にはどんな場合でも、原則として腰壁部分（床面からの高さ1.2m以下）の除外規定はありませんので、留意する必要があります。

ただし書きは、内装制限を緩和するための規定です。

「次項第二号」は、居室の構造が一定の基準を満たし、かつ、入居者等の避難に要する時間が計算上消防庁長官が定める避難時間を超えないもの、の基準です。従って、このただし書きは、小規模な施設で全ての「入居者等の利用に供する居室」が避難階にあり、入居者等が所定の時間内に避難できれば、必ずしも内装制限は必要ないとしているのです。もっとも、消防庁長官が避難時間を定めている告示（平成26年(2014)消防庁告示第4号「入居者等の避難に要する時間の算定方法等を定める件」）を見ると、基準に内装制限の要素が入っているので、「内装制限不要」というのではなく、「必ずしも内装制限をしなくても避難できればよしとしよう」という規定となっています。

このように内装制限を緩和しているのは、既存の古い建物を改修して「(6)項ロ等」とする場合に、内装制限を必須とするとハードルが高くなりすぎるため、比較的安全性が高いと考えられるものについては内装制限は免除してもよいという趣旨だと考えられます。

> ハ　区画する壁及び床の開口部の面積の合計が8 m²以下であり、かつ、一の開口部の面積が4 m²以下であること。

ハは、開口部の面積の制限です。この考え方も数字や表現も、消則13条2項1号ロ（現行）でおなじみだと思います。

> ニ　ハの開口部には、
> 防火戸（C）で、随時開くことができる自動閉鎖装置付きのもの又は次に定める構造のものを設けたものであること。
> (イ)　随時閉鎖することができ、かつ、煙感知器（D）の作動と連動して閉鎖すること。
> (ロ)　居室から地上に通ずる主たる廊下、階段その他の通路に設けるものにあっては、直接手で開くことができ、かつ、自動的に閉鎖する部分を有し、その部分の幅、高さ及び下端の床面からの高さが、それぞれ、75cm以上、1.8 m以上及び15cm以下であること。
> C　廊下と階段とを区画する部分以外の開口部にあっては、防火シャッターを除く。
> D　イオン化式スポット型感知器、光電式感知器及び煙複合式スポット型感知器をいう。以下同じ。

ニは、ハの開口部に常時閉鎖式又は煙感知器連動閉鎖式の防火戸を設けることを求めた規定で、消則13条2項1号ハ（現行）と同趣旨の規定ですが微妙に異なっています。消則13条2項で開口部に求めているのは「特定防火設備である防火戸」ですが、ここでは

「防火戸」でよいことになっています。これは、区画する壁や床の構造が、消則13条2項では耐火構造ですが（2項1号）、ここでは準耐火構造でよいことになっている（消則12条の2第1項1号イ）ためです。その他の違いも、消則13条2項が耐火構造の建築物に設けるスプリンクラーの代替区画を定めた規定であるのに対し、消則12条の2は防火構造程度の性能の建築物を「(6)項ロ等」に改装する場合にも対応することを考慮していることから来ているものだと考えられます。

なお、消則13条2項の開口部には通路に面する窓が含まれており、その窓が自動閉鎖式でなくてもよいようにするために、防火戸に「2以上の異なった経路により避難することができる部分の出入口以外の開口部で、直接外気に開放されている廊下、階段その他の通路に面し、かつ、その面積の合計が4 m^2以内のものに設けるものに限る。」という条件をつけているのですが、この条件はこの消則12条の2第1項1号ニでは削除されています。ニ（ロ）で定めている開口部の寸法は出入り口の寸法であり、窓の寸法ではありませんから、ここでは、通路に面して窓を開けることは認めない、ということだと考えられます。

ホ　区画された部分すべての床の面積が100 m^2 以下であり、かつ、区画された部分すべてが4以上の居室を含まないこと。

ホは、火災が発生したときに、入居者等を区画の中から安全に避難させるためには、区画の面積等を制限すべきという考え方だと思います。

「区画された部分すべて」というのは、一つ一つの区画された部分がそれぞれ、という意味ですから、共同住宅の各住戸のようなものを念頭に置いた規定だと思います。共同住宅の場合、準耐火構造の壁及び床で区画されたそれぞれの住戸の床面積が100 m^2以下で内部の居室が3室以下なら、スプリンクラー設備設置免除の一つの要件を満たしている、という考え方でしょう。

表 24－1　(6)項ロ等に係るスプリンクラー設備代替区画（消則 12 条の 2）

根拠条文		消則 12 条の 2 第 1 項		消則12条の2第2項		消則12条の2第3項
		1号	2号	1号	2号	
用途・規模等		・(6)項イ(1)及び(2)並びにロ等 ・基準面積 1000m^2未満	・(6)項イ(1)及び(2)並びにロ等 ・基準面積1,000m^2以上	・(6)項イ(1)及び(2)並びにロ等 ・入居者等の利用に供する居室が避難階のみ ・延べ面積 100m^2未満[注]		・(5)項ロと(6)項ロのみからなる(16)項イ ・(6)項ロ部分（特定住戸部分）の延べ面積 275m^2未満
居室等の区画		準耐火構造の壁及び床	耐火構造の壁及び床	－	壁、柱、床及び天井で区画（構造制限はない）	特定住戸部分の各住戸を準耐火構造の壁及び床で区画
壁及び天井の内装	避難路となる廊下等	準不燃材料（入居者等の利用に供する居室が避難階のみに存し、延べ面積 275 m^2未満で、容易に避難できる構造※であれば不要）	準不燃材料	準不燃材料	－	※※の廊下に通ずる通路は準不燃材料
	その他の部分	難燃材料（入居者等の利用に供する居室が避難階のみに存し、延べ面積 275 m^2未満で、容易に避難できる構造※であれば不要）	難燃材料	難燃材料	－	難燃材料
区画する壁及び床の開口部の面積	合計	8 m^2以下	8 m^2以下	－	－	－
	1の開口部	4 m^2以下	4 m^2以下	－	－	－
開口部に設ける防火戸		防火戸 ・防火シャッターは使用不可（廊下と階段とを区画する部分のみ可） ・自動閉鎖装置付き又は ・煙感知器連動閉鎖式（避難路に設けるものは大きさ 75cm×1.8 m 以上、下枠 15cm 以下の自動閉鎖の部分を有すること）	特定防火設備である防火戸 ・防火シャッターは使用不可（廊下と階段とを区画する部分のみ可） ・自動閉鎖装置付き又は ・煙感知器連動閉鎖式（避難路に設けるものは、大きさ 75cm×1.8 m 以上、下枠高さ 15 cm以下、自動閉鎖式）	－	出入口に自動閉鎖式の戸（防火戸であることを要しない）を設ける	特定住戸部分の各住戸の主たる出入口の構造 ・防火戸 ・防火シャッターは使用不可（廊下と階段とを区画する部分のみ可） ・自動閉鎖装置付き又は ・煙感知器連動閉鎖式 ・避難路に設けるものは、大きさ 75cm×1.8 m以上、下枠 15 cm以下、自動閉鎖のもの
	出入口以外の開口部	－	防火戸（防火シャッターは不可） ・二方向避難可能な部分に設置 ・開放型の通路に面する ・合計面積4m^2以内	－	－	－

区画された部分	床面積	合計100m^2以下	合計200m^2以下	－	－	特定住戸部分の各住戸の床の面積100m^2以下
	居室数	3以下	－	－	－	－
その他		※　以下の全て ・入居者等の避難時間が避難限界時間を超えない（H26消防庁告示4号） ・原則として煙感知器 ・入居者等の利用に供する居室に関係者が内外から容易に開放できる開口部 ・当該開口部は幅員1m以上の空地に面する ・当該開口部は入居者等が容易に避難できる形状 ・入居者等の利用する居室から二方向避難可能	－	－		・特定住戸部分の各住戸の主たる出入口が、直接外気に開放され、かつ、煙排出可能な廊下※※に直面 ・上記廊下に通ずる通路は他の居室を通過しない（H26消防庁告示4号） ・上記廊下に通ずる通路に面する開口部は自動閉鎖式の戸（不燃性）を設置（H26消防庁告示4号） ・居室及び通路に煙感知器

（注）消則12条の2第1項1号の規定に適合する区画を有する場合は、延べ面積100m^2以上でも可

第25講　高齢者福祉施設の火災危険と防火安全対策(8)

～スプリンクラー設備を設置することを要しない構造③～

基準面積が 1,000m^2 以上のもの（消則 12 条の２第１項２号）

「(6)項ロ等（第 23 講参照)」でスプリンクラー設備を設置することを要しない構造のうち、「基準面積（第 23 講参照)」が 1,000m^2 以上のものについて解説します。

基準面積が 1,000m^2 以上のもの（消則 12 条の２第１項２号）

消則 12 条の２第１項２号は、「基準面積」が 1,000m^{2}以上の「(6)項ロ等」について、スプリンクラー設備の設置を要しないことができる条件を示したものです（図 25 － 1）。

第 23 講で述べたように、消則 12 条の２は、平成 19 年(2007) ６月に、長崎県大村市のグループホーム火災を受けて消令 12 条１項１号（当時）が改正され、高齢者福祉施設

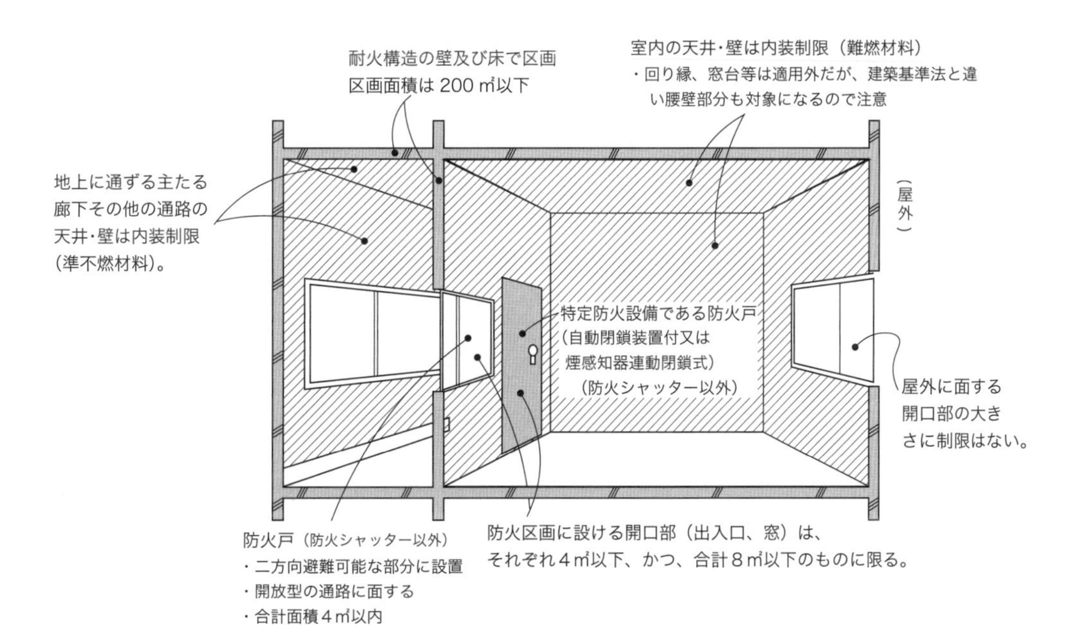

図 25 － 1　スプリンクラー設備代替区画（基準面積 1,000m^{2}以上）
((6)項イ(1)及び(2)並びにロ等）消則 12 条の２第１項２号

等に関するスプリンクラー設備の設置基準面積が「延べ面積」1,000m^2以上から275m^2以上に強化された時に、同時に追加されたものです。それまでは消則13条しかなかったので、その当時（上記改正の施行日は平成21年(2009) 4月1日）までに建設された「延べ面積」1,000m^2以上の高齢者福祉施設等については、スプリンクラー設備の設置免除を受けようとするなら、当然消則13条1項（当時）の適用を受けることになっていました。このため、「延べ面積1,000m^2以上」と「基準面積1,000m^2以上」との違いはありますが、消則12条の2第1項2号の規定は、**表25－1**に見るように、基本的には現行の消則13条2項（当時は1項　**図25－2**）に類似した規定となっています。

違っているのは、以下の①～④です。

表25－1　スプリンクラー設備の設置を要しない構造に関する消則12条の2第1項2号と消則13条2項1号の比較

根拠条文		消則12条の2第1項2号	消則13条2項1号
用途・規模等		・(6)項イ(1)及び(2)並びにロ等 ・基準面積1,000m^2以上	・(2)項、(4)項及び(5)項ロ等以外
主要構造部		－	耐火構造
対象となる部分		以下により設置される区画を有する防火対象物	地階・無窓階以外の階の部分で耐火構造の壁及び床で区画された部分のうち以下に該当するもの
区画すべき室		居室	－
区画する壁及び床の構造		耐火構造	同左
壁及び天井の内装仕上げ	避難路となる廊下等	準不燃材料	同左
	その他の部分	難燃材料	同左
区画する壁及び床の開口部の面積	合計	8 m^2以下	同左
	1の開口部	4 m^2以下	同左
開口部に設ける防火戸		特定防火設備である防火戸 ・防火シャッターは使用不可（廊下と階段とを区画する部分のみ可） ・自動閉鎖装置付き又は ・煙感知器連動閉鎖式（避難路に設けるものは、大きさ75 cm×1.8 m以上、下枠高さ15 cm以下、自動閉鎖式の部分を有すること）	同左
	出入口以外の開口部	防火戸(特定防火設備でなくとも可) ・二方向避難可能な部分に設置 ・開放型の通路に面する ・合計面積4 m^2以内	同左
対象となる部分の面積の要件		区画された部分全ての床の面積が200m^2以下	区画された部分の床面積が 10階以下の階:200m^2以下 11階以上の階:100m^2以下

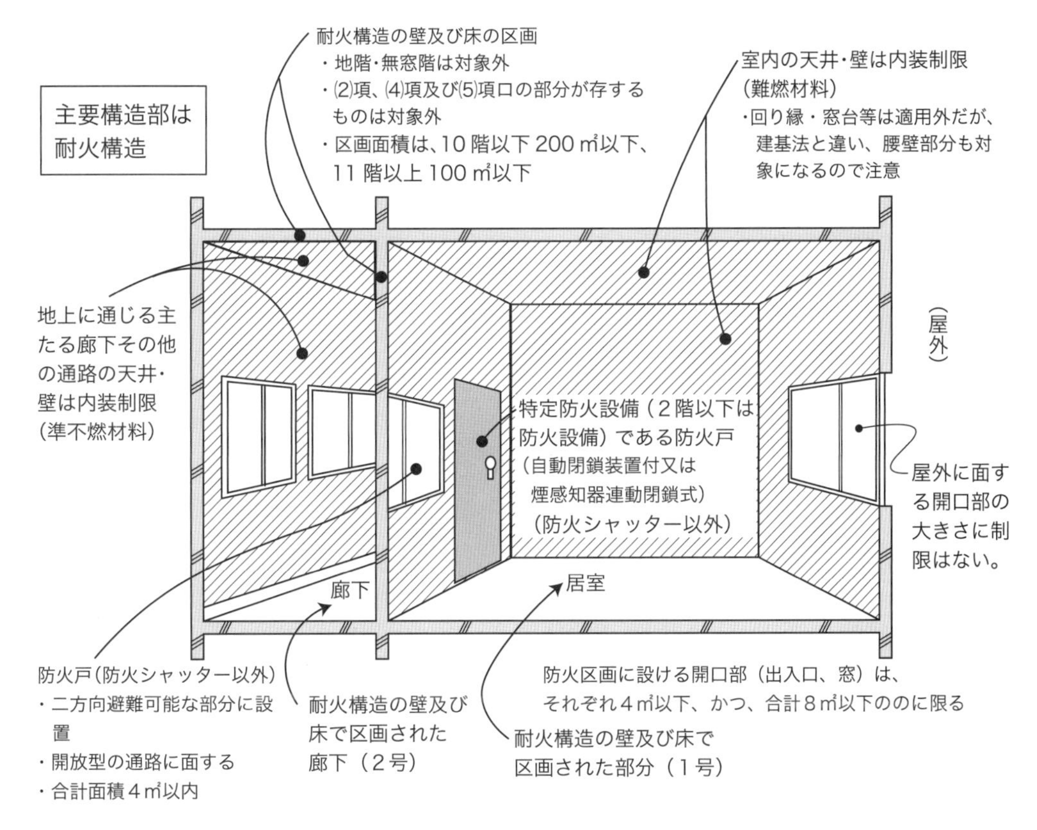

図25－2　スプリンクラー設備代替区画（いわゆる規則13条区画）消則13条2項

①　消則13条2項（以下🅰）が主要構造部を耐火構造とした防火対象物の部分を対象としているのに対し、消則12条の2第1項2号（以下🅱）は主要構造部を特に限定していないこと

②　スプリンクラー設備の設置免除対象として、🅰が耐火構造の壁及び床で区画された部分を対象としているのに対し、🅱は「居室が耐火構造の壁及び床で区画されるなど🅱に基づいて設置された区画を有する防火対象物」を対象としていること

③　🅰がスプリンクラー設備の設置免除対象全体を区画するのに対し、🅱は「居室」のみを区画すればよいこととしていること

④　対象となる部分の面積要件として、🅰が区画された部分の床面積（10階以下の階にあっては200m^{2}以下）を要件としているのに対し、🅱は「区画された部分すべての床の面積（200m^{2}以下）」を要件としていること

このうち①については、建基法27条1項2号の規定により2階の床面積が300m^{2}以上となる「⑹項ロ等」は「耐火建築物等」としなければなりませんので、基準面積が1,000m^{2}以上の「⑹項ロ等」はほとんど耐火建築物等であると考えられます。ただし、平屋建てのものなら「耐火建築物等」に該当しない可能性があるため、🅱については主要構造部の構造を限定していないのだと考えられます。

②～④については、「「(6)項ロ等」の場合、耐火構造の壁及び床で区画しBの要件に適合した「居室」を有する防火対象物（複合用途防火対象物の場合は「(6)項ロ等」の部分）については、居室以外の部分が区画されていなくても、全体としてスプリンクラー設備の設置が免除される」としたことから、Aと異なる規定ぶりとなったものです。特に④については、「区画された部分の床面積の合計が200m^{2}以下」でなく、「区画された部分それぞれの床面積がすべて200m^{2}以下」であることを要求しているので注意が必要です。

第26講　高齢者福祉施設の火災危険と防火安全対策（９）

～スプリンクラー設備を設置することを要しない構造④～

居室が避難階のみにあり容易に避難できるもの（消則12条の２第２項）

「⑹項ロ等（第23講参照）」でスプリンクラー設備を設置することを要しない構造のうち、居室が避難階のみにあり容易に避難できる構造であるためスプリンクラー設備が免除されるものについて解説します。

居室が避難階のみにあり容易に避難できるもの（消則12条の２第２項）

平成28年(2016) 4月以降、「⑹項ロ等」については原則としてスプリンクラー設備を設置しなければならないこととされましたが（第23講参照)、その施行に先立つ平成26年(2014) 3月に、消則12条の２第２項が新たに設けられました。この規定は、入居者等の利用に供する居室が避難階にしかなく、かつ、容易に避難できる構造等を有していれば、スプリンクラー設備を設置しなくても同等の防火安全性が確保できる場合がある、という考え方に基づくものです。

この規定では、対象となるのは次の３つの要件を全て満たすものとしています。

① 用途が令別表第１⑹項イ（以下、「令別表第１」を省略し、「⑹項イ」といいます。他の用途についても同様とします。）⑴及び⑵並びに⑹項ロであること。

これは、よく見ると、第１項と違って「(16)項イ並びに(16の2)項に掲げる防火対象物」が含まれていません。複合用途防火対象物や地下街に「⑹項イ⑴及び⑵並びに⑹項ロ」の用途の施設がある防火対象物は、この免除規定の対象にはならない、ということです。

② 入居者等の利用に供する居室が避難階にのみ存すること

これは、消則12条の２第１項１号ロただし書きと同様の考え方です。避難者が避難階にいれば避難しやすい、ということでしょう。

③ 延べ面積が100m²未満のもの（前項第１号に定めるところにより設置される区画を有するものを除く。）

「延べ面積が100m²未満のもの」というのは、小規模なら避難しやすいだろう、ということでわかりやすいですね。

見逃しがちなのは、その後のかっこ書きです。消則12条の２第１項１号に定めるところにより、準耐火構造の壁及び床で区画し、内装制限をし、区画する壁及び床の開口部については面積制限をして所定の防火戸を設置し、100m²以下に区画して区画内の居室を3以下にすれば、「延べ面積が100m²未満のもの」でなくても、スプリンクラー設備の設置免除対象になりうる、と言っているのです。

以上の3つの要件を満たす対象物について、スプリンクラー設備の設置を免除する要件は、2種類示されています。

一つは内装制限です。消則12条の2第1項1号に「前項第1号ロ本文の規定の例によるもの」とあるのがそれです。上記①〜③の要件を満たすものであって、消則12条の2第1項1号ロ本文の規定に従い、壁及び天井の室内に面する部分の仕上げを原則として難燃材料でし、地上に通ずる主たる廊下その他の通路にあっては準不燃材料ですれば、スプリンクラー設備は設置不要だとしているのです。延べ面積が100m²未満の小規模なものだけでなく、100m²未満に区画したものでも内装制限をすればスプリンクラー設備の設置が不要となることがあるので留意する必要があります。

もう一つは入居者等の避難に要する時間が火災発生時に確保すべき時間を超えないものです（消則12条の2第2項2号）。

表26－1の要件を満たすものについては、入居者等の避難に要する時間を計算し、その時間が火災発生時に確保すべき時間を超えなければ、スプリンクラー設備の設置を要さないとしています**（図26－2）**。

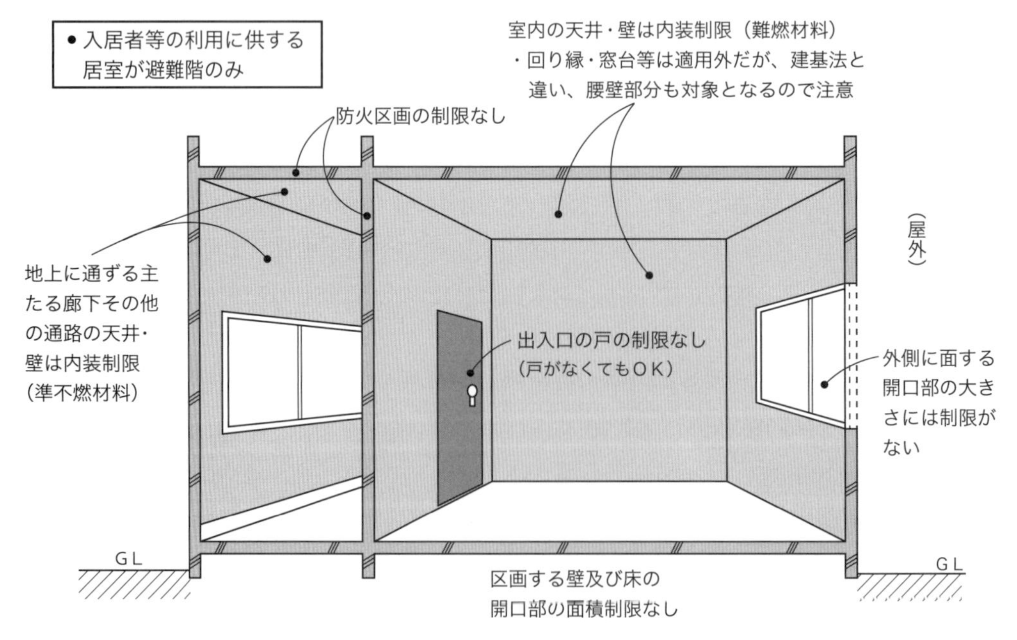

図26－1　スプリンクラー設備代替区画（延べ面積100m²未満等　居室が避難階）
（(6)項イ(1)及び(2)並びに(6)項ロ）消則12条の2第2項1号

表26－1では、区画すべき室は「居室」であり、居室以外の室を区画する必要は必ずしもありません。また、区画する構造や材料については特に定められておらず、居室の出入口の戸は自動閉鎖式であることを要求していますが、防火戸であることも不燃性であることも要求していません。

居室に戸がないと煙を閉じ込めることができないのでスプリンクラー設備の設置免除は認められませんが、この種の施設に普通に設置されている自動閉鎖式の吊り戸があれば、

表26－1　避難時間によるスプリンクラー設備免除規定適用のための構造等の要件
（消則12条の2第2項2号）

区画する室	居室
区画する構造	柱、床及び天井等（特に、準耐火構造等の構造別制限はない。）
居室の出入口	自動閉鎖式の戸（特に、不燃材等の材料の制限はない。）
自火報の感知器	原則として煙感知器
居室からの避難	入居者等の利用に供する居室に、火災発生時に当該施設の関係者が屋内及び屋外から容易に開放できる開口部※を設置
最終避難経路の確保	※は、道又は道に通ずる幅員1m以上の通路等に面すること
避難障害	※は、幅・高さ・下端の床面からの高さ等の形状が、入居者等が内部から容易に避難することを妨げないこと
二方向避難	入居者等の利用に供する居室から2以上の異なった避難経路を確保

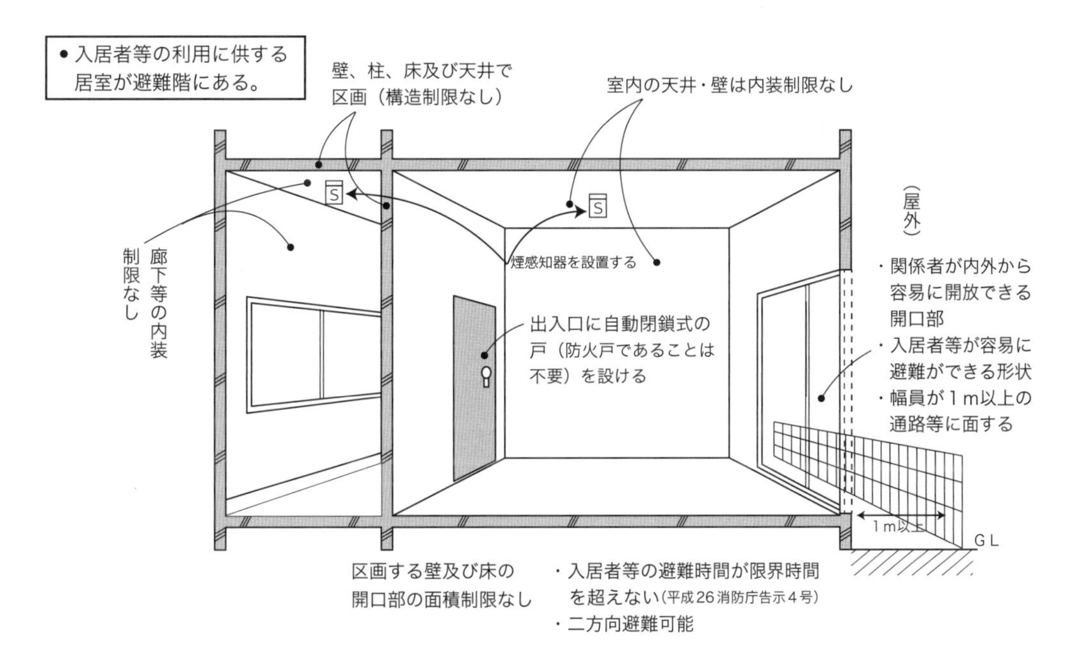

図26－2　スプリンクラー設備代替区画（延べ面積100m²未満等　居室が避難階　避難計算）
（(6)項イ(1)及び(2)並びに(6)項ロ）消則12条の2第2項2号

一定時間は煙を閉じ込められるので設置免除を認めることにしよう、ということだと思います。その分、火災発生時に確保すべき時間は短くなりますが、それより早く避難できれば最低限の安全は確保できる、という考えでしょう。

消防庁長官が定める「入居者等の避難に要する時間」の算定方法

上記の避難時間の計算方法や火災発生時に確保すべき時間等については、消防庁長官が定めています。

消則12条の2第2項2号でいう「入居者等の避難に要する時間として消防庁長官が定める方法により算定した時間」は、平成26年(2014)3月の「消防庁告示第4号（以下「告示4号」)」により示されています。

この告示は法令書式に従って文章で書かれており、わかりにくいのですが、意訳すれば、以下のようなことを言っています。

「避難開始時間」は、次の式によることとされいいます。

$$\frac{\sqrt{\text{施設の延べ面積（m}^2\text{）}}}{30}\ \text{（分）}$$

この式が、建築基準法の避難安全検証法の避難開始時間から来ていることは、ご存知の方も多いと思います。

「入居者等が屋外までの避難を終了するまでに要する時間」は、

(1) 居等の存する各居室に介助者が到着するのに要する時間

(2) 車椅子などの介助用具が必要な入居者等については、車椅子に乗せるなど、その利用の準備に要する時間

(3) 入居者等を屋外まで介助して避難させるのに要する時間

の合計時間とされています。

(1) については、介助者が夜間通常待機しているところから入居者等の各居室までの避難経路上の移動距離を介護者の移動速度で割って得た時間の合計とされ、移動速度は、階段の上りが54 m／分、下りが72 m／分、それ以外は120 m／分

(2) については、介助用具等が必要な入居者等の数　×　0.5（分）

(3) については、各居室からの避難経路上の移動距離を、介助された入居者等の移動速度(30 m／分）で割って得た時間の合計

とされています。

以上の算定方法は、避難安全検証法の考え方などをベースに、この種の施設の特性を加味して作られたものと考えられます。

消防庁長官が定める「火災発生時に確保すべき避難時間」の基準

告示４号では、火災発生時に確保すべき避難時間を、概ね次のようなものとしています。

⑴　壁及び天井の室内に面する部分の仕上げを難燃材料でしたもの　；　4分

⑵　居室の床面積×（床面から天井までの高さ－1.8 m）≧200m^2　；　4分

⑶　⑴及び⑵に該当するもの　；　5分

⑷　⑴又は⑵のいずれにも該当しないもの　；　3分

スプリンクラー設備の設置免除にかかる消令 32 条適用基準と告示基準

高齢者福祉施設に対するスプリンクラー設備の設置規制を消令 32 条を適用して免除する基準については、平成 19(2007) 年６月に消防庁予防課長通知（231 号通知[1)]）が出ています。この通知と告示４号との関係は**表 26 − 2**のとおりです。

表 26 − 2　231 号通知と告示４号の関係

	231 号通知	告示４号
位置付け	令 32 条の適用の考え方	消防法施行規則に基づく基準
対象用途	⑹項ロ	⑹項イ⑴及び⑵並びに⑹項ロ
対象物の規模	延べ面積 275㎡～ 1,000m^2	延べ面積 100m^2未満又は規則 12 条の２第１項１号に定める区画（100m^2以内等）を有するもの
対象物の階数等	平屋又は２階建て	入居者等の利用に供する居室が避難階のみにあるもの

231 号通知は、長崎県大村市のグループホーム火災（平成 18 年(2006) １月　７名死亡）を契機として、この種の施設へのスプリンクラー設備の設置基準が延べ面積 1000 m^2 以上から 275m^2 以上に強化され（平成 19 年(2007) ６月）、同時にスプリンクラー設備免除規定としての消則 12 条の２が創設された時に、併せて、消防長又は消防署長が消令 32 条を適用してスプリンクラー設備の設置を免除することができる特例適用の基準として定められたものです。231 号通知の内容を見ると、特例適用の条件として、介助者一人あたりの要介護者の人数や近隣協力者の人数などを要件にしている部分も多く、個々の防火対象物の実態を把握しなければ運用できない（消防法施行令や施行規則では書き切れない）事項がまとめられています。この通知の中で、「避難所要時間」と「避難限界時

間」の算定方法が示され、小規模社会福祉施設（令別表第1(6)項ロで延べ面積275m^2～1,000m^{2}のもの）については、避難所要時間が避難限界時間を超えない場合はスプリンクラー設備の設置を要しないものとすることも可能であるとしていました。

その後、長崎市のグループホーム火災（平成25年(2013)2月　5名死亡）等を契機として、この種の施設に原則として延べ面積に関わりなくスプリンクラー設備の設置が義務づけられたとき（平成25年(2013)12月）に、それを補完するかたちで消則12条の2が改正されて（平成26年(2014)3月）第2項が追加され、231号通知のうち本則に書き切ることができる避難所要時間と限界時間の考え方が告示4号として取り込まれました。このとき同時に、予防課長通知（105号通知[2)]）が発出され、231号通知との関係が整理されています。

なお、福岡市の整形外科医院の火災（平成25年(2013)10月　10名死亡）に伴い、平成26年(2014)10月に病院・診療所についても原則として延べ面積に関わりなくスプリンクラー設備の設置が義務づけられると、これに合わせて消則12条の2が病院・診療所にも適用できるよう改正されています（平成26年(2014)10月）。このあたりの動きは、**表23－1**を参照してください。

告示4号と231号通知との比較

告示4号のうち、「入居者等の避難に要する時間」は231号通知の考え方をほぼそのまま踏襲していますが、「火災発生時に確保すべき避難時間」の方は、考え方が少し変わっています。

この部分に関する231号通知の考え方は、火災室からの避難と火災室以外の部分からの避難に分けて、内装の燃えやすさや区画の状況などから「避難限界時間」を定めるものでした。この考え方は、「社会福祉施設及び病院における夜間の防火管理体制指導マニュアル」[3)]の「出火区画」、「隣接区画」からの避難時間設定の流れを汲むものです。

これに対し、告示4号では、建物から安全な地上への「火災発生時に確保すべき避難時間（避難限界時間と意味は同様）」だけを定めています。これは、231号通知が2階建て延べ面積1,000m^{2}の施設まで対象にしているのに対し、告示4号は「入居者等の利用に供する居室が避難階のみに存するもの」で、延べ面積が100m^{2}未満であるか100m^{2}以下に厳しく区画されているものを対象にしているためでしょう。

1) 平成19年(2007)6月13日付け消防予第231号消防庁予防課長通知「小規模社会福祉施設に対する消防用設備等の技術上の基準の特例の適用について」
2) 平成26年(2014)3月28日付け消防予第105号消防庁予防課長通知「小規模社会福祉施設に対する消防用設備等の技術上の基準の特例の適用について」
3) 平成元年（1989）3月31日付け消防予第36号消防庁予防課長通知「社会福祉施設及び病院における夜間の防火管理体制指導マニュアルについて」（第18講参照）

第27講　高齢者福祉施設の火災危険と防火安全対策(10)

～スプリンクラー設備を設置することを要しない構造⑤～

共同住宅の一部住戸が(6)項ロに用いられる場合（消則12条の2第3項と消則13条1項）

令別表第1(6)項ロ（以下、「令別表第一」を省略し、「(6)項ロ」といいます。他の用途についても同様とします。）に係るスプリンクラー設備の設置規制については、平成21年(2009) 4月に延べ面積が1,000m^{2}以上のものから275m^{2}以上のものに強化され、さらに平成27年（2015） 4月には設置基準における面積制限が撤廃されました。これらの改正により、共同住宅の一部住戸が(6)項ロとして用いられる場合には、当該住戸にもスプリンクラー設備を設置しなければならなくなりましたが、一定の条件を満たす区画が設けられている場合は設置免除が認められるよう、消則12条の2や消則13条が適宜改正されています。

消則13条1項1号と消則13条2項1号及び消則12条の2第1項2号との比較

平成21年(2009) 4月の(6)項ロに係るスプリンクラー設備の設置規制の強化の際には、スプリンクラー設備を設置することを要しない構造等について定める消則12条の2が追加されました（平成19年(2007) 6月）。

第23講で述べたように、この消則12条の2第1項は、当時の小規模な(6)項ロの実態に合わせて消則13条1項（当時）の内容を調整したもので、延べ面積が275m^2～1,000m^{2}のものを対象とする消則12条の2第1項1号と、延べ面積が1,000m^{2}以上のものを対象とする2号からなっていました。共同住宅の一部の住戸が(6)項ロに用いられる場合、消令12条によりスプリンクラー設備の設置規制がかかりますが、これらの規定に適合する場合には、スプリンクラー設備の設置は免除されました。

この時は、消則13条1項（当時）は改正されませんでしたが、平成22年(2010) 2月に、共同住宅の一部住戸が(6)項ロ又は(6)項ハとして用いられる場合だけを対象とした消則13条1項の改正が行われ、それまで「規則13条区画」としてスプリンクラー設備代替区画の代名詞だった1項は2項に移ることになりました。

表27－1は、平成22年(2010) 2月改正時の消則13条1項1号の内容を、当時の消則13条2項1号並びに消則12条の2第1項1号及び2号と対比させて見たものです。

表27－1　スプリンクラー設備の設置を要しない構造に関する消則13条1項1号と同条2項1号及び消則12条の2第1項1号の比較

根拠条文		消則13条2項1号	消則12条の2第1項1号 (平成21年(2009)当時)	消則12条の2第1項2号 (平成21年(2009)当時)	消則13条1項1号
改正年月		平成22年(2010)2月	平成19年(2007)6月	平成19年(2007)6月	平成22年(2010)2月
対象用途・規模等		(2)項、(4)項及び(5)項ロ等以外	・(6)項ロ ・延べ面積275㎡～1000㎡	・(6)項ロ ・延べ面積1000㎡以上	(5)項ロ並びに特定の(6)項ロ及びハ※1のみからなる(16)項イ※2
主要構造部		耐火構造	－	同左	同左
対象となる部分		地階・無窓階以外の階の部分で耐火構造の壁及び床で区画された部分のうち以下に該当するもの	以下により設置される区画を有するもの	同左	以下により設置される区画を有するものの10階以下の階
区画すべき室		－	居室	同左	同左
区画する壁及び床の構造		耐火構造	準耐火構造	耐火構造	準耐火構造 (3階以上は耐火構造)
壁及び天井の内装仕上げ	避難路となる廊下等	準不燃材料	同左	同左	同左
	その他の部分	難燃材料	同左	同左	同左
区画する壁及び床の開口部の面積	合　計	8㎡以下	同左	同左	同左
	1の開口部	4㎡以下	同左	同左	同左
開口部に設ける防火戸		特定防火設備である防火戸 ・防火シャッターは使用不可（廊下と階段とを区画する部分のみ可） ・自動閉鎖装置付き又は ・煙感知器連動閉鎖式（避難路に設けるものは、大きさ75cm×1.8m以上、下枠高さ15cm以下、自動閉鎖式の部分を有すること）	・防火戸 ・これ以外は消則13条2項1号と同じ	消則13条2項1号と同じ	・防火戸(3階以上は特定防火設備) ・これ以外は消則13条2項1号と同じ
	出入口以外の開口部	防火戸(防火シャッター不可) ・二方向避難可能な部分に設置 ・開放型の通路に面する ・合計面積4㎡以内	－	消則13条2項1号と同じ	同左
対象となる部分の面積の要件		区画された部分の床面積が 10階以下の階：200㎡以下 11階以上の階：100㎡以下	・区画された部分全ての床の面積が100㎡以下 ・居室数　3以下	消則13条2項1号と同じ	区画された部分全ての床の面積が100㎡以下

※1　有料老人ホーム、福祉ホーム、認知症高齢者グループホーム又は障害者グループホーム
※2　以下の①～③はＳＰ免除の対象外
　①　(6)項ロ・ハの合計床面積が3,000m²以上の場合は当該用途の存する階
　②　地階又は無窓階で当該用途が1,000m²以上存する階
　③　4階以上で当該用途が1,500m²以上存する階

これを見ると、当時、共同住宅の一部の住戸を(6)項ロやハとして使用する例がかなりあり、それらについて規制緩和を求められたことから、共同住宅以外の用途が有料老人ホーム、福祉ホーム、認知症高齢者グループホーム又は障害者グループホームの４種類に限定される場合に限り、かつ、２階以下に限って、主要構造部を準耐火構造とし、出入り口の防火戸に特定防火設備の性能を求めない、とすることを認めたものと推測されます。

消則12条の２第３項の制定

平成27年(2015) 4月以降、共同住宅の１つの住戸が(6)項ロとして用いられる場合でも、当該住戸には原則としてスプリンクラー設備を設置しなければならなくなりましたが、当該規制の施行に先立つ平成26年(2014) 3月、消則13条1項1号と同様、共同住宅の一部住戸が(6)項ロとして用いられる場合だけに絞ったスプリンクラー設備の設置免除規定として、消則12条の２第３項が追加されました。

規則第12条の２第３項を読み解くと

この条文もなかなか読みにくいのですが、以下のように分解すると解読しやすくなります。

> 消則12条の２第３項
> 第1項の規定にかかわらず、
> 令別表第1 (16)項イに掲げる防火対象物（A）の部分で同表(6)項ロに掲げる防火対象物の用途に供される部分のうち、
> 延べ面積が275m²未満のもの（B）においては、
> 令第12条第1項第1号の総務省令で定める構造は、
> 次の各号に定める区画を有するものとする。
>
> A；同表(5)項ロ及び(6)項ロに掲げる防火対象物の用途以外の用途に供される部分が存しないものに限る。
> B；第1項第1号に定めるところにより設置される区画を有するものを除く。以下この条において「特定住戸部分」という。

> 第1項の規定にかかわらず、……

この「第1項」は、言うまでもなく消則12条の２第1項のことで、「(6)項ロ等」について、スプリンクラー設備の設置を免除する条件としての区画の仕様を定めたものです(第24講参照)。したがって、ここは「消則12条の２第1項に定める区画がなくても、」

という意味になります。

> 令別表第１(16)項イに掲げる防火対象物（Ａ）の部分で同表(6)項ロに掲げる防火対象物の用途に供される部分のうち、……

ここは、複合用途防火対象物の一部に(6)項ロの用途に供される部分がある場合、その部分を対象とした免除規定であることを示しています。消則12条の２第１項１号のかっこ書きに(16)項イとともに列挙されている(16の2)項は、この免除規定の対象にはなっていません。地下街に(6)項ロが設置されることはまずなさそうですが、万一設置されるようなことがあっても、スプリンクラー設備は免除しない、ということで、まあ、当然でしょう。また、(6)項イ(1)と(2)もこの免除規定の対象にはなっていません。診療所等は、(6)項ロとは別の種類の危険性があるということでしょうか。

この規定を読みやすくするため、かっこ内のＡを抜き出して別に表示してみました。Ａにより、この規定は、共同住宅の一部が(6)ロの用途だけに用いられている場合に、その部分をターゲットにして設けられたものだということがわかります。他の用途が混在している場合は、この規定によるスプリンクラー設備の設置免除はできないということです。

> 延べ面積が$275m^2$未満のもの（Ｂ）においては、……

「延べ面積」は「建築物全体の床面積の合計」という意味で使われるのが普通ですが、ここでは「(6)項ロに掲げる防火対象物の用途に供される部分の床面積の合計」という意味で使われています。

この規定は、この第３項が、平成25年(2013)12月の消令12条の改正以降新たにスプリンクラー設備の設置義務が生じた「延べ面積が$275m^2$未満のもの」を対象としていることを示しています。延べ面積$275m^2$以上のものについては、消則12条の２第１項や消則13条で対応することになります。

Ｂはかっこ内の部分を抜き出したものです。「第１項第１号に定めるところにより設置される区画を有するもの」というのは、消則12条の２第１項１号に適合するもののことです。これを「除く」と言っているので、これに該当するものはスプリンクラー設備の免除規定の対象外になると考えそうになりますが、「第１項第１号に定めるところにより設置される区画を有するもの」はそちらでスプリンクラー設備が免除されるので、この規定では対象としていない、という程度の意味になります。

「特定住戸部分」は「(6)項ロに掲げる防火対象物の用途に供される部分のうち、延べ面積が$275m^2$未満のもの」なので、「住戸部分」と言っても、(6)項ロの用途に供される部分のことです。

次の各号に定める区画……

上で述べたように、共同住宅の一部の住戸が(6)項ロの用途に供されている場合、スプリンクラー設備の設置免除要件を満たす区画は２種類あります。一つは消則 12 条の２第１項１号（以下「１項１号」）に適合する区画であり、もう一つは同条第３項（以下「３項」）に適合する区画です。後者が、「次の各号に定める区画」ということになります。

１項１号に適合すれば問題ありませんが、１項１号は共同住宅の一部住戸だけを前提にした規定ではないので、ピタッと合わない場合もあります。その場合にも、(6)項ロ部分の延べ面積が 275m² 未満のものについては、この３項に適合すればスプリンクラー設備の設置を免除できる、というのが消則 12 条の２の考え方なのです。**表 27 − 2** は、この両者を対比したものです。

この表から、以下のことがわかります。

① 　１項１号は、居室が一つの場合のほか、幾つかの居室がまとまっている場合も想定しており、後者の場合はその居室のまとまりを区画することにしています。このため、「区画された部分すべての床の面積が 100m²以下」とか「区画された部分すべてが４以上の居室を含まない」などとして、一つの区画の最大値を定めています。条文上は、基準面積が 1,000m²未満であれば、このような区画が幾つあっても問題はないことになります。

　一方、３項は共同住宅に特化した規定であるため、住戸単位で区画することを前提としています。

② 　３項の「特定住戸部分の各住戸」の最大面積は 100m²としていますが、その内部にある居室の数に制限はありません。

③ 　１項１号の区画単位が「居室のまとまり」であり、３項の区画単位が「特定住戸部分の各住戸」であると考えれば、区画単位ごとの区画性能はほぼ同様です。

④ 　区画する床及び壁の開口部の面積制限及び容易に避難出来る構造である場合の内装制限の緩和規定は、１項１号にはありますが、３項にはありません。

⑤ 　１項１号になく３項にはあるのが、特定住戸等部分の各住戸の主たる出入口が面する廊下についての規定です。この廊下は、直接外気に開放され、かつ、当該部分における火災時に生ずる煙を有効に排出することができるものでなければならないとされていますが、構造制限や内装制限は求められていません。

⑥ 　３項では、各住戸内の通路で⑤の廊下に通ずるものについては、準不燃材料で内装制限をし、これに面する開口部には自動閉鎖式の不燃性の戸を設けることを求めるなど、主たる避難路としての安全性を確保するよう措置することを要件としています。

⑦ 　３項は、居室及び通路に煙感知器を設けることを求めています。これは、火災をで

表 27 − 2　(6)項ロ等にかかるスプリンクラー設備代替区画
（消則 12 条の 2 第 1 項 1 号と第 3 項）

<table>
<tr><th colspan="2"></th><th>消則12条の２第１項１号</th><th>消則12条の２第３項</th></tr>
<tr><td colspan="2">対象用途・規模等</td><td>・(6)項イ(1)及び(2)並びにロ（(16) 項イ・(16の2)項の関係部分を含む）
・基準面積1000㎡未満</td><td>・(5)項ロと(6)項ロのみからなる(16)項イ
・(6)項ロ部分（特定住戸部分）の延べ面積275㎡未満</td></tr>
<tr><td rowspan="2">居室等の区画</td><td>対　象</td><td>居室</td><td>特定住戸部分の各住戸</td></tr>
<tr><td>構　造</td><td>準耐火構造の壁及び床</td><td>同左</td></tr>
<tr><td rowspan="2">壁及び天井の内装の室内に面する部分</td><td>避難路となる廊下等</td><td>準不燃材料（入居者等の利用に供する居室が避難階のみに存し、延べ面積275㎡未満で、<u>容易に避難できる構造</u>※であれば不要）</td><td>※※の廊下に通ずる通路は準不燃材料</td></tr>
<tr><td>その他の部分</td><td>難燃材料（入居者等の利用に供する居室が避難階のみに存し、延べ面積275㎡未満で、容易に避難できる構造※であれば不要）</td><td>難燃材料</td></tr>
<tr><td rowspan="2">区画する壁及び床の開口部の面積</td><td>合　計</td><td>８㎡以下</td><td>－</td></tr>
<tr><td>１の開口部</td><td>４㎡以下</td><td>－</td></tr>
<tr><td colspan="2">開口部に設ける防火戸</td><td>防火戸
・防火シャッターは使用不可（廊下と階段とを区画する部分のみ可）自動閉鎖装置付き又は
・煙感知器連動閉鎖式（避難路に設けるものは大きさ 75㎝ ×1.8 m以上、下枠 15㎝以下の自動閉鎖の部分を有すること）</td><td>特定住戸部分の各住戸の主たる出入口に左と同様の防火戸</td></tr>
<tr><td rowspan="2">区画された部分</td><td>床面積</td><td>区画された部分すべての床の面積が100㎡以下</td><td>特定住戸部分の各住戸の床の面積100㎡以下</td></tr>
<tr><td>居室数</td><td>区画された部分すべてで居室が３以下</td><td>－</td></tr>
<tr><td colspan="2">その他</td><td>※以下の全て
・入居者等の避難時間が［火災発生時に確保すべき避難時間］を超えない（平成 26 年（2014）消防庁告示４号（以下「告示４号」））
・原則として煙感知器
・入居者等の利用に供する居室に関係者が内外から容易に開放できる開口部
・当該開口部は幅員１m 以上の空地に面する
・当該開口部は入居者等が容易に避難できる形状
・入居者等の利用する居室から二方向避難可能</td><td>・特定住戸部分の各住戸の主たる出入口が、<u>直接外気に開放され、かつ、煙排出可能な廊下</u>※※に直面
・上記廊下に通ずる通路は他の居室を通過しない（告示４号）
・上記廊下に通ずる通路に面する開口部は自動閉鎖式の戸（不燃性）を設置（告示４号）
・居室及び通路に煙感知器</td></tr>
</table>

きる限り早く感知して、素早く⑤の通路まで避難すれば一応の安全は確保されるということだと考えられます。この規定は1項1号にはありません。

以上の規定を図示すると、**図27－1**のようになります。

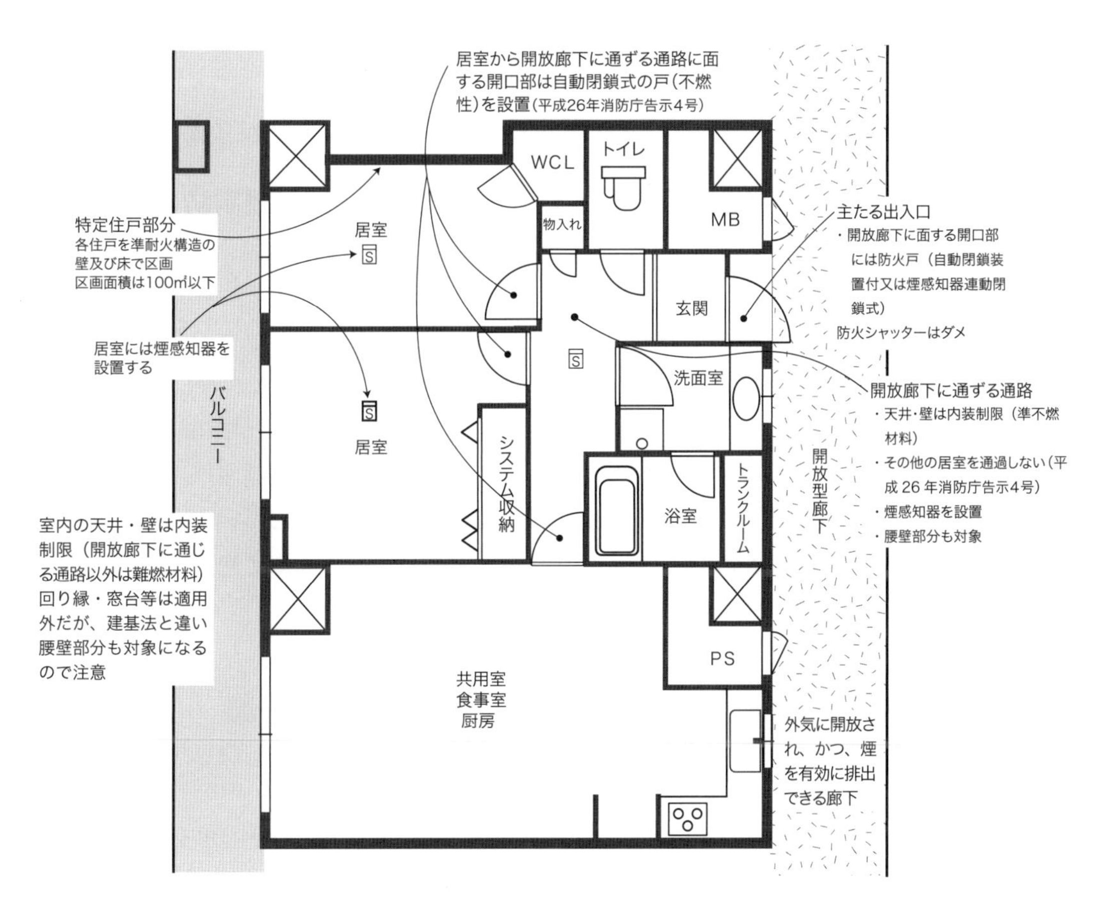

図27－1　スプリンクラー設備代替区画（共同住宅の一部住戸が⑹項ロに用いられる場合）消則12条の2第2項2号

第28講　高齢者福祉施設の火災危険と防火安全対策(11)

～みなし従属の見直しと小規模特定用途複合防火対象物～

みなし従属不適用用途が含まれる(16)項イに対する過剰規制防止対策

近年、相次ぐグループホーム等の火災により、令別表第1⑹項ロ（以下、「令別表第1」を省略し、「⑹項ロ」といいます。他の用途についても同様とします。）等について消火器、自動火災報知設備、スプリンクラー設備等の設置基準の面積制限が撤廃されたため、共同住宅の一部の住戸が⑹項ロ等として用いられている場合にも、当該住戸にこれらの設備を設置することが必要となりました。同様の規制強化が他の用途についても相次いだため、従来から行われていた解釈運用が見直されるとともに、他の部分に過剰な規制が及ばないようにするための様々な規定改正が行われました。

みなし従属の一部見直しと小規模特定用途複合防火対象物

防火対象物の一部に主たる用途以外の用途がある場合、これを全て「複合用途防火対象物」として扱うと、過剰規制になる場合があります。このため、昭和49年(1974)7月に消令1条（現1条の2）2項に後段が設けられるとともに、昭和50年(1975)4月にいわゆる41号通知（後述）が発出され、主たる用途以外の用途の床面積やその比率が小さい場合等には、防火対象物全体を主たる用途にかかる単一用途の防火対象物として扱うこととする一般基準が定められました。この辺りの経緯については、第10講でお話ししたとおりです。

ところが、近年、小規模な⑹項ロで多数の死者が出る火災が相次ぎ、ごく小規模な施設にも自動火災報知設備やスプリンクラー設備等を設置することが義務付けられました。このような規制は、規制強化の趣旨からすれば、共同住宅の一部の住戸が⑹項ロとして用いられている場合でも同様とすべきだと考えられます。しかし、そのためには、⑹項ロの部分についてだけ自動火災報知設備等の設置を義務づけるようにし、他の住戸には当該規制強化が及ばないようにしないと、過剰規制になる可能性があります。同様の規制強化が他の用途についても相次いで行われたため、41号通知が見直されるとともに、消防法施行規則に「小規模特定用途複合防火対象物」という概念が導入されることになりました。

41号通知（平成27年（2015）2月の改正前）

第10講でお話ししたように、消防法令上、一の防火対象物の中に政令別表第1(1)項～(15)項に掲げる用途が二以上存する場合は原則として「複合用途防火対象物」として取り扱われることになりますが、令1条の2第2項において「当該異なる二以上の用途のうちに、一の用途で、当該一の用途に供される防火対象物の部分がその管理についての権原、利用形態その他の状況により他の用途に供される防火対象物の部分の従属的な部分を構成すると認められるものがあるときは、当該一の用途は、当該他の用途に含まれるものとする。」とその例外となる場合を規定しています。

この規定の具体的な解釈及び運用が示されたのが、「令別表第一に掲げる防火対象物の取扱いについて（昭和50年(1975) 4月15日消防予第41号・消防安第41号、いわゆる「41号通知」）です。

41号通知では、従属的な部分を構成すると認められるものを、いわゆる「機能従属」と「みなし従属」の2種類に整理し、それぞれ明確な判断基準を設けています。

「機能従属」とは、例えば「劇場の売店や専用駐車場は「劇場」の一部である」というように、機能的に見て主たる用途に必然的に付随する用途（従属用途）は主たる用途の中に含めて扱う、という考え方です。この考え方は、従属用途部分の防火安全性は主たる用途部分についての防火安全対策によって担保されるべき（防火安全基準はそう作られるべき）、という考え方に基づいています。

一方、「みなし従属」は、従属用途部分が主たる用途部分に比べて遙かに面積が小さくその比率も低ければ、従属用途は主たる用途の中に含めて扱う、という考え方です。この場合は、従属用途部分の防火安全性は主たる用途部分の防火安全対策を行えば足りる（用途による防火安全性の相違は無視しうる）と考えられています。共同住宅の一部の住戸が(6)項ロとして用いられる場合、従来は、この「みなし従属」の考え方に従って取り扱われるべきものでした。

41号通知に示されている「みなし従属」の要件は、平成27年(2015) 2月の改正前は、

・主たる用途に供される部分の床面積の合計が、当該防火対象物の延べ面積の90％以上であること

・主たる用途以外の独立した用途に供される部分の床面積の合計が300m^{2}未満であること

のいずれにも該当すれば、当該独立した用途に供される部分は、令1条の2第2項後段に規定する従属的な部分となる。

とされていました。

小規模施設に対する消防用設備等の設置基準の見直しと41号通知

41号通知は、昭和50年(1975)から最も重要な基本通知の一つとして運用されて来たものですが、近年の火災を踏まえて消防用設備等の設置基準の強化が行われたことにより、

一部の用途については、この通知中の「みなし従属」の運用を見直すことが必要になりました。

平成18年(2006) 1月に長崎県大村市で発生した認知症高齢者グループホーム火災を踏まえた消防法施行令の一部改正により、平成19年(2007) 6月に、(6)項ロに掲げる防火対象物に係る消防用設備等の設置基準が次のように強化されました。

・消火器、自動火災報知設備、消防機関へ通報する火災報知設備の設置基準　延べ面積にかかわらず設置

・スプリンクラー設備の設置基準　延べ面積275m^{2}以上のものに設置

これらの改正後の規定について従前の41号通知に従い「みなし従属」の考え方を適用した場合、例えば延べ面積450m^{2}の共同住宅（(5)項ロ）の一部に床面積40m^{2}の(6)項ロに掲げる認知症高齢者グループホームが入居しても、防火対象物全体が(5)項ロとして取り扱われ、自動火災報知設備の設置義務は生じません。これでは、床面積40m^{2}でも自動火災報設備の設置が義務づけられることとなった(6)項ロとの間で不整合が生じてしまいます。

このため、この改正の際に、(6)項ロについては「みなし従属」が適用できないこととする通知が出されました（「特定施設水道連結型スプリンクラー設備等に係る当面の運用について」(平成19年(2007)12月21日付消防予第390号)、「消防法施行令の一部を改正する政令等の運用について」(平成21年(2009) 3月31日付消防予第131号))。

また、平成19年(2007) 1月に兵庫県宝塚市で発生したカラオケボックス火災を踏まえた消防法施行令の一部改正（平成20年(2008) 7月）では、令別表第1に(2)項ニに掲げる防火対象物として、「カラオケボックスその他遊興のための設備又は物品を個室（これに類する施設を含む。）において客に利用させる役務を提供する業務を営む店舗で総務省令で定めるもの」が追加され、同防火対象物については、面積にかかわらず全てのものに自動火災報知設備の設置が義務づけられました。このため、前述の(6)項ロの場合と同様の理由により、(2)項ニについては「みなし従属」が適用できないこととする通知が出されました（「消防法施行令の一部を改正する政令等の運用について」(平成20年(2008) 8月28日付消防予第200号))。

みなし従属を適用しないと

「みなし従属」が適用されない用途が含まれる防火対象物については、防火対象物全体が(16)項イとして扱われることになるため、当該用途に対する規制が強化されると、当該用途部分だけでなくそれ以外の部分にも強化された規制が及ぶことになり、過剰規制となってしまう可能性があります。

このため、施設の構造等により火災危険性が一定程度低減しているものについて、みなし従属適用除外部分以外の部分に設置される設備については、仮にみなし従属が適用できた場合と同等の設備の設置で足りることとする措置が講じられているものもあります

（例：スプリンクラー設備（消則13条1項1号、誘導灯（消則28条の2第1項4号）。

⑵項ニ及び⑹項ロに掲げる用途に対するみなし従属の適否については、それぞれの改正に係る運用通知で示されていましたが、その後も、平成25年(2013)12月に行われた消防法施行令の一部改正により⑸項イ、⑹項イ及び⑹項ハ（利用者を入居又は宿泊させるもの）に掲げる防火対象物については面積にかかわらず全てのものに自動火災報知設備の設置が必要（平成27年(2015)4月1日施行）とされ、また、平成26年(2014)10月に行われた消防法施行令の一部改正により令別表第1⑹項イ⑴及び⑵に掲げる防火対象物については、床面積にかかわらず全てのものにスプリンクラー設備の設置が必要（平成28年(2016)4月1日施行）とされるなど、同様の措置が必要になる改正が続きました。このため、平成27年(2015)2月27日に41号通知が改正（「令別表第一に掲げる防火対象物の取り扱いについて」の一部改正について」（平成27年(2015)消防予第81号）以下「81号通知」）され、次の防火対象物にはみなし従属が適用できないとして、包括的な措置がなされることになりました。

○みなし従属が適用できない用途；令別表第1⑵項ニ、⑸項イ、⑹項イ⑴～⑶、⑹項ロ、⑹項ハ（利用者を入居させ、又は宿泊させるもの）

小規模特定用途複合防火対象物

平成27年(2015)2月の81号通知（41号通知の改正）に合わせて、消防法施行規則についても一部改正が行われ、その中で新たに「小規模特定用途複合防火対象物」という概念が法令に位置づけられ、みなし従属適用除外部分以外の部分に対する消防用設備等の設置基準についての緩和措置が講じられています。

小規模特定用途複合防火対象物は、スプリンクラー設備を設置することを要しない階の部分等について規定されている消則13条1項2号で定義されています。ここでは、原則として防火対象物全体にスプリンクラー設備の設置が必要な「階数が11以上の令別表第1⒃項イに該当する防火対象物」について、従前の41号通知であればみなし従属が適用できる場合、「面積にかかわらずスプリンクラー設備の設置が必要となった部分」にのみ同設備を設置すれば、それ以外の部分には設置を要さない（ただし、11階以上の階には設置が必要）とされています。

この部分は読みにくいので、条文を分解して解読してみます。

第13条　令第12条第1項第3号の総務省令で定める部分❶は、
次のいずれかに掲げる部分とする。
二　小規模特定用途複合防火対象物❷（A）の次に掲げる部分以外の部分❸で10階以下の階に存するもの

イ　令別表第１(6)項イ(1)及び(2)に掲げる防火対象物の用途に供される部分
ロ　令別表第１(6)項ロ(1)及び(3)に掲げる防火対象物の用途に供される部分
ハ　令別表第１(6)項ロ(2)、(4)及び(5)に掲げる防火対象物の用途に供される部分（Ｂ）

Ａ：令別表第１(16)項イに掲げる防火対象物のうち、同表(1)項から(4)項まで、(5)項イ、(6)項又は(9)項イに掲げる防火対象物の用途に供される部分の床面積の合計が当該部分が存する防火対象物の延べ面積の10分の１以下であり、かつ、300m²未満であるものをいう。以下同じ。

Ｂ：第12条の３に規定する者❹を主として入所させるもの以外のもの❺にあっては、床面積が275m²以上のものに限る。

２つの（　　）内の文は、それぞれＡとＢとして、別書きしてみました。

Ａは、(16)項イに掲げる防火対象物の特定用途部分の合計床面積が従来であれば「みなし従属」の要件に適合していたものを「小規模特定用途複合防火対象物」とする、という意味です。

Ｂの❹で「第12条の３に規定する者」というのは、「介助がなければ避難できない者」のことです。従って、Ｂは、「介助がなければ避難できない者」が多い施設については床面積が275㎡未満でも対象となるが、「介助がなければ避難できない者」をあまり入所させていない施設については床面積が275m²以上のものだけが対象になる、と言っているのです。

さて、準備ができたところで、本条を上から順に解読してみましょう。

まず、❶の「令第12条第１項第３号の総務省令で定める部分」というのは、本来スプリンクラー設備を設置しなければならないとされる11階建て以上の特定防火対象物の部分のうち、スプリンクラー設備を設置しなくてもよいとされる「総務省令で定める部分」のことです。

第二号は、そのうち❷の「小規模特定用途複合防火対象物」について述べています。

❸の「次に掲げる部分」としてイ（(6)項イの(1)、(2)）、ロ（(6)項ロの(1)、(3)）及びハ（(6)項ロの(2)、(4)、(5)）が列挙されています。❸はそれら「以外の部分」としているので、第二号は、全体では、

「「小規模特定用途複合防火対象物」については、「(6)項イ(1)、(2)又は(6)項ロ(1)、(3)及び(6)項ロ(2)、(4)、(5)のＢ部分」についてはスプリンクラー設備を設置しなければならないが、それ以外の部分については、10階以下ならスプリンクラー設備を設置する必要はない。」と言っているのです。

自動火災報知設備については、消則23条４項１号へで規定され、従前の基準により

「みなし従属」が適用できる場合であれば自動火災報知設備の設置義務が生じない非特定用途として取り扱われていた防火対象物について、「面積にかかわらず自動火災報知設備の設置が必要となった部分」にのみ同設備を設置すれば、それ以外の部分には設置を要さないとされています。

避難器具については、みなし従属が適用できない用途が存することにより、新たに避難器具の設置が必要となる防火対象物であっても、小規模特定用途複合防火対象物であれば、同設備の設置を要しないとされています（消則26条6項）。

また、誘導灯については、消令26条全体が消令9条かっこ書きの対象とされているため、複合用途防火対象物に存する一の用途に着目して消防用設備等の設置を求めることができません。このため、小規模特定用途複合防火対象物については、地階、無窓階及び11階以上の階を除き、避難口誘導灯及び通路誘導灯の設置を要しないこととされています（消則28条の2第1項5号、2項4号）。

自動火災報知設備以下の3設備についても、スプリンクラー設備と同じように分解し、一つ一つ時間をかけて解読すれば、上記のような意味だとわかって来るのですが、それにしても難解です。過剰規制を防ぐためにはやむを得ないと思いますが、不満の一つも言いたくなるのは、私だけでしょうか。

第29講　高齢者福祉施設の火災危険と防火安全対策(12)

～統計から見る高齢者福祉施設の火災の状況～

昼夜別、構造別、訓練の有無別、スプリンクラー設備の有無別、規模別の火災被害の状況

これまで12回にわたって、高齢者福祉施設の防火安全対策の考え方と消防法令の改正の内容について見てきましたが、このシリーズのまとめとして、高齢者福祉施設の火災の状況を消防庁の火災報告データの分析を通して見てみます。

昼夜別に見た高齢者福祉施設の火災被害

この分析[1]は、消防庁火災報告データ[2]の平成8年(1996)～平成21年(2009)版を用い、高齢者福祉施設で発生した火災を抽出して行ったものです。本分析では、火元の業態の細分類番号[3]が**表29－1**に掲げるものを「高齢者福祉施設」としています。火災総数は790件です。

表29－1　本分析で「高齢者福祉施設」としたもの
（火災報告データで火元の業態の細分類番号が以下のもの）

報告年	細分類番号	火元の業態
1996年～2003年	8892	老人保健施設
	9041	老人福祉施設
2004年～2009年	7541	特別養護老人ホーム
	7542	介護老人保健施設
	7543	通所・短期入所介護施設
	7544	痴呆性老人グループホーム
	7545	有料老人ホーム
	7549	その他の老人福祉・介護事業

まず、出火時刻別火災件数を見てみましょう。昼夜の別については、ここでは高齢者福祉施設で調理または調理補助の職員が少なくなる20時～5時を「夜」、それ以外の時間帯を「昼」としています。**図29－1**は高齢者福祉施設の出火時刻別火災件数ですが、昼

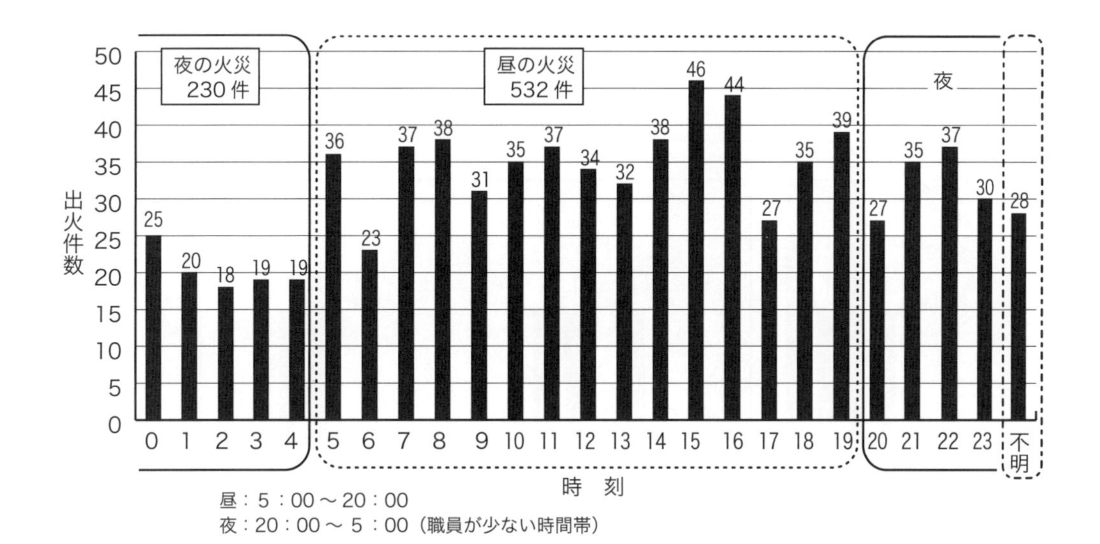

図 29 − 1　高齢者福祉施設の出火時刻別火災件数（1996 〜 2009　n = 790）
（作成　大野哲生）

に起こった火災は 532 件、夜に起こった火災は 230 件となっています。

図 29 − 2 は、昼夜別の時間あたり平均出火件数と平均焼損面積を見たものです。夜の火災は昼の火災に比べて時間あたりの発生件数は少ないのですが、平均焼損面積は倍以上になっていることがわかります。

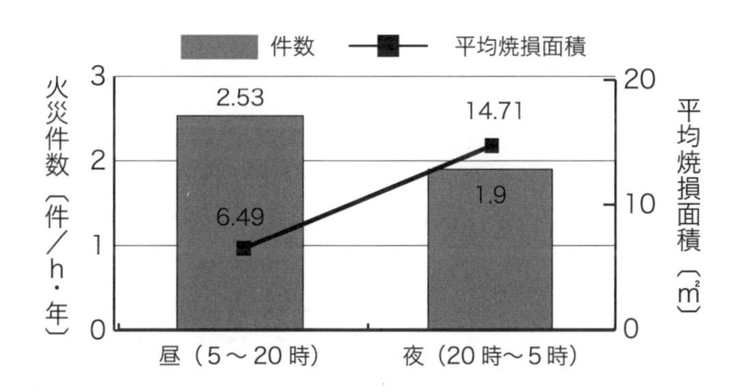

図 29 − 2　高齢者福祉施設の昼夜別 1 年当たり 1 時間当たりの出火件数と
昼夜別平均焼損面積（1996 〜 2009　n=762）（作成　大野哲生）

その理由は、夜に発生した火災は焼損面積が大きくなりがちなためです。焼損面積が 100㎡以上となった火災は、昼では 6 件（1.1%）ですが、夜では 10 件（4.3%）にもなっています（**図 29 − 3**）。また、その多くは木造施設の火災です（**図 29 − 4**）。

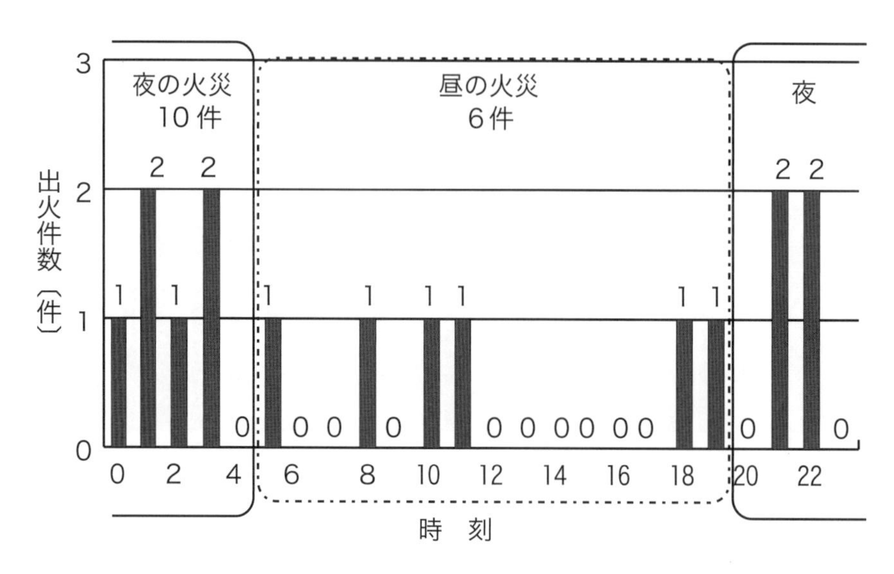

図 29－3　高齢者福祉施設の出火時刻別焼損面積 100㎡以上の火災件数
(1996～2009　n＝790)（作成　大野哲生）

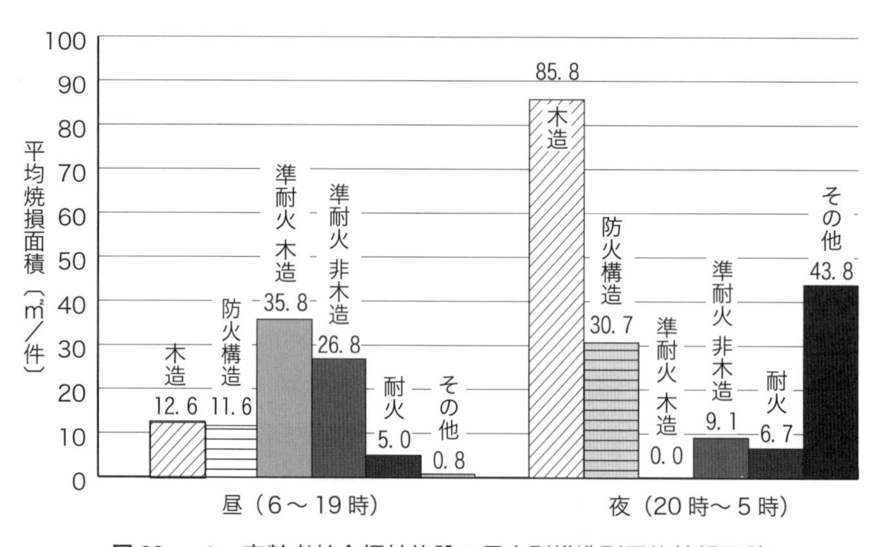

図 29－4　高齢者社会福祉施設の昼夜別構造別平均焼損面積
(1996～2009　n＝585)（作成　大野哲生）

訓練実施状況と火災被害との関係

図 29－5は、高齢者福祉施設の消火訓練の有無別に火災件数と平均焼損面積を示したものです。火災となった施設の 67％が消火訓練を年 1 回以上実施しており、消火訓練を実施している施設の焼損面積は、法令上防火管理義務がないか義務はあるが消火訓練を全く実施していない施設に比べてはるかに小さいことがわかります。

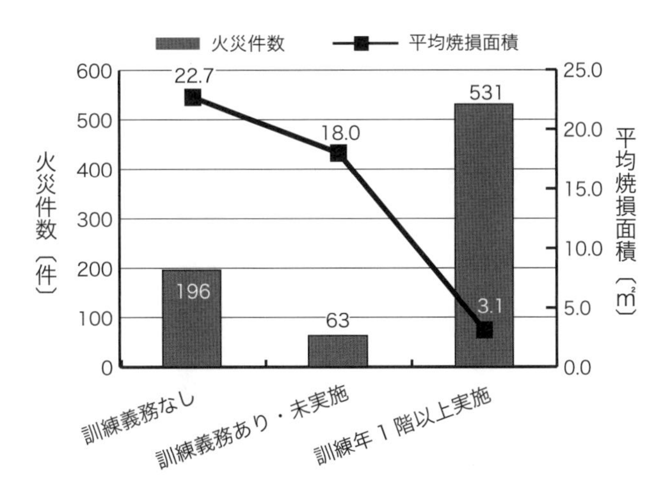

図29－5　高齢者福祉施設の消火訓練有無別火災件数と平均焼損面積
（1995～2009　n＝790）（作成　大野哲生）

小規模な高齢者福祉施設の火災の状況

これからの分析は、消防庁火災報告データ[2)]の平成23年(2011)～平成27年(2015)版を用い、高齢者福祉施設で発生した火災（建物火災のみ）を抽出して行ったものです。火元の業態の細分類番号は**表29－1**の2004年～2009年と同様です。分析データ数は393、うち出火建物の延べ面積が1,000m^2以上のものは253、80m^2～999m^2のものは140です。

延べ面積別・構造別に見たスプリンクラー設備等の設置及び作動の状況

延べ面積1,000m^2以上の施設（**図29－6**）でみると、253件中198件（78％）の火災については出火建物にスプリンクラー設備（パッケージ型自動消火設備を含む　以下「ＳＰ等」）が設置されており、そのうち60件（30％）はＳＰ等が作動しています。高齢者福祉施設のうち延べ面積1,000m^2以上のものについては、昭和63年(1988)４月以降、原則としてＳＰ等が設置されることになっていますが、分析対象とした「高齢者福祉施設」のうち就寝施設がないものや平屋建てのものについては対象外だったため、ＳＰ等が設置されていない施設も見られます。また、出火建物が耐火構造だったものは253件中230件（91％）あり、延べ面積が1,000m^2以上の施設の場合、多くは耐火構造でかつＳＰ等が設置されています。

ＳＰ等が設置されている施設で火災が発生した場合、ＳＰ等が作動した場合の焼損面積は全て０m^2、作動しなかった場合でも焼損面積は０～１m^2で、いずれにしろ大きな被害は生じていません。耐火構造の施設でＳＰ等が設置されている179件中４件、ＳＰ作動53件中２件は、パッケージ型自動消火設備です。

同様に、延べ面積999m^2以下の施設について見てみたのが**図29－7**です。延べ面積80m^2以上999m^2の高齢者福祉施設の火災件数は140件、そのうちＳＰ等が設置されて

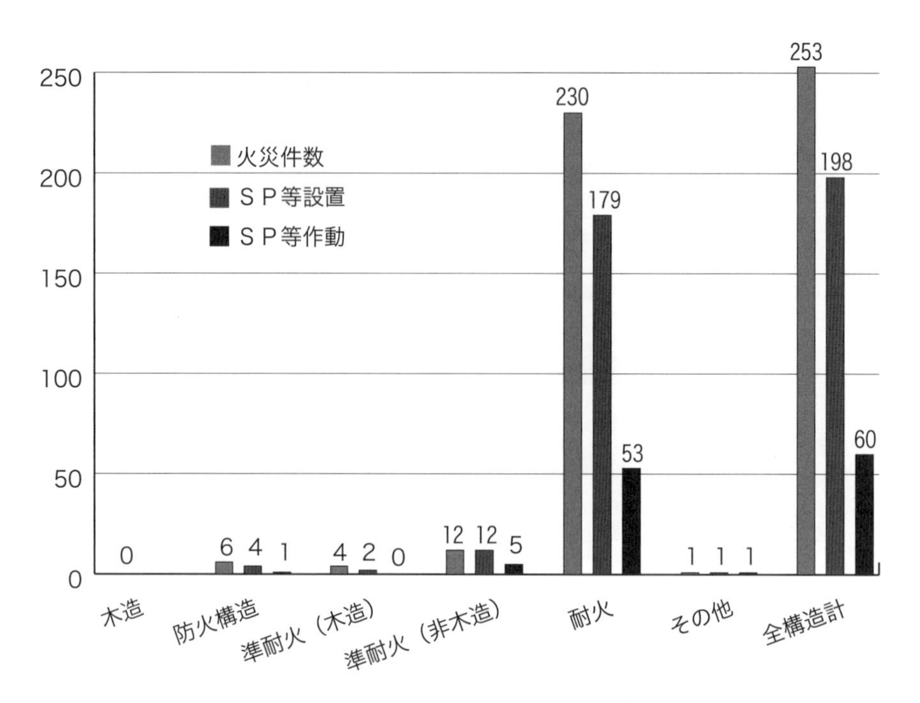

図 29－6　高齢者福祉施設の火災件数とスプリンクラー設備（ＳＰ）等設置数・作動数
（延べ面積（1,000m²～）別・構造別）（2011 ～ 2015　n＝253）

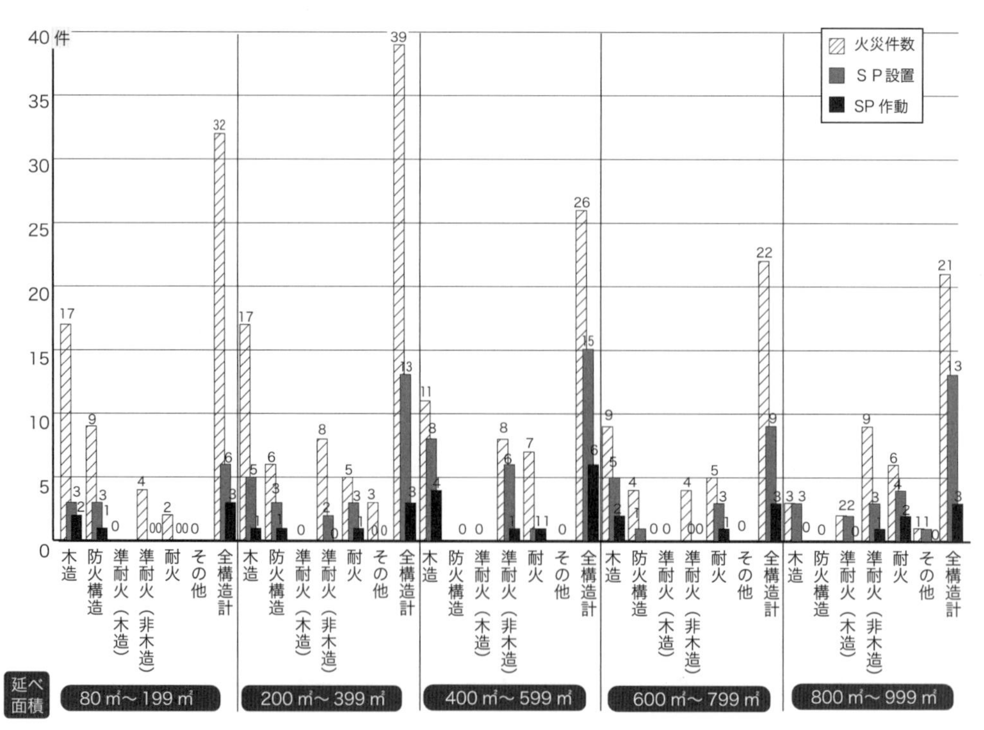

図 29－7　小規模高齢者福祉施設の火災件数とスプリンクラー設備（ＳＰ）等設置数・作動数
（延べ面積（80㎡～ 999㎡）別・構造別）（2011 ～ 2015　n＝140）

いた施設数は 56 件（40％）で、火災の際にＳＰ等が作動したものは 18 件（32％）です。ＳＰ等が作動したものは１件を除き焼損面積０～１ m^2 です。１件については 34m^2 焼損しています（**図 29 －８**）が、詳細は不明です。

延べ面積 275m^2以上の施設については、平成 24 年(2012) ４月以降原則としてＳＰ等が設置されることになっていますが、分析対象とした「高齢者福祉施設」のうち就寝施設がないなど一部のものは対象外ですし、また区画性能が高いなど一定の要件を満たしたものについては設置が免除されています。このためか、延べ面積 400m^2以上のものでもＳＰ等が設置されていないものがかなり見られます。また、平成 27 年(2015) ４月以降、小規模な施設についても原則としてＳＰ等が設置されることになりましたが、遡及期限が平成 30 年(2018) ３月であったこともあり、この火災報告データが報告された平成 27 年(2015) 末の時点では、延べ面積 275m^2未満の施設でＳＰ等が設置されているものはあまり多くありません。

延べ面積別・構造別に見た焼損面積

図 29 －８は、延べ面積別・構造別に高齢者福祉施設の火災１件あたりの焼損面積を見たものです。

この図から、以下のことが言えます。

① 延べ面積 1,000m^2以上の施設の火災１件当たり焼損面積は極めて小さい。

② 延べ面積 1,000m^2未満の施設については、概ね、延べ面積が小さいほど平均焼損面積が大きくなる傾向があるが、耐火構造の施設でも焼損面積が大きい火災もある。

図 29 －７から、①の理由は、延べ面積 1,000m^2以上の施設の多くは耐火構造でかつＳＰ等が設置されているためだと考えられます。

また、②の理由は、小規模なものほど木造や防火木造の施設の火災が多くなることと、この時点ではまだＳＰ等の設置比率が低かったためだと考えられます。

以上をまとめると、以下のことが言えます。

① この種の施設で夜間に火災が発生すると、昼間に比べて被害が大きくなり、特に木造の場合は著しい。

② 訓練を行っていない施設は訓練を行っている施設に比べて、焼損面積が遙かに大きい。

③ 延べ面積 1,000m^2以上の施設については、耐火構造でかつＳＰ等が設置されているものが多いため、火災が発生しても大きな被害は生じていない。

④ 延べ面積 1,000m^2未満の施設については、小規模なものほど、木造や防火構造の施設の比率が高くなり、かつ当時はまだＳＰ等の設置率が低かったため、火災１件当たりの焼損面積は大きくなる傾向がある。

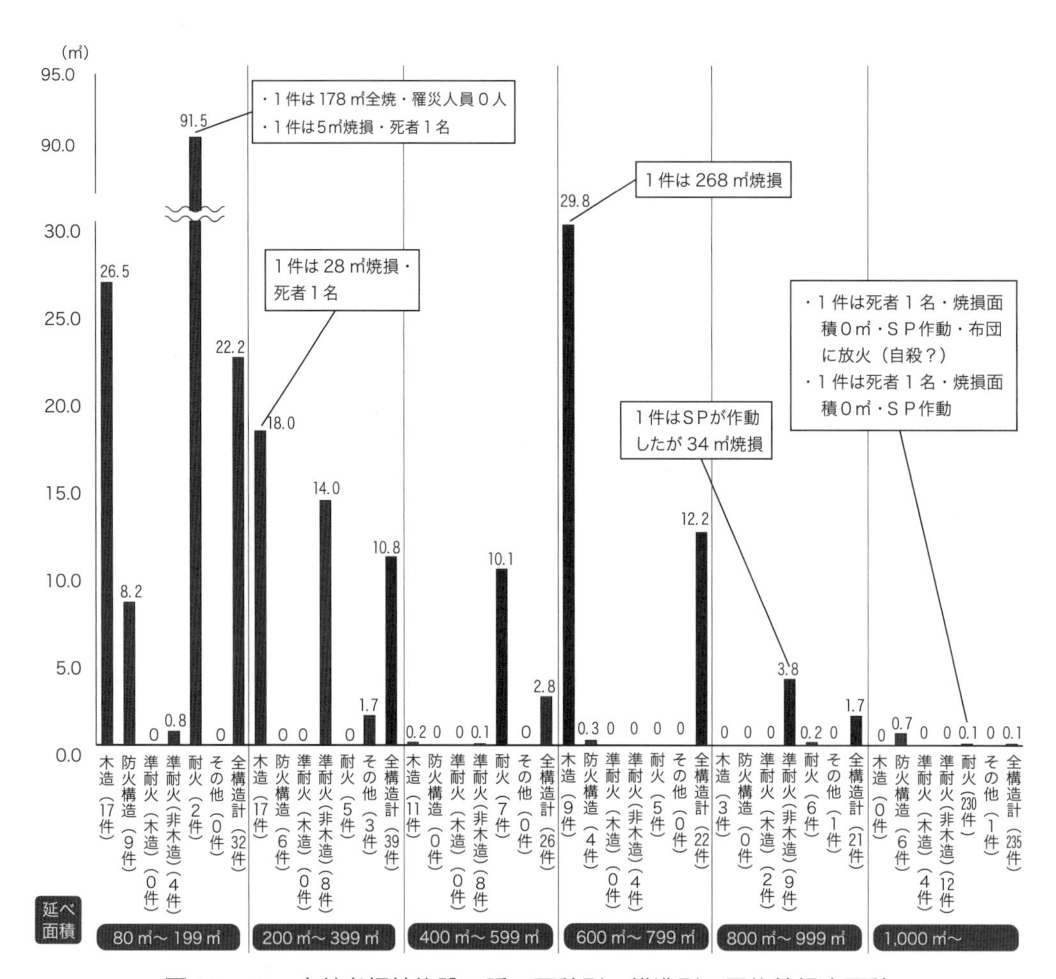

図29－8　高齢者福祉施設の延べ面積別・構造別の平均焼損床面積
（2011 ～ 2015　n ＝ 393）

1)　大野哲生、高齢者福祉施設における火災被害の状況、東京理科大学国際火災科学研究科2013年度修士論文（「訓練実施状況と火災被害との関係」及び 「初期消火手段別件数と消火効果」も同様）

2)　総務省消防庁、火災報告

3)　防災行政研究会、『火災報告取扱要領ハンドブック』、東京法令出版、8訂版、11訂版

第30講　病院・診療所の火災危険と防火安全対策（1）

～病院・診療所の火災事例と火災危険～

木造病院と精神病院の火災危険と対策

病院・診療所の火災は、昭和40年代までは多数の死者を伴うものが多く、特に木造・防火木造の施設と精神病院等の火災で顕著でした。その後、病院・診療所について消防法令上規制強化がなされ、木造等の施設が減少したこともあって、全体としては安全性が高まっています。

死者を伴う病院・診療所の火災

前講まで12回にわたって高齢者福祉施設の防火安全対策について見てきましたが、本講から、高齢者福祉施設と類似の火災危険性を持つと考えられる病院・診療所の火災について考えてみます。

表30－1は、5人以上の死者が出た病院・診療所の火災を整理したものです。診療所とは、病床数が19床以下の医療施設で医師や歯科医師がいるもののことです。以下、病院・診療所を合わせて「病院等」といいます。

表30－1　主な病院・診療所の火災（死者5人以上）

No	出火年月	出火場所	事業所名	死者	構造・階数
1	昭和30年(1955)6月	千葉県市川市	式場精神病院　※	18	木1/0
2	昭和35年(1960)1月	神奈川県横須賀市	衣笠病院	16	木2/0
3	昭和35年(1960)3月	福岡県久留米市	国立療養所　※	11	
4	昭和35年(1969)10月	愛知県守山市	精神科香流病院　※	5	防1/0
5	昭和37年(1962)1月	東京都狛江市	佐藤病院	7	防2/0 木一部2/0
6	昭和39年(1964)3月	兵庫県伊丹市	常岡病院	9	木2/0
7	昭和44年(1969)11月	徳島県阿南市	阿南市精神病院　※	6	防1/0
8	昭和45年(1970)6月	栃木県佐野市	秋山会両毛病院　※	17	木1/0
9	昭和45年(1970)8月	北海道札幌市	手稲病院	5	

10	昭和46年(1971) 2月	宮城県岩沼町	小島病院　※	6	耐 一部木 2/0
11	昭和48年(1973) 3月	福岡県北九州市	済生会八幡病院	13	耐 一部防 5/1
12	昭和52年(1977) 5月	山口県岩国市	岩国病院	7	耐 3/0 一部木 2/0
13	昭和59年(1984) 2月	広島県尾道市	宏知会青山病院　※	6	木 1/0
14	平成25年(2013) 10月	福岡県福岡市	安部整形外科	10	耐 4/0

(消防白書平成28年(2016)版及び消防防災博物館特異火災事例より作成　※は精神病院等)

これを見ると、

① 木造、防火木造又はそれらと耐火造との混合構造が大半を占めていること

② 精神病院が半数を占めていること

③ 平成25年の安部整形外科医院以外は全て病院であること

④ この種の火災は、昭和60年(1985)以降は安部整形外科医院の火災まで30年間起こっていなかったこと

などがわかります。

木造・防火造の病院等の火災

現行の建基法27条では、病院等は、3階以上の階を当該用途に供するか、当該用途に供する2階の部分の合計床面積が300m²以上で当該部分に患者の収容施設がある場合には、「耐火建築物等」としなければならないとされています。

昭和25年(1950)の制定時には、この条文は「建築物の3階以上の階を……、病院、……の用途に供するもの」は主要構造部を耐火構造としなければならない、とされていました(同条3号)が、昭和34年(1959)12月23日以降は、現行とほぼ同様の内容となっています。

したがって、病院等は、昭和34年(1959)以前は、2階建て以下なら建基法21条(大規模の建築物の主要構造部)による制限(延べ面積3,000m²)までは木造や防火木造で建てることができたということになります。**表30－1**にあるような防火上脆弱な構造の病院等の多くは、そういう古い既存不適格建築物で、その後次第に減少して今に至っているものと考えられます。このような木造・防火造の病院等は、現在、どの程度残っているのでしょうか?

昭和59年(1984)2月に火災になった広島県尾道市の青山病院などは木造平屋なので、今でも合法的に建てられますが、そのような木造病院等は現在でも建てられ続けているのでしょうか?

図30－1は、木造又は防火造の病院等の火災件数と病院等の火災に占める比率の推移を見たものです。この図を見ると、病院等の火災における木造又は防火木造の病院等の火災の比率は、

① 昭和40年(1965)代の半ば頃は、全病院等の火災の70～80%を占めていたこと

② 昭和 40 年代後半から(1970年以降)急速に減少し、昭和 55 年(1980)前後に 50%を切り、その後も急速に減少したこと

③ 平成 7 年(1995)(奇しくも阪神淡路大震災の年) 以降は 10%前後で推移していること

などがわかります。

病院等の火災における木造・防火造の病院等の火災の比率は、その時の病院等の構造比率を反映していると考えることができますので、現在では、木造・防火造の病院等の比率も 10%前後だと考えてよさそうです。

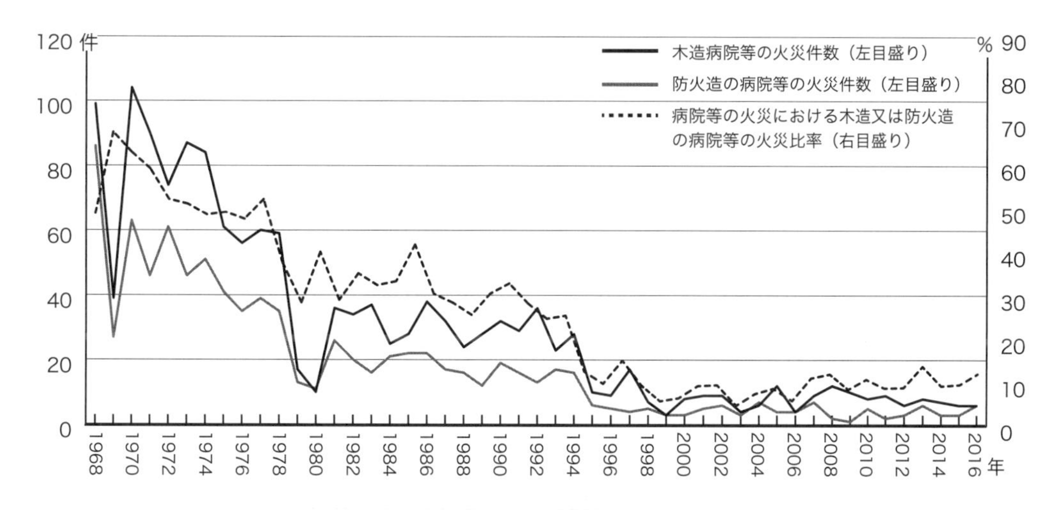

図 30 － 1　木造又は防火造の病院等の火災件数と病院等の火災における比率の推移（1968 ～ 2016）　（消防庁火災年報より作成）

また、**図 30 － 2**は、病院等の火災 1 件当たりの焼損面積の推移と、木造の病院等の火災件数の推移を対比させて見たものです。木造病院等の火災件数が減少するのに比例して、火災 1 件当たりの焼損面積が減少しています。木造病院等のストックが少なくなるに連れてその火災件数も減少し、結果的に病院等全体の平均焼損面積が減少してきたことがわかります。

精神病院の火災

火災の歴史を見る限り、多数の死者を伴う火災が発生した病院等の多くは精神病院です。精神病院等については、「精神保健及び精神障害者福祉に関する法律（昭和 25 年(1950) 5 月制定時は、「精神衛生法」という名称でしたが、平成 7 年 5 月に人権的視点から改正され、名称も現行のように改正されました。)」36 条に基づき、必要なら隔離等の行動制限を行うことができるとされています。そのような状況で火災が発生し、その病棟が木造や防火木造であれば、死者がたくさん出てしまうことも理解できます。

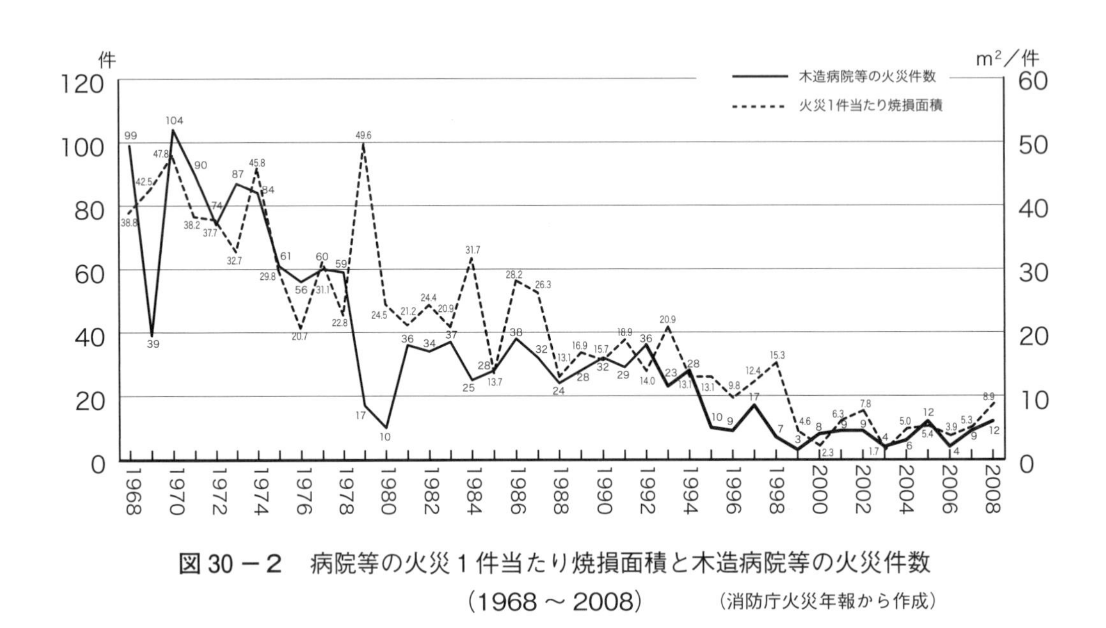

図 30 － 2　病院等の火災 1 件当たり焼損面積と木造病院等の火災件数
(1968 ～ 2008)　（消防庁火災年報から作成）

これについては、昭和 45 年(1970) 6 月の栃木県佐野市の両毛病院火災のあと、「精神病院等の防火安全対策及び一斉点検の実施について」という消防庁予防課長通知（昭和 45 年(1970) 7 月 10 日消防予第 147 号）が発出され、「第 1　精神病院の防火安全対策」として、**表 30 － 2** のような対策が列挙されています。

表 30 － 2　精神病院等の防火安全対策及び一斉点検の実施について
（昭和 45 年（1970）7 月 10 日消防予第 147 号消防庁予防課長通知）第 1　精神病院の防火安全対策

1	火災予防上の見地からみて危険な木造建築物は、耐火建築物に改築する等の指導を行うこと。
2	重症患者を収容する室は、できるだけ火災危険の少ない場所に設け、避難を容易にするための方策を講じること。
3	閉鎖病棟にあっては、鍵の種類を統一し出入り口を外部からも解錠できるようにすること。
4	火気使用設備、喫煙等火気の管理については一層その徹底を期すること。
5	病院内の通報設備の充実、夜間又は休日等の応援体制、避難誘導体制の強化をはかること。
6	特に避難誘導訓練は、できるだけ数多く実施し、この場合夜間においても実施するよう指導すること。

当たり前のことばかりのような気もしますが、現時点でこれ以上の方策を考えても、自動火災報知設備の設置とそれに連動した自動通報、電子錠の自動解錠、それにスプリンクラー設備の設置くらいしか思いつかないくらい、これらは基本事項だと思います。この通知のあと、昭和 46 年(1971) 2 月の小島病院の火災と昭和 59 年(1984) 2 月の青山病院の

火災以外はこの種の火災は発生していませんので、かなり効果があったのではないかと思います。

なお、「精神病院の消防用設備等の設置について（昭和 50 年(1975) 7 月 12 日消防安第 84 号消防庁安全救急課長通知)」という通知もあります。これは、患者の特性によっては消防用設備等を基準どおりに設置することが適当でないこともあることから、そのような場合には消令 32 条を適用しても差し支えないとしたもので、読んでみると、「なるほどこの種の施設には、様々な方面から考える必要があるんだな」と気づかされます。

第31講　病院・診療所の火災危険と防火安全対策（２）

～病院・診療所の火災の特性と防火安全対策～

病院・診療所の火災特性と消防用設備等規制強化の効果

病院・診療所（以下「病院等」）は、火災特性から見るとその潜在的人命危険性は極めて高いのですが、消防用設備等の遡及適用期限（昭和54年(1979) 3月）前後から火災による死者数はほとんど年間数人程度に収まっています。

病院等の火災の特性

前講で、病院等の火災危険性はかなり克服されて来ていると分析しましたが、もちろんその潜在的な火災危険性が減少しているわけではありません。**表31－1**は、以前、看護師長さんたちの研修会の講師を務めたときのディスカッションから得た知識などをもとに、病院等の火災特性を整理したものです[1)]。非常時における看護師さんたちの対応能力の高さなど、有利な点もありますが、他の施設に比べて火災予防上極めて不利であることは否めません。

表31－1　病院等の火災特性

利用者の特性	自力避難困難者が存在していること
	就寝施設であること
	外来患者、見舞客など、避難経路に不案内な者が存在していること
	手術中、検査中、集中看護中など、すぐ避難できない場合があること
建築構造上の特性	病室、診察室以外に手術室、検査室など様々な用途の室が設けられ、内部構造や避難動線が複雑であること
	増改築を繰り返し、複雑な平面計画を有したり、複数の建物が複雑に連結されたりして、迷路状になっているものがあること
	大病院では古い病棟が残され、そこに長期療養の寝たきりのお年寄りらを入院させている場合があること
	精神病院の場合は、すぐに避難できない構造になっているものがあること
使用形態上の特性	廊下が待合室、看護・食事等のサービス動線、患者・見舞客のアクセス導線、手術・検査等の移動動線など、様々な目的で複雑に使われており、避難経路としては極めて障害が多いこと

	長期の付添人のための自炊施設が付設されるなど、火気管理上注意すべきものがあること
	外部の者が入り込みやすく、無人の部屋なども多いため、放火されやすいこと
職員の特性	入院患者数に比べ、夜間の職員数が少ない場合があること
	看護師は職業がら、非常時に沈着冷静な行動ができる潜在能力が高いこと
	非常時のリーダーは医師が務めることが多いが、夜間は若い研修医しかおらず、経験、自覚が不足している場合があること
その他	アルコール等の引火性の危険物品、医薬品、高圧ガス等が貯蔵・取り扱いされており、地震時の混触発火など火災危険性が高いこと

出火箇所と出火原因

図 31 － 1 は、消防庁火災報告データ（2012 ～ 2016）から、病院等の火災の出火箇所に関するデータを抜き出して整理したものです。有効データ数は 522 件です。

これを見ると、出火箇所として最も多いのは病室（117 件　22.4％）で、火気を使用する「調理場・台所・湯沸かし室」（37 件　7.1％）は第 2 位ですが、病室とはだいぶ差があります。第 3 位の便所（35 件　6.7％）、第 4 位の「玄関・廊下・階段室」（28 件　5.4％）はいずれも火気のないところですので、放火や電気火災が疑われます。

図 31 － 2 は、病院等の出火原因別火災件数を見たものです。予想どおり、「放火・放

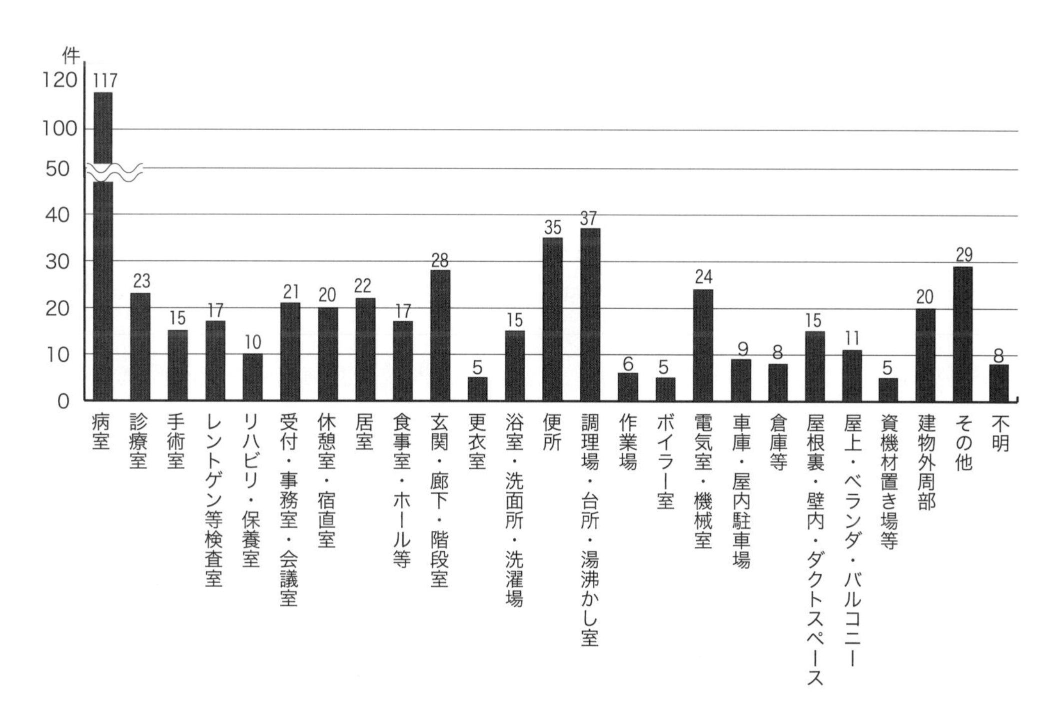

図 31 － 1　病院等の出火箇所別火災件数（2012 ～ 2016）

消防庁「火災報告データ」より作成（n ＝ 522）

火の疑い」が最も多く158件（30.3%）となっており、第2位が「電気による発熱」で111件（21.3%）、次いで「使用方法の誤り」79件（15.1%）などとなっています。

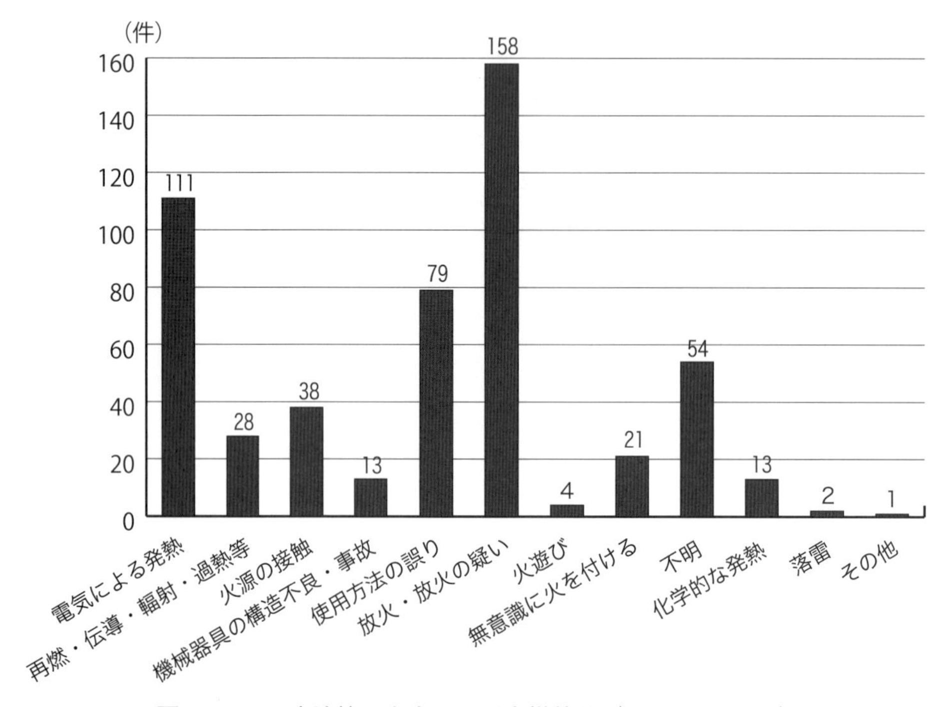

図31－2　病院等の出火原因別火災件数（2012～2016）
消防庁「火災報告データ」より作成（n＝522）

図31－3は、病院等の火災における出火箇所と出火原因との相関を見たものです。出火箇所として最も多い病室の出火原因としては、「放火・放火の疑い」が飛び抜けて多く（117件中65件）、「無意識に火をつける」（13件）と合わせて78件（66.7%）となっています。病室における「電気による発熱」は「使用方法の誤り」と同じく11件（9.4%）となっています。

便所から出火した35件の火災のうち28件（80.0%）、「玄関・廊下・階段室」から出火した28件の火災のうち16件（57.1%）が「放火・放火の疑い」によるものです。

「電気による発熱」を出火原因とする火災は111件（21.3%）で第2位となっていますが、出火箇所は、**図31－3**に見るように分散しています。電気を使う場所はどこでも同じような出火危険があるということだと思います。

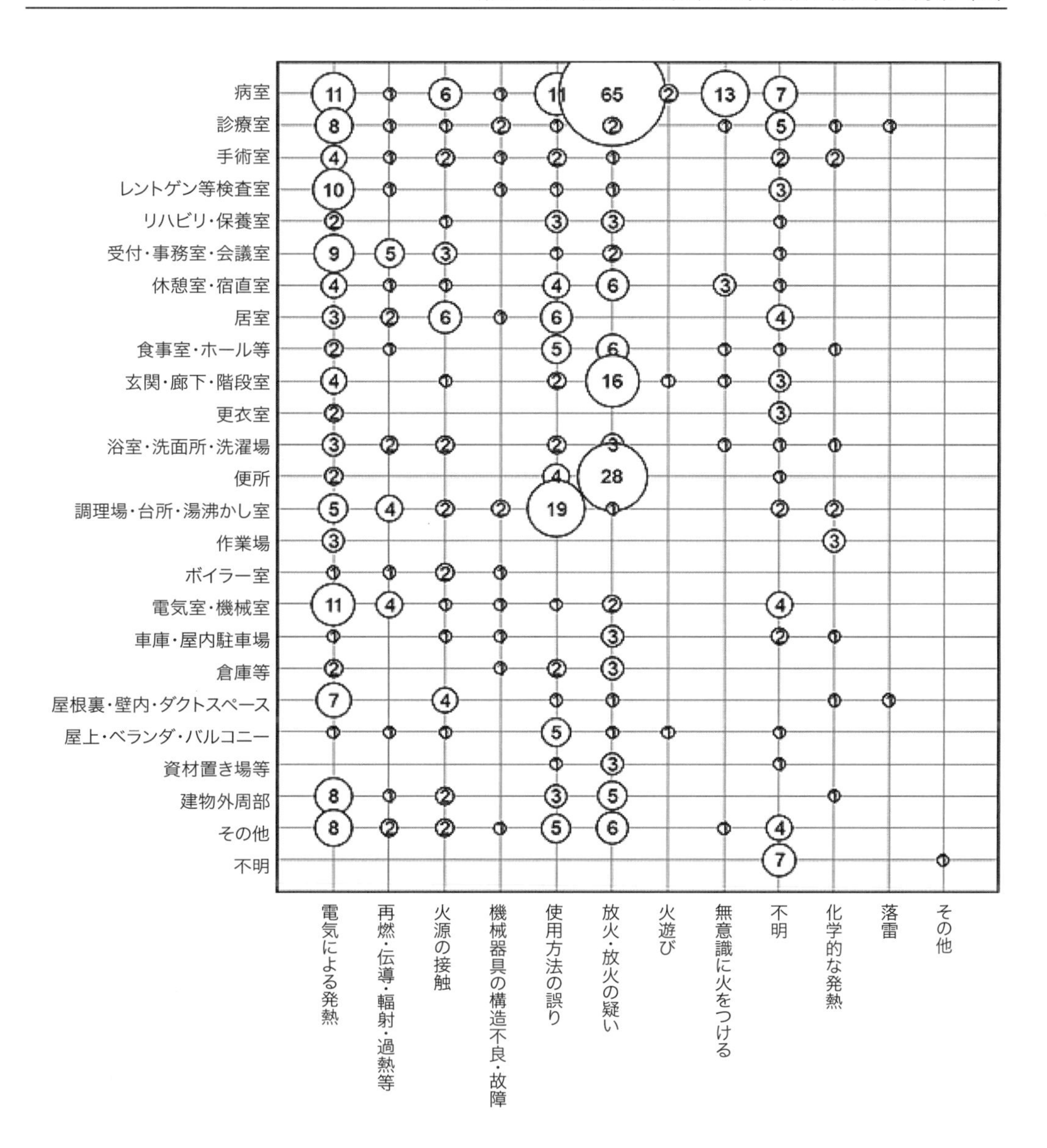

図 31 － 3　病院等火災の出火箇所と出火原因との関係（2012 ～ 2016）

消防庁「火災報告データ」より作成（n=522）

火災に伴う消防用設備等の規制強化

病院等については、初めに述べたような潜在的火災危険性と、実際にも多くの死者を伴う火災が繰り返し起こっていたことを背景に、消防用設備等については何度か規制強化が行われています。

病院等に関する規制強化で特筆すべきは、昭和 44 年(1969) 3 月の消令 34 条の改正です。この改正では、消令別表第 1 (5)項イ（旅館・ホテル等）と(6)項イ（病院等）（以下、「消令別表第 1 」は省略）について、自動火災報知設備（以下「自火報」）の設置規制が遡及適用されました（第５講参照）。この改正は、徳島県阿南市精神病院火災（死者６名　昭和44年(1969)11月）の前になされています。

図31－4は昭和42年(1967)から平成27年(2015)までの病院等火災の件数と死者数の推移を表したものです。これを見ると、昭和44年(1969)からの自火報の遡及適用の後で、死者数が急速に減り始めたことがわかります。また、前号の表**30－1**からは、この改正の遡及期限（昭和46年(1971)３月）以降、多数の死者が出る病院等の火災が、それまでに比べて激減していることもわかります。

消防法令上、病院等に関する最も大きな規制強化は、もちろん昭和49年(1974)６月の特定防火対象物に対する全消防用設備等の設置基準の遡及適用です。**図31－4**を見れば、遡及期限である昭和54年(1979)からみごとに火災による死者が減少期に入っていることがおわかりいただけると思います。

もう一つは、昭和63年(1988)１月に行われた消令12条の改正で、病院（診療所は含まれていないことに注意）に関するスプリンクラー設備の設置基準を延べ面積6,000m^2以上から3,000m^2以上に強化したものです。この改正は、特別養護老人ホーム「松寿園」の火災（昭和62年(1987)６月　死者17名）を契機として⑹項ロのスプリンクラー設備設置基準が延べ面積6,000m^2以上から1,000m^2以上に規制強化された時に（第18講参照）、類似の危険性を有するものとして、同時に強化されました。これ以後、延べ面積

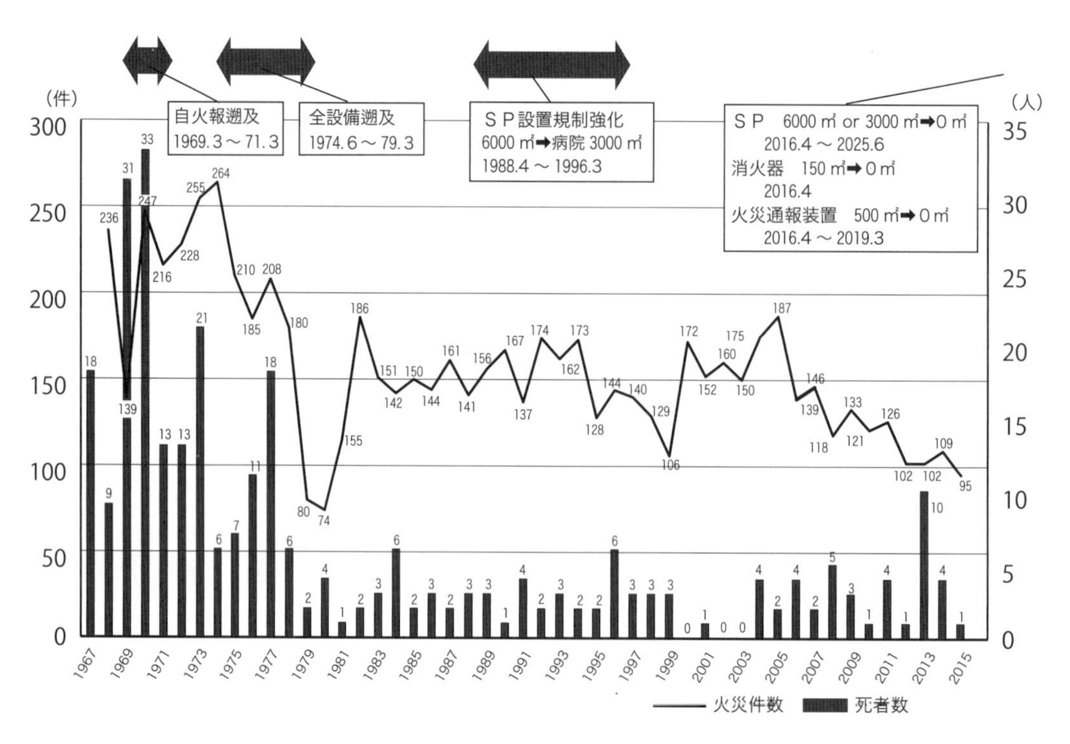

図31－4　病院等火災の件数と死者数（1967～2015）
（消防白書から作成）

3,000m²以上の病院で、多数の死者を出す火災は発生していません。

福岡市安部整形外科医院の火災に伴う規制強化

以上の改正は、いずれも特定の病院の火災に起因した改正ではありませんでしたが、最近では、平成25年(2013)10月の福岡市安部整形外科医院の火災（死者10名）に伴い、病院及び有床診療所について、平成26年(2016)10月に、以下の政令改正がありました(施行は平成28年（2016）4月1日)。

- ・消火器等の設置基準（消令10条1項1号イ）を延べ面積150m²以上から、どんな小規模のものにも設置するよう強化
- ・スプリンクラーの設置基準（消令12条1項1号イ）を、病院は延べ面積3,000m²以上、診療所は同6,000m²以上から、どんな小規模のものにも設置するよう強化（遡及期限　平成37年(2025)6月30日）
- ・自火報の設置基準（消令21条1項1号イ）を延べ面積300m²以上から、どんな小規模のものにも設置するよう強化
- ・消防機関へ通報する火災報知設備の設置基準（消令23条1項1号）を延べ面積500㎡以上から、どんな小規模のものにも設置するよう強化

上記では簡略化のため「病院及び有床診療所」と書きましたが、実は、上記改正に合わせて平成27年12月に消令別表第1が改正され（施行は上記改正と同じ平成28年(2016)4月1日)、(6)項イは(1)から(4)の4つの区分に細分化されました。スプリンクラー設備の設置に係る規制強化は、特に火災の際の人命危険性の高い(1)と(2)に限って行われ、その他の規制強化は(1)～(3)を対象に行われています。(1)・(2)と(3)とを区分するため、病院の実態に合わせて(i)、(ii)などの細かい判断基準が設定されていますので、注意する必要があります。なお、(4)の無床の診療所と助産所は、これらの規制強化の対象外とされました。

また、平成28年(2016)2月に消則25条3項5号が改正され、(6)項イの(1)又は(2)に設ける火災通報装置については、(6)項ロと同様、自火報の感知器の作動と連動して起動することが義務づけられています。

1)　小林恭一、病院火災の実態と防火安全対策、周産期医学　Vol.18,No9,1988-9

第32講　共同住宅特例基準と特定共同住宅省令(1)

～共同住宅特例基準の位置づけと最初の特例基準(昭和36年(1961))～

耐火構造の防火区画により消防用設備等の設置免除

共同住宅特例基準は、昭和36年(1961)の消防法施行令制定直後から運用され、日本の共同住宅の防火安全の確保に多大な貢献をしてきました。一方で、二方向避難・開放型住戸を推奨して特徴的な形状の共同住宅の建設を誘導し（**図32－1参照**）、ひいては日本の都市景観に大きな影響を与えてきましたが、性能規定化により特定共同住宅省令に移行しました。その考え方や経緯、果たした役割などについて、5回にわたって解説します。

図32－1　共同住宅特例基準を適用した典型的な共同住宅（戸山ハイツ）

共同住宅の火災危険と防火法令

共同住宅は、戸建て住宅の集合体のような特性を持っていますが、就寝施設であり、老人や乳幼児などの災害時要援護者も住んでいるなど、本来、高い潜在的火災危険性があります。このため、消防法令上は、令別表第1(5)項ロとして、旅館・ホテル等と類似の特性を持つグループに分類されています。また、建築基準法上も、高い火災危険性を有すると位置づけられる「特殊建築物」として、法別表第1（2項）に旅館・ホテル・病院などと同じグループに分類されています。

中廊下タイプでバルコニーもない（廊下が火煙で汚染されると避難が困難になる）ホテルのような形状の共同住宅を建設することは、建築基準法上可能なので、共同住宅にかかる消防用設備等の技術基準は、基本的には、旅館・ホテル等と類似の火災危険性を前提として定められています。

共同住宅の火災予防上の特性

一般に、自動火災報知設備や屋内消火栓設備などの消防用設備等により防火安全性を確保しようとすると、防火対象物の関係者がその使用方法を熟知し、訓練を行い、維持管理等も確実に行うことが必要ですが、一般的な共同住宅の場合、これらが確実に実施されると期待することは事実上難しい面があります。

一方で、施設利用者（居住者）が避難経路を熟知していることを期待できるため、延焼防止性能が高く、廊下・階段やバルコニーを利用して安全に避難するルートが確保される設計となっていれば、消防用設備等に、旅館・ホテル等ほど大きな役割を要求する必要はないのではないかという考え方も成り立ちそうです。

共同住宅特例基準

消防法では、以上のような事情を踏まえ、以前は、共同住宅にかかる消防用設備等の設置基準について、本則で旅館・ホテル等に類似した規制を課した上で、消防庁予防課長通知で防火区画性能や避難安全性能等にかかる一定の基準を示し、この基準をクリアしたものについては、所轄の消防長又は消防署長の判断と責任において消令32条を適用し、本則とは異なる緩和基準を適用しても差し支えないこととしてきました。これらの基準が、いわゆる「共同住宅特例基準」と言われるものです。

共同住宅が、その構造や設計によって潜在的火災危険性に大きな違いがあり、消防用設備等の設置の必要性や設置方法にも影響するのであれば、本来、そのような考え方を本則の中に取り込むのが筋ですが、以下の理由から困難でした。

① 本則が消防用設備等の種類ごとに規定されている（防火対象物の用途ごとに規定されていない）ため、特定の用途について横断的に特別の規定を置くことは難しいこと
② 共同住宅の構造や設計についてはバリエーションが多様かつ複雑過ぎて、本則の中では表現しきれないこと
③ たとえ表現できたとしても、そのような規定ぶりは他の用途と著しくバランスを欠くこと

このため、長く「予防課長通知に基づく消令32条の適用」という、やや変則的な方法論をとってきました。

共同住宅特例基準の改正の歴史

共同住宅特例基準は、共同住宅の構造や設計による防火安全性能を、消防用設備等の設置の要否や設置方法等に反映させたものであるだけに、共同住宅の大規模化、高層化、多様化、住戸の大型化、他用途との複合化などが進むと、特例基準と現状とが大きく乖離して来ます。

このため、最初の特例基準が示された昭和36年(1961)以降、**表32－1**のとおり、ほぼ10年ごとに見直しと改正が行われてきました。

表32－1　共同住宅特例基準の変遷と特定共同住宅等省令

名　称	交付年月	内　容
118号通知	昭和36年 (1961) 8月	・最初の特例基準 ・区画が確実なら1戸ごとに設備規制を適用（消令8条的手法） ・1住戸70㎡以内（3階以上の階にある住戸）
49号通知	昭和50年 (1975) 5月	・高層化、住戸の大型化に対応 ・二方向避難・開放型の概念の登場 ・設備ごとの基準 ・1住戸100㎡以内（3階以上の階にある住戸）
190号通知	昭和50年 (1976) 12月	・49号通知の運用基準 ・二方向避難・開放型住戸の判断基準を具体的に明示 ・日本の共同住宅の形態に大きな影響
170号通知	昭和61年 (1986) 12月	・住戸の大型化、光庭などの多様化に対応 ・住戸規模制限撤廃 ・住戸用自火報の設置が条件 ・49号通知と併用
220号通知	平成7年 (1995) 10月	・49号通知と170号通知の一本化 ・スプリンクラーと自火報は設置が原則、免除は例外 ・スプリンクラーの設置免除基準を明確化
特定共同住宅省令・告示	平成17年 (2005) 3月	・性能規定化（政令29条の4）に基づく省令と告示 ・特例基準は廃止 ・内容は220号通知と同様

当時の通知内容を入手することは難しいと思いますので、私が東京理科大学の火災科学研究センターのホームページに作った「消防法令改正経過検索システム」の「その他」→「重要消防庁通達・通知文」→「3　共同住宅特例基準関係」に全てアップしておきました。興味のある方はご覧ください。

最初の基準　118号通知（昭和36年(1961) 8月）

最初の共同住宅特例基準は、昭和35年(1960) 7月に改正された消防法の施行日（昭和36年(1961) 4月1日）からわずか4ヶ月後に、公営住宅や公団住宅の建設主体と連携をとって作成され、公営住宅等における防火管理者の選任に関する特例運用の方法などとともに「消防法の一部改正に伴う共同住宅の取扱について」として通知されました。

通知の内容は、その後の基準と比べると遙かに簡明で、**表32－2**の要件を満たした共同住宅については、戸建て住宅と変わらないと考えて消火器、屋内消火栓設備、自動火災報知設備、非常警報設備、避難器具等の設置を免除できるとしていました。これが消令8条に似た考え方であることはおわかりでしょう。

表32－2　118号通知の特例適用条件

1	住戸間区画を耐火構造とすること
2	共用部分との間の開口部面積を制限（4 m^2 以下）すること
3	当該開口部には甲種防火戸を設置（開放廊下に面していれば不要）すること
4	共用部分を不燃化すること
5	3階以上の階にある住戸の床面積を制限（70m^2 以下）すること

この基準は、当時の耐火構造共同住宅のほとんどが、民間住宅も含め、4～5階建てで住戸面積も30～50m^2程度であり、設計のバリエーションも少ない、という状況を前提として作られていました。共同住宅の水準がこの程度である限り、この基準に合わせて設計すると、防火安全性が十分確保され、建設する側にも住む側にも無理や不都合がなく、一方、消防用設備等の設置及び維持のためのコストを大幅に削減できることとなります。このため、公的住宅供給主体は標準設計をこの基準と整合させ、民間マンションについても、多くはこの基準に従って造られました。

共同住宅の大量供給が始まる直前の昭和35年(1960)に消防法の設備規制が現在のような形になり、その直後にこの基準が作られたことは、日本の防火安全にとって幸運だったと思います。結果的に、日本の共同住宅の古いストックの大部分がこの基準に従って建設され、消防用設備等がない反面、防火安全性の高い構造・設計を有するものとなったからです。この時期がもう少し遅れていれば、今頃、消防用設備等が老朽化しかつ防火安全性の低い設計の古い共同住宅のストックを大量に抱え、国や自治体はその対策に悩んでいただろうと思います。

118号通知の課題

このように、共同住宅の大量建設が始まった当初から大部分の共同住宅に適用されて、日本の防火安全の確保に大きな効果を上げた118号通知でしたが、昭和40年代の後半(1970年代)になり、経済水準の向上に伴って共同住宅の高層化や住戸の大型化、設計の多様化等が進んでくると、その限界が次第に明らかになってきました。

その最大の問題は、118号通知では高層共同住宅の出現が想定されていなかったことです。**表32－2**に掲げた要件を満足すれば、消防用設備等を全く設置せずに高層共同住宅を建設することが可能になってしまうことはいかにも問題でした。

もう一つの問題は、118号通知の制定当時は平均住戸規模が小さかったため、「二方向避難」という概念がなかったことです。住戸面積が40～50m²程度であれば、火災の発見も容易ですし、玄関一つしか避難路がなくても、安全な共用廊下に脱出することはそう難しくなかったからです。

この結果、118号通知には、避難路としての「バルコニー」の位置づけがありませんでした。バルコニーは、地面から切り離された共同住宅の各住戸にとっては「庭」と類似の使い勝手を持つ空間で、日本の大部分のような気候風土で普通の家庭生活を営む場合には、住み手の側から高いニーズがあります。このため、公的共同住宅の標準設計にも入っており、民間マンションでもごく普通に設置されていました。当時は、バルコニーのないホテルのような形状の共同住宅はまだほとんど出現していませんでしたが、設置するバルコニーを第二の避難路と意識して設計するかどうかは、設計者に任されていました。

火災の発見が遅れて玄関から脱出するのが困難な状況に陥った場合、バルコニーを第二の避難路として活用できれば、共同住宅の火災安全性は遙かに高くなります。昭和40年代の後半(1970年代)になると、共同住宅の住戸面積が急速に拡大したため、当時、バルコニーを活用した防火安全対策の制度的担保が望まれていたのです。

第33講　共同住宅特例基準と特定共同住宅省令(2)

～49号通知と190号通知（昭和50年(1975)）～

二方向避難・開放型住戸が日本の共同住宅の形状を規定

昭和40年代の後半(1970年代)になると、高層共同住宅が出現し住戸規模が急速に大型化したため、118号通知は、昭和50年(1975)に、その後の共同住宅特例基準の原型である49号通知とその運用通知である190号通知に改定されました。この2つの通知により、共同住宅の二方向避難や避難路の開放性の基準が明確になり、当時、ほとんど全ての共同住宅がこの基準に従うようになったため、日本特有の共同住宅の外観や街並みが形成されることになりました。

49号通知（昭和50年(1975)5月）

前講で述べたように、昭和40年代後半(1970年代)になり、高層共同住宅が出現し住戸規模が急速に大型化すると、4～5階建てで住戸面積がせいぜい50m²程度の共同住宅を念頭に置いて作られた118号通知の限界と課題は無視できないほど大きくなって来ました。

このため、当時の共同住宅の現状と将来の方向性を踏まえ、昭和50年(1975)に、その後の共同住宅特例基準の原型となる「共同住宅等に係る消防用設備等の技術上の基準の特例について（昭和50年(1975)5月1日消防安第49号消防庁安全救急課長通知（いわゆる「49号通知」））」が発出され、118号通知は廃止されました。

49号通知の概要は、**表33－1**のとおりです。

表33－1　49号通知の概要

1	主要構造部が耐火構造で住戸等間が開口部のない耐火構造の床又は壁で区画されていることが前提であること
2	3階以上の階にある住戸の床面積制限を100m²（従来は70m²）以下としたこと
3	バルコニーを避難路として位置づけ、「二方向避難」及び避難路の開放性についての考え方を整理したこと
4	住戸と共用部分の間の開口部の面積を原則2m²以下（二方向避難が可能で避難路の開放性も確保された住戸等（「二方向避難・開放型住戸等」）の場合は4m²以下）とするなど、住戸等の区画性能を詳細に規定したこと

5	消防用設備等ごとに、その特性を考慮して緩和条件を設定したこと（全設備一律の条件ではないこと）
6	自動火災報知設備の設置の要否について、階数や避難性能（二方向避難の可否・避難路の開放性等）に応じた細かい条件を示すとともに、同設備を設置する場合の感知方式、鳴動方式等を共同住宅の特性に合わせたものとしたこと
7	1～4の要件を満たす「二方向避難・開放型住戸等」については、ほとんどの消防用設備等の設置を免除したこと
8	スプリンクラー設備については、「規則13条（現行の消則13条2項）」の存在を前提として、各住戸については言及せず、室面積が100m²を超える可能性がある「共用室」についてのみ条件を示したこと

表33－1の7は、具体的には、1～4の要件を満たす「二方向避難・開放型住戸等」であれば、消火器具（10階以下の部分）、屋内消火栓設備、屋外消火栓設備、動力消防ポンプ設備、自動火災報知設備（10階以下の部分）及び非常警報設備である放送設備の設置が免除されることになっていました。

当時、民間マンションも含めて共同住宅の多くはこの免除を受けようとして、この要件を満たすように造られることになりました。この要件を満たす共同住宅の防火・避難性能は非常に高かったため、これにより日本の共同住宅の防火安全水準は極めて高くなりましたが、一方で、190号通知（後述）とあいまって、結果的に日本特有の共同住宅の形状、ひいては都市景観までをも規定することとなりました。

表33－1の8に関しては、「規則13条区画」について改めて説明しておきます。

耐火構造の壁及び床により小面積に防火区画された部分はスプリンクラー設備の設置を免除できる、という考え方は、消則13条として昭和35年(1960)制定当初からありました。その後、千日デパートビル火災に伴うスプリンクラー設備の設置規制の強化（昭和47年(1972)12月改正）の施行に合わせて昭和48年(1973)6月に改正され、現在の消則13条2項（改正当時は1項）に近い形に整備されました（第23講参照）。

この時の改正の主たるターゲットは共同住宅でしたが、当時はまだ118号通知の時代で、共同住宅についても二方向避難や避難路の開放性については配慮されておらず、このため、「規則13条区画」も、区画性能にのみ重点を置いた基準となりました。その後49号通知の時代になり、共同住宅については、他の消防用設備等の設置免除要件が区画性能だけでなく避難性能にも配慮したものとなりましたが、「規則13条区画」に基づくスプリンクラー設備だけは、区画性能さえ満足すれば設置免除できる、という矛盾を含んだ基準として取り残されることになりました。このことが、後に平成7年(1995)10月の220号通知（後述）と平成8年(1996)2月の消則13条の改正（消則13条の対象から共同住宅等を除外）に繋がることになりました。

昭和51年(1976)の追加通知（190号通知）

49号通知のうち二方向避難と避難路の外気への開放の条件については、昭和50年(1975)12月に、49号通知の運用基準として位置づけられる「共同住宅等に係る消防用設備等の技術上の基準の細則」（いわゆる「190号通知」）が定められ、さらに詳細な基準が示されました。

190号通知では、バルコニーを用いた二方向避難の原則を示すとともに、バルコニーが第二の避難路として認められるか否かについて15のパターンを図解して例示しています（**図33－1**）。

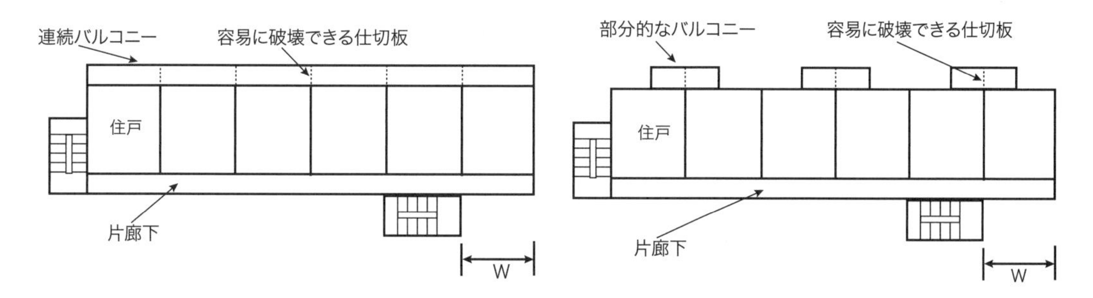

図33－1　二方向避難の基準の例
（左：連続バルコニー、右：二戸毎連続するバルコニー。Wの長さに応じて二方向避難可能かどうか判定される。）

また、避難路の開放性についても、片廊下型（**図33－2**）や階段室型（**図33－3**）の共同住宅の廊下や階段が外気に開放されていると認められるか否かについて、その原則を示すとともに、その典型的な例を図示しています。

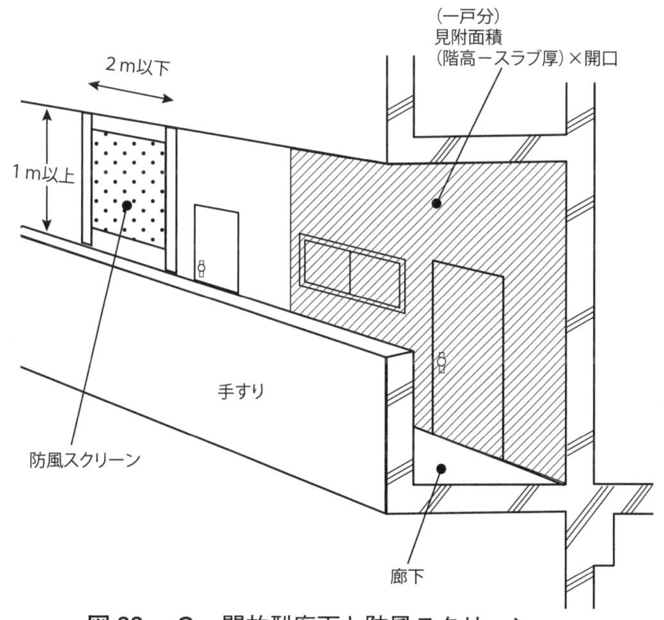

図33－2　開放型廊下と防風スクリーン

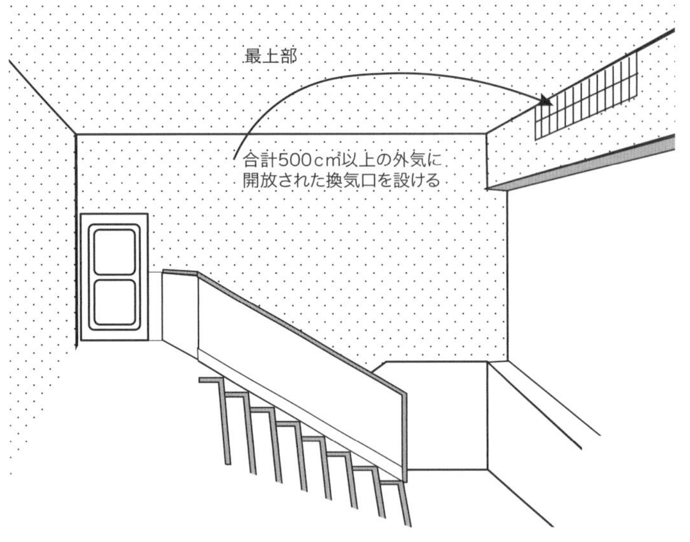

図 33 − 3　階段室最上部の開口部

この 190 号通知は、当時、共同住宅の設計が多様化しつつあり、設計者の側も消防機関の側も、二方向避難や避難路の開放性の判断方法について明確な基準を必要としていたことから定められたものです。内容については、両者の意見を十分汲み上げただけでなく、当時は実施例が少なくても将来一般化する可能性があると考えられる形状まで視野に入れた先進的なもので、今に至ってもほぼ原型のまま用いられています。

190 号通知の影響

それだけに、190 号通知が日本の共同住宅の形状に与えた影響は極めて大きいものがありました。この 190 号通知に誘導されて、当時日本の共同住宅の多くが持つことになった住棟全体に連続したバルコニー（図 33 − 4）、連続バルコニーの隣戸との境界に設

図 33 − 4　連続バルコニーと容易に破壊できる仕切り板（戸山ハイツ）

図 33 − 5　容易に破壊できる仕切り板

置する「容易に破壊できる仕切板」(図33－5)、二戸ずつ連続したバルコニー（図33－6)、外気に開放された廊下と防風スクリーン（図33－7）や階段（図33－8）などは、欧米諸国ではあまり見られないもので、日本の共同住宅特有の外観を形づくるとともに、その集合体としての都市景観を決定づける大きな要素ともなりました。

図33－6　2戸ずつ連続したバルコニー（戸山ハイツ）

図33－7　外気に開放された廊下と防風スクリーン（戸山ハイツ）

図33－8　外気に開放された階段室（戸山ハイツ）

なお、開放型階段室の形状や構造については、昭和44年(1969)住指発第259号建設省建築指導課長通達「建築基準法第38条の規定に基づき、階段室型共同住宅の階段部分に通ずる出入口に設ける甲種防火戸の構造と同等以上の効力があると認める件について」が元になり、さらに昭和48年(1973)6月消防庁告示第10号「屋内避難階段等の部分を定める告示」により、消防庁でもこれと同内容の開放型階段室を避難器具の設置を減免できる屋内避難階段（消則26条2項）として指定しています。このような事実を勘案すると、開放型の階段室は、共同住宅特例基準だけでなく、消防法の他の規定や建築基準法の解釈運用及び建基法38条の適用基準との連携で普遍化したものと推測されます。

第34講　共同住宅特例基準と特定共同住宅省令（3）

～170号通知（昭和61年(1986)）～

二方向避難・開放型住戸に住戸用自火報を設置したものは規制緩和

昭和50年(1975)代における共同住宅の急速な高層化、多様化、住戸の大型化等に伴い、49号通知の課題が明らかになって来たため、住戸用自動火災報知設備を設置した二方向避難・開放型住戸タイプの共同住宅については大幅な規制緩和を行うという170号通知が定められました。この基準はホームセキュリティの普及に貢献したほか、タワーマンションの急増にも一役買うことになりました。

49号通知の限界と課題

49号通知（昭和50年(1975)5月）は、当時の関係者（消防側、設計側、供給側）すべての経験と知見の集大成とも言えるものでしたが、共同住宅の高層化、多様化、住戸の大型化は関係者の予想を超えた速度で進み、昭和50年代の後半(1980年代)になると、早くも以下のような課題が明らかになって来ました。

表34－1　49号通知の課題

	課　題	理　　　由
1	片廊下型共同住宅の開放廊下に面する開口部の面積制限の緩和	住戸面積の増大に伴い共用廊下に面して2居室確保しようとすると、開口部の面積制限（1箇所当たり2m²以下、1住戸当たり4m²以下等）と建基法28条1項の居室の採光面積制限（床面積の7分の1以上）とがバッティングし、「居室」を「納戸」と申告するなど脱法行為が横行していた。
2	主たる出入り口の常時閉鎖式甲種防火戸の緩和	住戸の出入り口のデザインの多様化、車椅子のための引き戸設置の要請などから、網入りガラスなど乙種防火戸を用いることは出来ないかとの意見が強かった。
3	3階以上の階にある住戸の床面積制限（100m²以下）、100m²区画の緩和	消火器の設置免除の条件としての100m²制限のほか、スプリンクラー設備の設置免除の条件及び建築基準法の排煙設備や内装制限の緩和条件がいずれも100m²以下に防火区画することであったため、住戸面積が100m²を超えるようになると、住戸を100㎡以下ごとに区画する無粋な鉄製の防火戸が住戸内に設置される例が増えていた。

4	光庭に面する開口部の制限の緩和	住戸面積の増大に伴い、採光のため、住戸の一部に「光庭」を設ける例が出てきた。光庭は、これを介して対面する住戸が互いに開口部を設けると、開口部の大きさや相互の距離等によっては49号通知の前提である「住戸間の延焼防止」等が崩れる恐れがあるため、昭和54年（1979）6月に予防救急課長（当時）から、49号通知を適用する際の光庭に面する開口部の制限についての解釈通知（1住戸当たり合計1 m²以下，鉄製網入りガラスのはめ殺し窓，異なる住戸の窓相互間距離2 m以上等）が出されていた。この内容は安全側にシフトしたものであったため、延焼・煙流動等についての詳細な検討を行った上で、条件を緩和することが出来ないか検討するよう求められていた。

住宅における火災報知設備等の設置の効果

一方でこの頃、日本の住宅は、火災が発生した場合の死者の発生率が、アメリカ、カナダ、イギリスなどと比べて異様に高いことが判ってきました。その大きな理由の一つは、これらの国が、戸建て住宅を含め、全ての住宅に煙感知器を設置することを義務づけるようになってきたのに、日本ではそうなっていないためではないか、と推察されました。このような視点から見ると、日本では、戸建て住宅はともかく、500m²以上の共同住宅には自動火災報知設備の設置義務があるのに、一定の要件を満たす場合には「共同住宅特例基準」によって免除してしまっているのはいかにも問題でした。

「火災危険性が戸建て住宅並みなら消防用設備等を免除してもよい」という共同住宅特例基準の基本理念に立つ限り、この基準により自動火災報知設備の設置義務を免除していることに非はないはずですが、これら諸国における煙感知器設置義務化の効果を知るにつけ、「せめて共同住宅については、自動火災報知設備等の設置免除を考え直すべきではないか」と考えられるようになってきたのです。

昭和61年の改正（170号通知）

以上のような背景を踏まえ、昭和61年(1986)12月に、49号通知の課題の解決と住宅用火災警報設備の設置促進を図ることを企図して、いわゆる「170号通知」が定められました。

170号通知では、すべての住戸が二方向避難・開放型住戸[注1]であり、各住戸に「住戸用自動火災報知設備（以下「住戸用自火報」）」（後述）が設置されているなどの条件を満たす共同住宅については、49号通知の4つの課題（**表34－1**）に係る制限を大幅に緩和する一方、それらの条件のいずれかを満たさないものについては原則として49号通知の適用範囲として残すこととされました。

これを性能の視点から整理すれば、「二方向避難・開放型住戸については、火災の発生を早期に知って対処することと、住戸面積が一定規模以下で住戸と共用部分の間に高い区画性能を有することとが、防火安全上ほぼ等価である」と考えているということになります。

170号通知は私が原案を作成したものですが、49号通知の4つの課題が、住戸規模が大きいか、ファサード（建築物の正面部分）に凝り内部の設備を充実して差別化を図ろうとする高級マンション指向の共同住宅に主として見られるものであり、そのような共同住宅には火災センサーを含む「ホームセキュリティ」のシステム（後述）が設置されることが多いことから、両者を結合して49号通知の課題の解決を図るとともに、住戸用自火報の設置促進を誘導することを意図した、というのが真のねらいでした。住戸規模が比較的小さく庶民的な共同住宅を安価に建設しようとするなら49号通知の適用を受ければよい、ということにしたのです。

住戸用自火報とホームセキュリティ

通常の自動火災報知設備は、火災の発生を出来るだけ早く防火対象物内の他の部分にいる人達に知らせ、関係者に初期消火、消防への通報、避難誘導などの自衛消防活動を開始させるとともに、一般の人達に避難（準備）行動を開始させることを意図して設けられています。

しかし、住戸間の防火区画や住戸と共用部分との間の防火区画に高い性能を持たせ、安全な避難路が確保された共同住宅については、「住戸内で発生した火災の情報をできるだけ早く他の住戸に伝える」という役割の比重は比較的小さくて済みます。広い住戸の場合は、むしろ、住戸内で火災が発生したことをその住戸内の住人に知らせることに力点を置くべきだと考えられるのです。

また、住戸内は調理の熱や煙、湯気、結露など「非火災報」の発生要因が多いのですが、火災でないのに他の住戸に警報音が鳴り響くことは、居住者にとってお互いに迷惑この上ありません。住戸内の火災（であるかも知れない）情報を他の住戸に伝えることについては、慎重に考えなければならないということです。

一方、昭和50年代の半ば（1980年頃）くらいから、火災センサー、ガス漏れセンサー、防犯センサー、浴槽の満水センサーなどの各種情報システムとドアホンの機能などをドッキングした住宅（住戸）内情報システムが、「ホームセキュリティ」システムとして一般化し、新築のマンション等に普通に設置されるようになっていました。

「住戸用自火報」は、以上のような事情を踏まえ、共同住宅の区画性能や避難性能、階数などに応じて火災警報の伝達範囲や警報音の鳴動範囲等を整理することにより、「ホームセキュリティシステム」を「自動火災報知設備」の体系の中に位置づけたものでした。

光庭の基準とタワーマンション

「光庭」については、**表34－1の4**に示したような設計側のニーズに応えるため、開口部を介した延焼性状、井戸状又は吹き抜け状の空間における煙の挙動等に関し、コンピューターシミュレーション等により詳細な分析と検討が行われ、外気の流通状況や階数等に応じ、光庭に面する開口部の開放の可否、面積、相互間の水平距離と垂直距離等について、「十分な延焼防止性能や煙汚染防止性能を有する」と判断できるための条件がきめ細かく示されました（**図34－1参照**）。

この基準は、思わぬ副産物を産みました。その頃から次第に建設されるようになっていたタワーマンションの基準に用いられたのです。タワーマンションには、中庭に面して廊下をめぐらせたり、中庭に面した空間に出入口や開口部を設けたりするニーズが高いのですが、中庭があまり小さいと光庭同様延焼や煙汚染の要因になってしまう可能性があります。一方、十分大きな中庭はその危険性が少なく避難路の面する空間として有意義なものになり得ます。タワーマンションの建設者側も、設計を審査する消防機関の側も、危険な中庭と安全な中庭との境界基準を求めており、そこにこの光庭の基準が提示された形になったのです。

こうして、明確な基準を与えられたタワーマンションは、以後急速に建設されるようになり、その基準は現在の特定共同住宅の基準につながることになったのです。

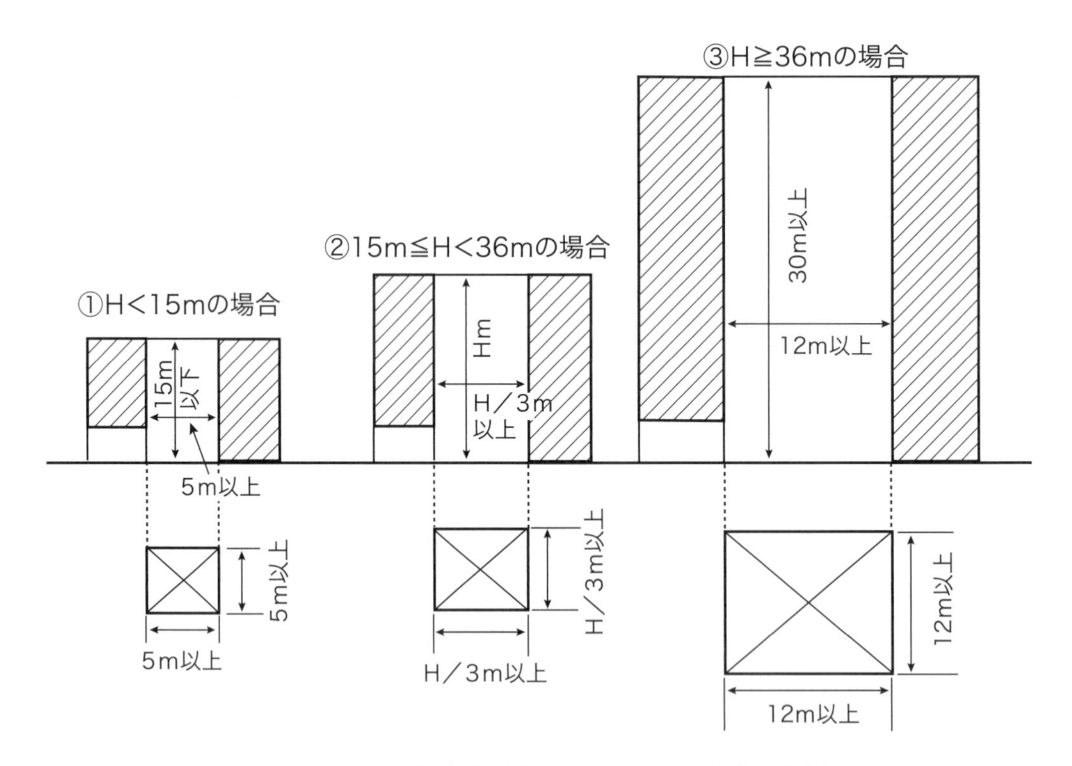

図34－1　共同住宅特例基準を適用できる光庭（中庭）

注1)　二方向避難・開放型住戸：主たる出入り口が外気に開放された廊下又は階段に面しており、かつ、バルコニーを介して安全に地上まで避難できる避難ルートが確保されている住戸をいう。判断基準は、49号通知と190号通知が踏襲された。

第35講　共同住宅特例基準と特定共同住宅省令（4）

～220号通知（平成7年(1995)）～

住戸用自火報と消火器は設置が原則、スプリンクラー設備は二方向避難・開放型で内装制限がされている場合に限り設置免除

平成の時代(1990年頃以降)になると、高齢化の進展により住宅火災による死者数が増加傾向を強め、消防庁では住宅用火災警報器の設置の推進を初めとする住宅防火対策を強力に推進するようになりました。それに伴い、共同住宅特例基準により自動火災報知設備の設置を免除していることは矛盾しているのではないか、という問題が改めて大きくなってきました。また、高層共同住宅が急増して来たため、消則13条1項（現2項）に基づきスプリンクラー設備の設置を免除するのは危険ではないか、などということも、改めて問題になってきました。これらの課題に対処するため、平成7年(1995)10月に220号通知が定められました。

住宅防火対策の新展開

平成の時代に入ると、昭和40年(1965)代以降逐次行われた消防法や建築基準法における防火関係規定の整備の効果が現れ、住宅以外の防火対象物においては、火災による死者数が着実に減少してきました。

一方で住宅火災による死者数は増加傾向を強めており、今後の高齢化の進展を考えると、その状況は危機的な水準になる恐れがあると考えられました。このため、平成3年(1991)3月には、消防庁長官により「住宅防火対策推進に係る基本方針」が定められ、住宅火災による死者を10年後に予想される死者数の半分以下に抑えることを目標に、建設省（当時）とも協力して、住宅防火対策を今後の防火政策の中心と位置づけ、国民運動的に施策を展開していくこととされました。

その内容は、啓発やキャンペーン等によって、**表35－1**のような住宅防火対策を推進することでしたが、住宅用火災警報器や住宅用消火器を家庭に広く普及するなどの施策を展開する一方で、「共同住宅特例基準」により、共同住宅が一定の要件を満たす場合には、消防法によって義務づけられている自動火災報知設備や消火器の設置を免除することが行われており、「住宅火災による死者半減」という目標から考えても、「施策が矛盾しているのではないか」との指摘がなされるようになってきました。

表35－1　日本の住宅火災の特性を踏まえた住宅防火対策

1	住宅用火災警報器の設置
2	住宅用消火器の普及
3	着火しにくい「防炎布団」の使用
4	可燃物が接触しても燃え出さない安全な暖房器具の使用
5	住宅用スプリンクラーの普及
6	火災警報器の作動によりすぐに駆けつけて助け出す近隣の協力体制の整備

高層住宅の急増と住戸規模の増大等

また、タワー状の高層・超高層共同住宅が大量に建設されるようになったため、スプリンクラー設備における消則13条1項（現2項）の存在が改めて問題となってきました。

消則13条1項は、千日デパートビル火災を契機とした昭和47年(1972)12月の消令12条の改正で7号（現12号）が新設され、原則として全ての防火対象物の11階以上の階にはスプリンクラー設備を設置しなければならないとされた時に、スプリンクラー設備の設置を要さない部分を定める省令として昭和48年(1973)6月に大幅に改訂されたものです。

当時の消則13条1項は適用対象用途を限定していませんでした（昭和49年(1974)12月には令別表第1⑵項と⑷項及びそれらが存する複合用途防火対象物が適用除外とされています。）が、その主たるターゲットは、当時ようやく建設されるようになってきた高層共同住宅でした。共同住宅は住戸ごとに防火区画することが容易であり、堅固な防火区画と内装制限により他の住戸等への延焼危険を十分小さくできれば、高価なスプリンクラー設備を設置する必要はないと考えられたためでしょう。当時は、49号通知（昭和50年(1975)5月）がまだ存在せず、従って「二方向避難」や「避難路の外気への開放」の概念もなかったため、消則13条1項には避難系の要素が欠落していたのです

図35－1　タワー型高層共同住宅

が、当時の高層共同住宅の設計の実態からすれば、これで十分と考えられたのだと思います。

消則13条1項は、床面積100m^{2}以内に防火区画するなど一定の延焼拡大防止性能を有する室等にスプリンクラーヘッドの設置を免除する規定ですが、共同住宅にとっては、すべての住戸等を当該規定に適合させることが比較的容易なため、消則13条1項制定以降、多くの高層共同住宅では、建物全体についてスプリンクラー設備の設置が免除される結果になっていました。

このような場合でも、共同住宅特例基準に誘導されて、住戸が「二方向避難・開放型」になっているなど事実上避難の安全性が確保されていれば大きな問題はないため、170号通知までは、消則13条1項の存在を前提として「共同住宅特例基準」が組み立てられてきました。

しかしながら、風の影響が強くなる超高層マンションや生活臭のない高級マンション等では、バルコニーの設置や避難路の外気への開放を行わず、あたかもホテルのような設計を行い、あえて「共同住宅特例基準」による消防用設備等の設置免除を受けずにただスプリンクラー設備についてだけは同規則を根拠に設置しないケースが散見されるようになってきました。このため、スプリンクラー設備の設置免除については、消則13条1項と共同住宅特例基準をセットで見直す必要が出てきたのです。

さらに、170号通知以降、住戸の大型化こそ停滞気味になりましたが、共同住宅の高層化、大規模化、複合化、多様化はますます進んで来たため、「住戸用自動火災報知設備(以下「住戸用自火報」)」の有無などをメルクマールとして49号通知と170号通知を併存させる仕組みそのものを見直し、それらを一本化することが求められるようになってきました。

220号通知の制定

以上のような状況を踏まえ、平成7年(1995)10月に新たな共同住宅特例基準として、いわゆる「220号通知」が定められました。

この通知の基本的な考え方は、以下のとおりです。

① 49号通知と170号通知を一本化し、一つの基準として整理し直したこと

② 火災の早期発見と初期消火に係る、自動火災報知設備、消火器及びスプリンクラー設備については「設置」を原則とし、「設置免除」は例外としたこと

③ スプリンクラー設備については、消則13条1項を改正し（平成8年(1996)2月）、共同住宅については、令別表第1(2)項、(4)項等と同様、この規定から除外するとともに、本通知により、二方向避難・開放型住戸で内装制限がなされている場合に限り、設置免除を認めることとしたこと

④ 自動火災報知設備及びスプリンクラー設備については、共同住宅特有の構造、利用

形態等に適した機能構成のものを用いることを前提に、詳細な設置基準を示したこと

⑤　②～④を前提として、以下の事項については170号通知と同様、制限を緩和したこと

・主たる開口部（玄関）のドアに乙種防火戸を認めることにより、玄関周りのデザイン、採光、レイアウトの自由度を増加

・共用部分に面する居室の窓の大型化

・火災の危険性を原則として住戸単位で考えることとし、スプリンクラーの設置免除以外については、100m^{2}区画などの制限を撤廃

⑥　その他の事項については、原則として49号通知と170号通知の考え方を踏襲したこと

220号通知では、②のように、自動火災報知設備、消火器及びスプリンクラー設備については「設置」を原則とし「設置免除」は例外とされたため、設計・施工者の立場から見ると、共同住宅特例基準に従って共同住宅を造ることのコストメリットが少なくなってしまいました。その結果、かつて共同住宅の大部分を占めていた特例基準適用住宅は相当少なくなり、スプリンクラー設備の設置免除を意図した高層共同住宅を中心に適用されるようになりました。

第36講　共同住宅特例基準と特定共同住宅省令（5）

～特定共同住宅省令（平成17年(2005) 3月）～

消防法の性能規定化による特定共同住宅省令への移行

220号通知により共同住宅特例基準の基準自体の見直しは一段落しましたが、行政の透明化、地方分権化などの新たな動きから、消防庁の予防課長通知を根拠とするシステムそのものの見直しが必要となり、消防法の性能規定化に際して新設された消令29条の4を根拠に省令に移行されることになりました。

通知行政の限界と課題

共同住宅特例基準は、「課長通知＋消令32条」という方式であるため、以下のような限界と課題がありました。

① <u>消防機関ごとに基準が異なる場合があること</u>

共同住宅特例基準は、消令32条による緩和の条件や程度については、法律的には消防長等に委ねられています。このため、消防機関によっては、共同住宅特例基準に比べて、緩和の条件を厳しくしたり、緩和の程度を少なくしたりしている場合がありました。そのこと自体、法律的には問題ないのですが、隣り合った幾つかの消防本部で微妙に基準が異なる場合は、施工者から「何とかならないのか」という要望が消防庁に寄せられることもありました。

② <u>行政の透明化と自治事務化の流れの中で、通知行政が制限されたこと</u>

平成6年(1994)10月に行政手続法が施行され、行政庁の処分その他公権力の行使に当たる行為を行う場合には意思決定過程を透明化することなどが制度化されました。また、平成12年(2000) 4月には改正地方自治法が施行され、国・都道府県・市町村は対等な関係となり、国の都道府県や市町村に対する関与はできるだけ排除することとされました。

これらに伴い、国から都道府県や市町村に対して発する通知は制限されることになり、課長通知等に基づく基準については、原則的には政令や省令として定めるべきものとされました。

消防庁の場合は、消防組織法37条があるため、消防庁長官の名前で市町村の消防機関に指導・助言のために通知することは法律上可能でしたが、共同住宅特例基準についても、機会を捉えて政省令や告示などの形で定め直すことが課題になりました。

性能規定の導入と消令29条の4

消防庁では、「性能規定化推進」という政府全体の方針のもと、平成15年(2003)6月に消防法を改正し、消防用設備規制に性能規定を導入しました。この改正では、消防法17条に3項を新設して、通常の消防用設備等（いわゆる「ルートA」）に代えて総務大臣が同等の「性能」を有すると認める「特殊消防用設備等」を使用できることとする（いわゆる「ルートC」）とともに、1項に政令以下の規定に性能規定を導入していくための布石となる「消火、避難その他の消防の活動のために必要とされる性能」という概念を導入しました。

この1項の規定を受けて新設されたのが、消令29条の4です。この規定では、「通常用いられる消防用設備等」に代えて、総務省令で定めるところにより消防長等が当該「通常用いられる消防用設備等」と同等以上の防火安全性能を有すると認める「消防の用に供する設備等」を用いることが出来る（いわゆる「ルートB」）、とされています。

これにより、消防法17条1項関係規定について、必要に応じて省令を定め、当該設備と防火安全性能が同等以上であると認められる別の設備を設置することが出来ることになりました。

消令29条の4に基づく省令と特定共同住宅等

共同住宅特例基準は、昭和36年(1961)の運用開始から長い間、一定の構造、設計を有する共同住宅等に消防用設備等の設置を免除するものでしたが、平成7年(1995)の220号通知によりその基本的な思想が大きく変更され、一定の構造、設計を有する共同住宅等に、「通常用いられる消防用設備等」に代えて、「共同住宅用スプリンクラー設備」、「共同住宅用自動火災報知設備」、「住戸用自動火災報知設備」、「共同住宅用非常警報設備」等の設置を認めることが出来るとする規定ぶりとなりました。

このような規定ぶりなら、共同住宅特例基準の省令化（課長通知を省令・告示に引き上げること）を、性能規定化の一環として消令29条の4に基づいて行うことが可能になります。

こうして、平成17年(2005)3月に、「特定共同住宅等における必要とされる防火安全性能を有する消防の用に供する設備等に関する省令」及び関係する告示等が定められることになりました。この省令は、基本的に220号通知の考え方を踏襲しつつ、「必要とされる防火安全性能」という概念に基づいて整理したもので、その内容は概ね以下のとおりとなっています。

① 火災発生又は延焼のおそれが少ないものとして、その位置、構造及び設備について消防庁長官が定める基準に適合する共同住宅等が「特定共同住宅等」として定められたこと

② 特定共同住宅等はその防火安全性に応じて4つの構造類型（二方向避難型、開放型、二方向避難・開放型、その他）に区分されたこと

③　特定共同住宅等の４つの構造類型ごとに、かつ、政令に掲げられた３つの防火安全性能（初期拡大抑制性能、避難安全支援性能及び消防活動支援性能）ごとに、「通常用いられる消防用設備等」に代えて設置することができる「必要とされる防火安全性能を有する消防の用に供する設備等」が定められたこと

④　「必要とされる防火安全性能を有する消防の用に供する設備等」の設置及び維持に関する技術上の基準が定められたこと

共同住宅特例基準が特定共同住宅省令に移行したことの効果

共同住宅特例基準が特定共同住宅省令に移行したことにより、まず、「通知行政の限界と課題」で述べた

①　消防機関ごとに基準が異なる場合があること

②　行政の透明化と自治事務化の流れの中で通知行政が制限されたこと

という２つの課題が解決されました。

もう一つ大きいのは、特定共同住宅省令に基づいて設置された「必要とされる防火安全性能を有する消防の用に供する設備等」は、性能規定化に伴う規定整備の一環として新設された消令７条７項により、「法第17条第１項に規定する政令で定める消防の用に供する設備、消防用水及び消火活動上必要な施設」と位置づけられたことです。

これにより、特定共同住宅省令に基づいて設置された消防の用に供する設備等には、次のような規定が適用されることになりました。

①　設置維持義務（消防法17条１項、消令29条の４第２項）

②　設置時における消防長等への届出及び検査（消防法17条の３の２）

③　点検及び報告義務（消防法17条の３の３）

④　消防長等の設置維持命令（消防法17条の４）

⑤　消防設備士の業務独占（消防法17条の５）

（従来から消防設備士の業務独占の対象となっている消防用設備等に類するものとして消防庁長官が定めるものに限る。（消令36条の２第１項及び第２項））

⑥ 甲種消防設備士の業務独占対象消防用設備等に係る工事着手の届出（消防法17条の14）

⑦　消防長等の設備等技術基準適合検査義務（消則31条の３第２項）

⑧　認定消防用設備等にかかる設備等技術基準適合検査の省略（消則31条の３第３項）

⑨　登録認定機関による消防用設備等の認定（消則31条の４）

共同住宅特例基準の根拠だった旧消令32条（本条は、性能規定化が行われた消防法17条の改正に伴い、平成16年(2004)２月に現在のように改正されました。）では、「予想しない特殊の消防用設備等その他の設備」を用いることにより、消令２章（消防用設備等）３節（設置及び維持の技術上の基準）の規定による消防用設備等の基準による場合と

同等以上の効力があると消防長等が認める場合は、同節の規定を適用しないことができることとされていましたが、この設備は消令７条で「消防用設備等」として位置づけられていないため、上記①から⑨までの規定の適用については法的な位置づけが必ずしも明確でなく、防火安全の確保にとっては課題となっていました。特定共同住宅省令に基づいて設置された消防の用に供する設備等については、この課題が解決されることになりました。

高齢者福祉施設に対する規制強化に伴う改正

以上のように、「課長通知＋消令32条」という変則的な形で日本の共同住宅の形状に大きな影響を与えてきた共同住宅特例基準は、平成17年(2005) 3月に、「ルートＢ」の一種として特定共同住宅省令という正規の位置づけを得ることとなりました。一方で、その法令上の位置づけが上がった分、社会の変化に伴う「ルートＡ」の改正の影響を直接受けることにもなりました。

長崎県大村市の認知症高齢者グループホームの火災（平成18年(2006) 1月、死者7名）を契機として平成19年(2007) 6月（施行は平成21年(2009) 4月）、令別表第1⑹項ロについては延べ面積275m^{2}以上のものにスプリンクラー設備の設置が義務づけられ、これに伴い消則12条の2（スプリンクラー設備を設置することを要しない構造）が新設されると、これに対応して平成22年(2010) 2月に特定共同住宅省令が改正され、特定共同住宅等の部分であって、令別表第1⑹項ロ及びハに掲げる防火対象物の用途に供されるものを「福祉施設等」と位置づけてその関係が整理されました。

また、長崎市の認知症高齢者グループホームの火災（平成25年(2013) 2月、死者5名）を契機として平成25年(2013)12月（施行は平成27年(2015) 4月）に令別表第1⑹項ロ⑴及び⑶に掲げる防火対象物については延べ面積にかかわらず原則としてスプリンクラー設備の設置が義務づけられ、これに伴い消則12条の2が改正されると（平成26年(2014) 3月、同年10月)、これに対応して平成27年(2015) 2月に特定共同住宅省令が改正され、「特定福祉施設等」という概念が導入されて、全体の整理がなされています。

さらに、政府全体として民泊の普及推進が行われたことを受け、特定共同住宅省令も平成30年(2018) 6月に改正されました。この改正では、上記「福祉施設等」と「「特定福祉施設等」に令別表第1⑸項イが追加され、それぞれ「住戸利用施設」、「特定住戸利用施設」と概念が拡大されて、関係規定の整備が行われました。

共同住宅特例基準と特定共同住宅省令の意義

以上、本シリーズで見てきたように、共同住宅の防火安全に関する考え方は時代によって変化していますが、共同住宅特例基準から特定共同住宅省令に至る一連の改正の歴史を貫く考え方は一貫しています。時代に応じて変化し続ける共同住宅について、まさに「防火安全性能」の視点から建築構造やプランニングと消防用設備等のベストミックスを追い求めて来たということです。建築基準法と消防法に性能規定が導入され、建築構造と消防用設備等のトレードオフが課題となっていますが、共同住宅特例基準と特定共同住宅省令は、それを先駆的に実践してきたと言えるのだと思います。

第37講　無窓空間と地下空間の火災危険と防火安全対策（１）

～消防法令上の無窓階～

窓のない空間は、煙が滞留しやすく避難や消防活動も困難であるため、消防法でも建築基準法でも、通常の空間より防火規制が厳しくなっています。建築物の地階や地下街などの地下空間についてはさらに規制が厳しくなっています。これらの空間の火災危険と防火安全対策について、地下街も含めて６回にわたって解説します。

無窓空間と地下空間の火災危険

窓のない空間（無窓空間）や地下空間では、どのような火災危険があるのでしょうか？

表 37 － 1 は、無窓空間の火災時の危険性を整理したものです。これを見ると、無窓空間は、窓のある空間に比べて、火災時の危険性ははるかに高いことがわかります。

表 37 － 1　無窓空間の火災危険

1	火災による煙や有毒ガスが滞留しやすく、毒性危険があるほか、内部の視認が困難になる
2	停電すると避難路を視認できなくなる
3	窓から脱出することができない
4	窓から消火活動や救助活動が出来ないため、消防隊員は通常の出入口から建物内部に進入し、通路や階段を使って移動するという危険な活動をせざるを得ない
5	噴出する煙、助けを求める人々など、窓を介して得られる消防活動上有効な情報が得られない

地下空間の火災時の危険性は、**表 37 － 1** に加えて、さらに**表 37 － 2** のような危険性が加わります。

表 37 － 2　地下空間特有の火災危険（表 37 － 1 以外）

1	階段では避難方向と煙の拡大方向が同じになり、煙に追いつかれる可能性が高い
2	垂直方向の避難路は上方への一方向しかない
3	消防隊は吹き上がってくる煙に向かって進入しなければならない

火災時の危険性という点では、無窓空間と地下空間との差は、無窓空間と窓のある空間との差ほど大きくありません。

消防法令上の無窓階

消防法令上、無窓空間の危険性は「階」単位でとらえられており、「無窓階」として定義されています。消防法令上、「無窓階」は2種類あります。

一つは、「建築物の地上階のうち、総務省令で定める避難上又は消火活動上有効な開口部を有しない階をいう」（消令10条1項5号）とされているものです。この総務省令（消則5条の3第1項）では、「避難上又は消火活動上有効な開口部を有しない階」は、次のような階であるとされています。

① 直径50cm以上の円が内接することができる開口部の面積の合計が当該階の床面積の1／30を超える階（「普通階」）以外の階

② 10階以下の階の場合；幅員1m以上の通路などに面する以下の開口部を2以上有する普通階以外の階

A　直径1m以上の円が内接可能な開口部

または

B　幅75cm以上、高さ1.2m以上の開口部

「……の開口部を2以上有する普通階以外の階」という表現はわかりにくいと思いますが、「10階以下の階の場合は、「普通階」であることに加え、2以上の所定の開口部を上記A又はBの条件を満たす寸法としなければ、無窓階になる。」という意味です。

なお、①、②の開口部とも、以下の条件を満たす必要があるとされています。

A　床面から開口部の下端までの高さが1.2m以内

B　格子等内部からの避難を妨げる構造を有せず、かつ、外部から開放または破壊により進入可能

これらの基準を見ると、直径50cm以上の円が内接するスペースがあれば一応そこからの避難は可能であるとした上で、消防車のはしごが届く10階以下の階については、本格的な消防活動のため、建築基準法で消防隊が進入可能であると位置付けている開口部（建基令126条の6第2号）と同等のものが2か所以上必要であると考えていることがわかります。

無窓階の場合の消防法令の強化

「無窓階」とされると、地階や3階または4階以上の階などと同様に、消防用設備等の設置規制が厳しくなります。設置規制が厳しくなる消防用設備等は、**表37－3**のとおりです。防火対象物が用途、延べ面積、階などの要件に適合しない場合でも、「地階、無窓階又は○階以上の階」については○○の消防用設備等が必要になることがある、という場合、「地階、無窓階と○階以上の階が、その消防用設備等の設置基準としては等価であ

る」ということですから、**表37－3**では、その「○階以上の階」を「相当する地上階の階数」として示しました。上記のような表現でない場合、この表では「なし」としています。

表37－3　「無窓階」とされると設置規制が強化される消防用設備等

	消防用設備等	条文	相当する地上階の階数
1	消火器具	消令10条1項5号	3階以上の階
2	屋内消火栓設備	消令1 1条1項6号	4階以上の階
3	スプリンクラー設備	消令12条1項2号、11号	4階以上10階以下の階
4	自動火災報知設備	消令21条1項10号、11号	3階以上の階
5	非常警報設備	消令24条2項2号	なし
6	避難器具	消令25条1項4号	なし
7	誘導灯	消令26条1項1号、2号	11階以上の階
8	排煙設備	消令28条1項3号	なし

「無窓階」という用語も「無窓階については消防用設備等の設置規制を厳しくする」という考え方も昭和36年(1961)の政令制定時からありましたが、当初「無窓階」は「建築物の地上階のうち、避難上又は消火活動上有効な開口部の面積がその階の床面積に対して1／30以下である階をいう。」とされていました。これは現在の「普通階」の考え方ですが、開口部の大きさに関する規定は定められていませんでした。

現行のような規定になったのは、千日デパートビル火災（昭和47年(1972)5月　死者118名）と大洋デパート火災（昭和48年(1973)11月　死者100名）を契機に昭和49年(1974)7月に行われた政令改正からで、無窓階の条件を定める省令（消則5条の2（当時現5条の3）も、その機会に定められています。その際に、「消防隊が進入可能な開口部」という概念が、建築基準法令の「非常用の進入口」と整合をとる形で整理されました（第38講参照)。

なお、非常警報設備と誘導灯の設置基準に「無窓階」という概念が入ったのは、他の設備より遅れて昭和44年(1969)4月からです。この改正は、高層建築物や地下街に対する規制強化等を企図して共同防火管理制度や防炎制度が創設された昭和43年(1968)6月の消防法改正に伴う昭和44年(1969)3月の政令改正の際に、一緒に行われています。

もう一つの無窓階

消防法令上「無窓階」と称するものはもう一つあります。地下街、建築物の地階などとともに、二酸化炭素またはハロゲン化物を放射する消火器を設置してはならない場所としての「無窓階」です（消令10条2項1号)。

この場合の「無窓階」は、

① 「換気について有効な開口部」の面積が床面積の 1 ／ 30 以下

② 当該床面積が 20m² 以下

とされており（消則 11 条 2 項）、二酸化炭素、ハロゲン化物などの人命危険性のある消火剤を放射することができる場所は、換気がきちんとできる広い場所でなければならない、と考えていることがわかります。

第38講　無窓空間と地下空間の火災危険と防火安全対策(2)

～建築基準法令上の無窓の居室と非常用の進入口～

消防法令上の「無窓階」と同じような概念として、建築基準法令にはいわゆる「無窓の居室」という概念があります。「無窓の居室」には、何のために窓が必要かという観点から幾つかの種類があり、その一部は消防法令と整合性がとられています。

建築基準法令上の「無窓の居室」

建築基準法令における「無窓の居室」は、条文上は「窓その他の開口部を有しない居室」と表現されています。

「窓その他の開口部を有しない」と言っても完全に窓がないわけではなく、「窓その他の開口部を設けるべき」というそれぞれの規制目的に合致した開口部の面積が一定の値以下であることをもって「有しない」としています。この考え方は消防法令の「無窓階」と同様です。

建築基準法令において「窓その他の開口部」は**表38－1**のような理由により必要であるとされています。規制の対象は**同表**の**6**（消防隊の進入のため）以外は「居室（建基法２条４号)」とされており、消防法令の「階」とは異なっています。

表38－1　建築基準法令における「窓その他の開口部」に関する規制

	規制の目的	規制対象部分	建築基準法	同法施行令
1	採光のため	居室	28条1項	20条
2	換気のため	居室	28条2項	
3	避難のため	居室	35条	116条の2
4	排煙のため	居室	35条	126条の2
5	避難路の明るさの確保のため	居室	35条	126条の4
6	消防隊の進入のため	階	35条	126条の6
7	内装制限の条件のひとつとして	居室	35条の2	128条の3の2
8	区画の不燃化の条件として	居室	35条の3	111条

表38－1のうち**3**～**8**は防火のための規定ですが、消防法令の無窓階（消則5条の2第1項）と整合性がとられているのは6だけです。

二酸化炭素またはハロゲン化物を放射する消火器を設置してはならない場所としての「無窓階」（消令10条2項1号）は、**2**（換気のため）と同様の趣旨だと考えられますが、消則11条2項では、換気について有効な開口部の面積が床面積の1／30以下かつ当該床面積が20m²以下とされており、建基法28条2項の規定（居室の床面積の1／20未満）とは異なっています。

消防隊の進入のための開口部

昭和45年(1970)12月の建築基準法施行令の改正以来、建築基準法令では、高さ31m以下の建築物が火災になった場合には、はしご車が駆けつけて消防隊員が窓等の開口部から進入し、消火したり救助したりすることが予定されています。このため、はしごが届く高さ（31m以下）にある3階以上の階には、原則として、非常用の進入口など消防隊が進入可能な開口部を設けることが義務づけられています（建基令126条の6　昭和45年(1970)12月改正）。

建築基準法令の「窓その他の開口部」に関する規制のうち、この規定だけが「居室」でなく「階」についての規制です。

消防隊が進入可能な開口部は、当初から、非常用の昇降機が設置されている場合は設置の必要はないとされています（建基令126条の6第1号）。

これは、昭和43年(1968)の霞が関ビルの竣工を皮切りに、高層建築物や大規模な建築物の大量建設時代が始まることが予想されたことから、昭和45年(1970)6月に建基法34条と35条などが改正され、非常用の進入口に関する規制も、その一連の規定整備の一環として行われたためです。

この時の建築基準法施行令の改正では、新たに、高層・大規模建築物の防火対策に必要と考えられる排煙設備（建基令126条の2～3）、非常用の照明装置（建基令126条の4～5）、非常用の進入口（建基令126条の6～7）及び非常用の昇降機（建基令129条の13の2～3）の設置義務に関する規定が同時に整備されました。非常用の進入口と非常用の昇降機は、いずれも高層・大規模建築物が火災になった場合の消防隊の進入経路と位置づけられますが、この時の改正で、高さ31mを超える建築物には原則として非常用の昇降機の設置が義務づけられた（建基法34条2項）ため、非常用の昇降機が設置されている場合は、さらに非常用の進入口を設置する必要はないと整理されたのです。これにより、高さ31mを超える建築物の高さ31m以下の部分にある階については、必ずしも非常用の進入口の設置が保証されないことになりました。ホテル、共同住宅、事務所など高層建築物に多い用途であれば普通は窓が設置されるので、事実上大部分の建築物には、はしごが届く部分には消防隊が進入可能な何らかの開口部があるはず、という考えからでしょうか。

建基令126条の6は、平成12年（2000）4月に本文が改正され、不燃性物品の保管など火災発生のおそれが少ない用途の階や、開口部を設けることにより周辺に著しい危害を及ぼすおそれがあったり（放射性物質等の取扱いなど）、開口部を設けるとその部分の用途の性能が落ちたり（冷蔵倉庫など）する階については、その階の上下から進入できれば設置の必要がないこととされました。

消防隊が進入可能な開口部

消防隊が進入可能な開口部は、次のいずれかであることが求められています。

① 消防隊がアクセス可能な外壁面に設ける「非常用の進入口」（建基令126条の7 **表38－2参照**）

② 消防隊が進入可能な「窓その他の開口部（以下「代替開口部」）」（建基令126条の6第2号　**表38－3参照**）

③ 吹抜きなど一定規模以上の空間を確保し、そこから容易に各階に進入することができる通路等高い開放性を有するもの（建基令126条の6第3号；平成28年(2016) 6月より）

消防の立場からは、消防隊が進入可能な開口部として、建基令126条の6がまず「非常用の進入口を設けなければならない」としているところに注目しなければなりません。

この「非常用の進入口」は、**表38－2**の条件を満たすことが求められていますが、5でバルコニーの設置を必須としています。

表38－2　非常用の進入口の構造等

1	道又は道に通ずる幅員4m以上の通路等に面すること
2	進入口の間隔は40 m以下であること
3	幅75cm以上、高さ1.2 m以上、下端の床面からの高さ80cm以下であること
4	外部から開放し、または破壊して室内に進入できる構造であること
5	奥行き1 m以上、長さ4 m以上のバルコニーを設けること
6	赤色灯の標識と非常用の進入口であることを示す一辺20cm以上の正三角形の赤色の表示を設置すること

バルコニーの設置は、コスト的に見てもデザイン的に見ても、設置者にとっては非常に重い規定であるため、建基令126条の6には所定の寸法の「代替開口部」を壁面の長さ10 m以内ごとに設けていればそれでもやむを得ない、とする第2号が定められています。

このような規定ぶりは、当時の消防関係者が、「消防隊がはしごから建物内部に進入するにはバルコニーの設置が必要である」と強く主張した結果であると考えられます。そうでなければ、上記①と②のどちらも「非常用の進入口」として位置づけた書きぶりになり、「建基令126条の6第2号に適合する開口部は非常用の進入口ではなくその代替開口部である」という書きぶりにはなっていなかったと考えられるからです。

なお、**6**の正三角形の赤色の表示は、法令上は「非常用の進入口」にだけ求められているのですが、通常、代替開口部にも設置されています。これは消防機関の指導によるものなのでしょうか？

避難上又は消火活動上有効な開口部（消則5条の2　以下「消防法開口部」）と非常用の進入口に替わる窓その他の開口部（建基令126条の6第2号　以下「建基法開口部」）との比較

この両者は、寸法は整合をとっていますが、**表38－3**のように多くの点で異なっており、たとえば、避難だけなら地上部の通路幅は1mで良いところ、消防活動のためには消防車が入れるように通路幅が4m以上必要、などとなっています。

消防法開口部は当初（昭和36年（1961））から「避難」と「消火活動」のための開口部とされていましたが、昭和45年(1970)12月に定められた建基法開口部は消防隊の「非常用の進入口」としての位置付けしかありませんでした。このため、昭和49年(1974)12月に消防法開口部の規定が改正されたときに、できるだけ両者の整合をとろうとしたのでしょうが、両法令の趣旨・目的などが微妙に異なるため、このようなずれが生じたものと考えらます。

表38－3　消防法開口部と建築基準法開口部の比較

	10階以下の階の避難上又は消火活動上有効な開口部（消則5条の2）	非常用の進入口に替わる窓その他の開口部（建基令126条の6第2号）
設置対象階	10階以下の階	31m以下の部分にある3階以上の階
寸法	直径1m以上の円が内接できるか、又は、幅75cm以上高さ1.2m以上	
床面から開口部下端までの高さ	1.2m以内	－
設置数・間隔等	2以上設置	壁面の長さ10m以内ごとに設置
開口部の面する通路等	道又は道に通ずる幅員1m以上の通路等	道又は道に通ずる幅員4m以上の通路等
避難上の有効性	普通階※であること	－
出入り阻害要因の防止措置	格子等避難を妨げる構造を有せず、かつ、外部から開放し又は容易に破壊することにより進入可能	格子等屋外からの進入を妨げる構造を有しない
開口部の維持	開口のため常時良好に維持	－

※普通階：直径50cm以上の円が内接できる開口部の面積の合計が当該階の床面積の1/30を超える階

昭和 49 年(1974)12 月の消防法開口部の規定の改正では、11 階以上は「避難」のための開口部、10 階以下は「避難」と「消火活動」のための開口部と整理され、「消火活動」のための開口部については「非常用の進入口」の寸法と整合が図られました。

この時、「普通階」という概念が作られ、「直径 50cm以上の円が内接することができる開口部の面積の合計が当該階の床面積の 1 ／ 30 を超える階」と定義されて、この基準を満たさない階が容易に避難できない階と位置付けられています。11 階以上の階も外壁の開口部からの避難が可能な「普通階」とすべき、という考え方には、「消防隊のはしご車も届かない開口部から脱出したあと、どうやって避難するのか？」と違和感もありますが、もっと高いところまで届くはしご車など、いずれ技術開発が進むことを期待したのかも知れませんね。

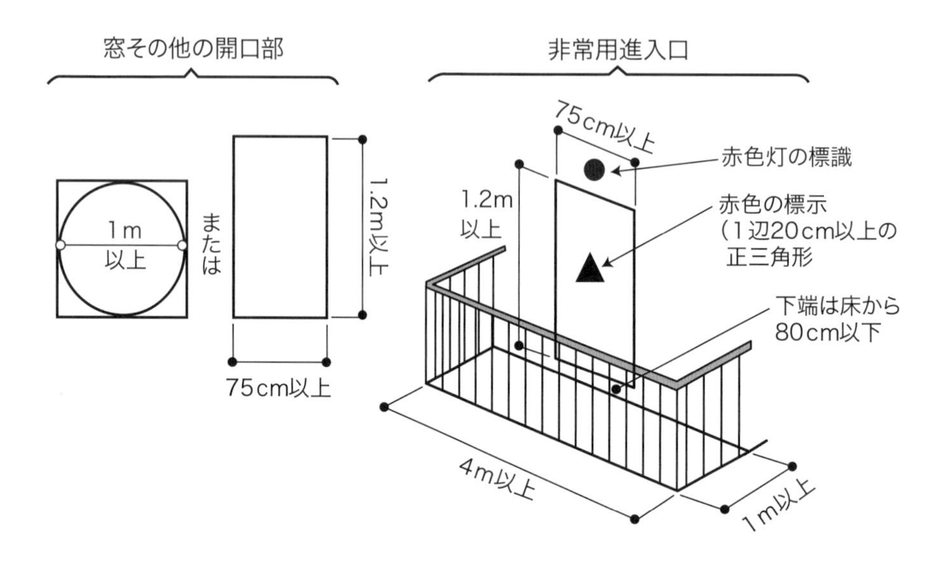

図 38 － 1　非常用の進入口とそれに代わる窓その他の開口部

第39講　無窓空間と地下空間の火災危険と防火安全対策（3）

～建築物の地階と地下街～

無窓の空間の代表的なものが地下空間です。消防法令では、地下空間のうち、建築物の地階に対する規制を地上階より厳しくしているほか、地下街・準地下街についてはさらに特殊な火災危険を持つものとして令別表第1の中で特別に位置付けて規制しています。

消防法の規制対象となる地下空間

消防活動の対象となる地下空間としては、建築物の地階と地下街・準地下街の他に、トンネル、地下道、洞道、鉱山の坑道、工事中の各種のトンネルなどがあります。「逐条解説消防法」を見ると、防火対象物や消防対象物の定義（消防法2条）にある「（建築物その他の）工作物」を「人為的な労作を加えることによって、通常、土地に固定して設備されたものをいう。」と幅広く捉えており、橋梁、擁壁などと並んで「トンネル」も例示しています。トンネルなども、消防法2条2項に規定する防火対象物に該当するということです。

それでは、これらは消防法8条や17条に基づく規制の対象になるのでしょうか？条文上は、地下にある「前各項に該当しない事業場」（⒂項）と捉えて規制することは可能なようにも見えますが、実際には規制対象になっていません。それぞれ他法令で必要な安全対策がとられているためだと思います。

というわけで、これらの地下空間のうち、消防法令上、令別表第1に掲げる防火対象物として位置付けられ、消防法8条や17条の規制対象となるのは、建築物の地階と地下街・準地下街だけということになります。

無窓空間と地下空間の火災危険

無窓空間と地下空間の火災危険については、第37講の**表37－1**と**表37－2**で整理しています。無窓空間は窓のある空間に比べて火災時の危険性ははるかに高く、地下空間の危険性はさらに高いのですが、地下空間と無窓空間との差は、無窓空間と窓のある空間との差ほど大きくありません。

消防法令上、「無窓階」と言っても完全に窓が無いことを意味するわけではないことは第37講で述べたとおりです。建築物の「地階」は建基令1条2号に定義があり、「床が地盤面下にある階で、床面から地盤面までの高さがその階の天井の高さの１／３以上のものをいう」とされています。消防法令上も同様とされていますので、消防法令上は、「無窓階」同様、「地階」も窓等の開口部が多少あるものがあり得ることになります。

建築物の地階に対するハード面の規制強化

消防法令では、以上のような「無窓階」や「地階」の火災危険を前提として、建築物の「地階」について規制強化する場合は、「地階又は無窓階（例　消令12条1項11号のイ）」又は「地階、無窓階又は４階以上の階（例　消令11条1項6号）」などと、無窓階と並列で記述されるのが普通です。

地階であるために設置規制が強化されている消防用設備等は**表37－3**（「無窓階」とされると設置規制が強化される消防用設備等　第37講参照）と概ね同様ですが、以下の消防用設備等については、地階にだけ規制が課されています。

① **ガス漏れ火災警報設備**（消令21条の２第１項４号）

② **連結散水設備**（消令28条の２第１項）

③ **無線通信補助設備**（消令29条の３第１項）

ガス漏れ火災警報設備は、静岡駅前の地下商店街ゴールデン街のガス爆発事故（昭和55年(1980) 8月、死者15名（消防職団員の殉職者４名を含む））により、地下施設でガス漏れが発生した場合の危険性が明らかになったために、この時新たに導入された設備です。この設備は、事故の経緯などから、地下施設（地下街及び特定防火対象物の地階のほか、この事故により新たに位置付けられた準地下街（令別表第１(16の3)項　第41講参照）を含みます。）にのみ設置することが義務づけられています。

連結散水設備は、地下施設で火災が発生した場合には消防活動の困難性が大きいため、比較的大規模な（地階の床面積の合計700m²以上など）地下施設でスプリンクラー設備の設置されていないものに「消火活動上必要な施設」として設置規制が課されています（第40講参照）。

無線通信補助設備は、地下街が(16の2)項として政令別表第１に位置づけられた昭和49年(1974) 7月の政令改正の際に、他の消防用設備等と一緒に地下街に対する規制強化の対象とされたものです。この時、この設備だけは、地下の施設のうち特に危険とされていた地下街に限定して、新たに設置義務が課されました（第40講参照）。

建築物の地階に対するソフト面の規制強化

建築物の地階に関しては、消防法令上、「工事中の防火管理」というソフト面でも規制が強化されています。地階の床面積の合計が5,000m²以上である収容人員が50人以上の建築物を新築する工事の際には、消防法８条の防火管理規制が課せられています（消令１条の２第３項２号ハ）。

この規定は、長崎市で建造中だった豪華客船ダイヤモンドプリンセス号の火災を契機として行われた平成16年(2004) 2月の消防法施行令の改正で設けられたものです。この火災は、平成14年(2002)10月、14階建て10万m^{2}以上の建物に相当する建造中の客船の船室から出火し、焼損面積50,000m^{2}超、鎮火までに19時間を要したものです。中で働いていた1,000人近くの作業員が全員避難できたため死者はありませんでしたが、船の下層部分は建築物の地階にも似た何層にも折り重なる巨大な無窓空間で、消防活動は困難を極め、当時社会的に大きな問題となりました。

この火災を契機に、11以上の甲板を有する建造中の旅客船に防火管理規制が課せられましたが（消令1条の2第3項3号)、同じような危険性があるものとして、上記の大規模な地階のほか、高層建築物（地階を除く階数が11以上で、かつ、延べ面積が10,000m^{2}以上　同条第3項第2号イ）や大規模建築物（延べ面積50,000m^{2}以上　同号ロ）も同様に工事中の防火管理規制の対象になりました。

平成30年(2018) 7月に発生した東京都多摩市の地上3階、地下3階、延べ面積約18,000m^{2}のオフィスビルの火災は、地下3階床下にあった断熱材約5,000m^{2}と地下2階と3階など合計652m^{2}が焼損し、死者5名、負傷者76名の被害を出しました。この建物は、地階の床面積の合計が5,000m^{2}以上であったため防火管理規制の対象となっており、法令どおり防火管理が行われていたということですが、結局大きな被害を出してしまいました。工事中の場合は、消防用設備等が未設置であることも多いので、工事内容の進展に応じた消防計画やそれに基づく訓練の内容などにまで踏み込んだ安全対策が必要なのかも知れません。

第40講　地下街の火災危険と規制の変遷(1)

～地下街の危険性と防火法令による規制～

地下街は、地下空間としての危険性があるだけでなく、敷地の制約が少ないため迷路のような危険な地下空間が無限に増殖していく潜在的危険性を持っています。このため、建築基準法令や消防法令でも最も火災危険の高いものとして厳しい規制が行われ、建設そのものが抑制されたり禁止されたりした時期もあります。

地下街の危険性

「地下街」は消防法８条の２に定義があり、「地下の工作物内に設けられた店舗、事務所その他これらに類する施設で、連続して地下道に面して設けられたものと当該地下道とを合わせたものをいう。」とされています。一見すると、建築物の地階とどう違うのかわかりにくいのですが、法解釈上は、「地下の工作物」を狭く「地下のみにある工作物」と捉えることとされており、「建築物の地階」は「地下の工作物」とは位置付けられていません。このため、地下街は、道路や駐車場、駅前広場など建築物が建っていない土地の地下に設けられた空間ということになります。

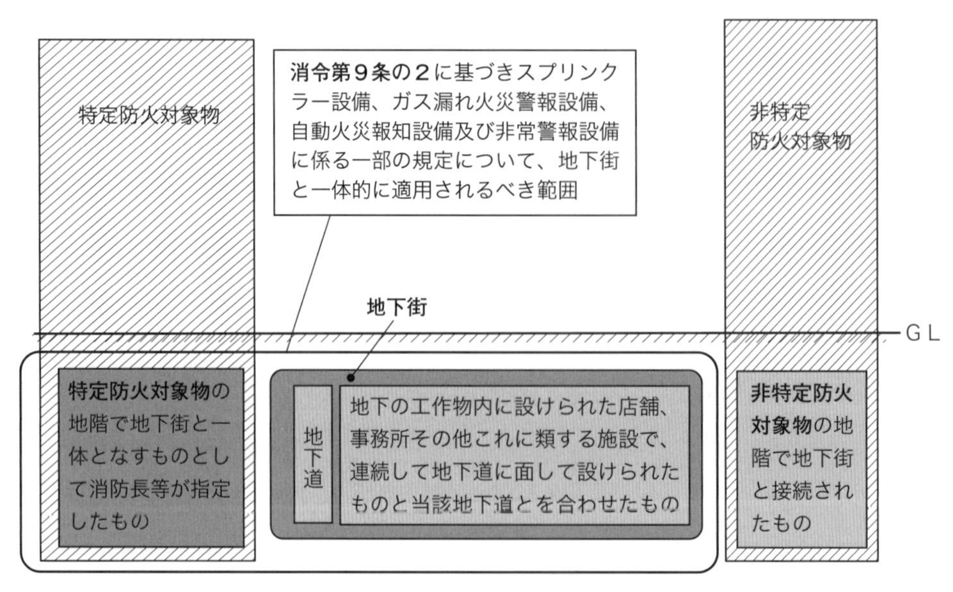

図40－１　地下街（令別表第１(16の2)項）と省令９条の２の概念図

地下街と周囲の建築物の地階とが接続されている場合、接続方法によっては、一体的な火災危険があるものとみなして必要な安全対策を講じなければなりません。この関係を規定しているのが消令９条の２であることはご存知のとおりです **（図 40 － 1 参照）**。

地下街は、これまでに述べてきた「建築物の地階」と同様の火災危険性を持っているのは当然ですが、それ以外に大きな潜在的危険性を持っています。地下街には「敷地」という制約が少ないため、建設コスト次第で、巨大で無秩序な空間が形成され易いのです。雨でも駅から濡れずに店まで行けるとか、暑さ寒さに関係なく快適に買い物ができるなどというメリットがあるため、一度地下街が建設されると、その後はニーズがあればそれに応えるかたちで、道路に沿って無制限に増殖していく可能性があります。その過程で、建築物の地階部分と接続されたり、地下駅舎と接続されたりして、巨大で迷路のような地下空間が出来上がるおそれがあるのです。実際にそのような地下街が全国に続々と建設され始めたため、地下街の建設そのものを抑制したり禁止したりする規制が行われた時期もあります（第 41 講参照）。

現在、中小都市では地下街の危険性と言ってもピンとこないかも知れませんが、上で述

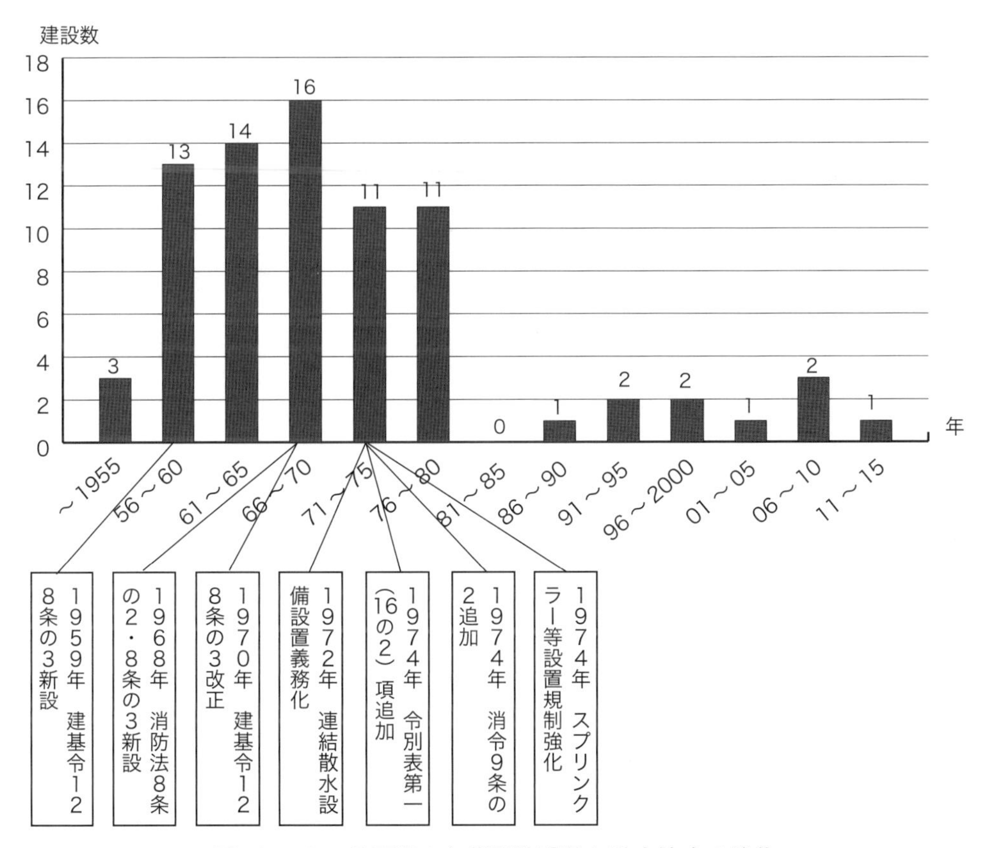

図 40 － 2　地下街の年代別建設数と防火法令の強化

（平成 29 年（2017）国土交通省都市局調べ「全国地下街一覧」より作成）

べたような危険性を持つ地下街が自分の町にも建設されるのではないか、と消防機関が戦々恐々としていた時期があるのです。地下街の数が現在の程度に収まっているのは、上のような規制の効果と無縁ではありません（**図40－2参照**）。これについては、次講で解説します。

建築基準法による地下街に関する規制の開始

日本最古の地下街は、東京都の「神田須田町地下鉄ストア（昭和7年(1932)開業、平成23年(2011)閉鎖）」だと言われています。昭和27年(1952)に東銀座の晴海通りの地下に第2号の「銀座三原橋地下街（平成26年(2014)閉鎖）」が、昭和30年(1955)に第3号となる「浅草地下商店街」が出来ると、その後、昭和33年(1958)末までに、名古屋で5つの地下街が出来たのを初め、札幌、東京、大阪など全国で8つの地下街が相次いで建設されました（**図40－2参照**）。

地下街は上で述べたような大きな潜在的火災危険を持っていますので、昭和30年(1955)当時、その防火安全性の確保が急務とされましたが、地下街そのものは建築物にあたらず、当時は消防法17条も市町村条例任せで具体的な規制は行っていなかったので、法的に規制するのは困難でした。

このため、昭和34年(1959)12月に建基令128条の3が新設され、ようやく地下街に対する防火安全規制が行われるようになりました。「地下街」そのものは「建築物」の定義に該当しないため、「建築物」に該当する「地下街の各構え」という概念を持ち出し、「地下街の各構えが接すべき地下道の具備すべき条件」を示すことにより、地下街を間接的に規制の対象に取り込むという苦心の規定ぶりになっています。

「地下街の各構えが接すべき地下道」に対する当初の規制内容（**表40－1参照**）は、群衆の避難に重点を置いた簡単なものでした。

表40－1　地下街の各構えが接すべき地下道の要件
（建基令128条の3　昭和34年（1959）12月制定時）

1	幅員5ｍ以上、天井までの高さ3ｍ以上で、かつ、段を有しないこと。
2	長さが60ｍを超える地下道にあっては、避難上安全な地上に通ずる直通階段（百貨店などと同様の仕様のもの）を各構えの接する部分からその一に至る歩行距離が30ｍ以下となるように設けていること。
3	末端は、当該地下道の幅員以上の幅員の出入口で道に通ずること。ただし、その末端の出入口が2以上ある場合においては、それぞれの出入口の幅員の合計が当該地下道の幅員以上であること。
4	予備電源を有する照明設備及び適当な排煙のための設備を設けていること。

これらの規定は、現行規定にも一部引き継がれています。なお、これでは不十分と考えたのか、第2項（当時）で所轄地方公共団体が**表40－1の1～3**について条例で上乗せ

規制をすることができるとしています（現行 6 項）。

消防法の改正と関連する規制強化

図 40 － 2 を見ればわかるように、その後も全国各地で地下街が急増しました。危機感を抱いた当時の消防庁と建設省は、同様に急増が予想されていた高層建築物とともに、その防火安全対策はいかにあるべきかそれぞれの審議会に諮問し、昭和 42 年(1967)末に相次いで答申を得ました。

この答申に基づき、昭和 43 年(1968)6 月に消防法が改正され、消防法 8 条の 2（共同防火管理規制）と 8 条の 3（防炎規制）が新設されました。地下街と高層建築物の定義が法 8 条の 2 にあるのはこのためです。地下街と高層建築物が名指しで特別な規制の対象とされたのは、いずれも本格火災になると消防としても手に負えなくなる厄介なものであるため、できるだけ火災を発生させず、万一火災が発生してもできるだけ初期段階で済ませたい、という趣旨からだと考えられます。なお、この時には、地下街に関する消防用設備等の設置規制の強化は行われませんでした。当時、地下街は、地下にある「令別表第 1 (16)項に掲げる防火対象物」に過ぎず、消令 9 条（各用途ごとに設置規制を行う）の適用を受けつつ「地階」として規制が多少強化されているという程度の位置付けでした。消防庁としては、スプリンクラー設備の設置義務づけなどもう少し規制強化を行いたかったのだと思いますが、令別表第 1 に特別な位置付けがなかったため、消防用設備等を地下街に限ってピンポイントで規制強化することは難しかったのだと思います。

その後、前記答申を受けて昭和 45 年(1970)12 月に建基令 128 条の 3 が改正され、地下街の各構えが接すべき地下道の構造基準や防火区画等の基準が追加されました。これに合わせて一定の高層建築物及び地下街では機械換気設備等の制御及び作動状態の監視は中央管理室（建基令 20 条の 2 第 2 号ハ（当時））において行うことが義務づけられると、それを受けて、同じ昭和 45 年(1970)12 月に、消令 23 条（消防機関へ通報する火災報知設備に関する基準）が改正され、高層建築物と地下街については「消防機関へ通報する火災報知設備」は中央管理室にも設置しなければならないこととされました。ここでは、「……中央管理室（高層建築物若しくは地下街又はこれらの部分である防火対象物に設けられたものに限る。）に設置するものとする。」という書きぶりになっていました。

また、昭和 47 年(1972)1 月の消防法施行令の改正では、消令 28 条の 2 が新設され、連結散水設備の設置規制が開始されました。この条文は、「連結散水設備は、別表第 1 に掲げる防火対象物で、地階の床面積の合計が 700m^{2}以上のものに設置するものとする。」となっていました。当時は令別表第 1 に(16 の2)項がなかったため、この規制は地下街だけを対象にしたものではありませんでしたが、当時の消防庁次長の改正通知（昭和 47 年(1972)3 月消防予 74 号）では「地下街等地下階で火災が発生すると煙が著しく充満する等消防活動が非常に困難になることが予想されるので、……」と、地下街を主要なターゲットとする書きぶりになっています。

令別表第1（16の2）項の新設と一連の規制強化

以上のように、消防庁では、地下街の危険性を認識しつつも、地下街が令別表第一に特別に位置付けられていなかったため、消防用設備等の規制強化に苦労していた様子がうかがえます。このため、千日デパートビル火災（昭和47年(1972)5月）と大洋デパート火災（昭和48年(1973)11月）を契機とした消防法令の大改正が行われた時、その機会を捉えて、地下街は令別表第1(16の2)項という独立した用途として位置付けられ（昭和49年(1974)7月)、**表40－2**に示す消防用設備等については(16の2)項として設置規制が行われることになりました。ご存知のとおり、この時の改正で特定防火対象物は遡及適用義務対象となりましたので、これ以降、延べ面積1,000m^{2}以上の地下街には、新旧を問わず全てスプリンクラー設備が設置されることになりました。消令9条の2（地下街と特定防火対象物の地階が一体とみなされる場合の取り扱い）が追加されたのもこの時です。

表40－2　地下街（令別表第1(16の2)項）に対する消防用設備等の設置規制（現行）

消防用設備等	規制条文（現行）	設置基準	改正時期
消火器具	令10条1項1号	(16の2)項	昭和49年(1974)7月
屋内消火栓設備	令11条1項4号	(16の2)項で延べ面積150m^{2}以上	〃
スプリンクラー設備	令12条1項6号	(16の2)項で延べ面積1,000m^{2}以上	〃
自動火災報知設備	令21条1項3号イ	(16の2)項で延べ面積300m^{2}以上	〃
ガス漏れ火災警報設備	令21条の2第1項1号	(16の2)項で延べ面積1,000m^{2}以上	昭和56年(1981)1月
非常放送設備	令24条3項1号	(16の2)項	昭和49年(1974)7月
誘導灯・誘導標識	令26条1項1号	(16の2)項	〃
排煙設備	令28条1項1号	(16の2)項で延べ面積1,000m^{2}以上	〃
連結散水設備	令28条の2第1項	(16の2)項で延べ面積700m^{2}以上	〃
連結送水管	令29条1項3号	(16の2)項で延べ面積1,000m^{2}以上	〃
非常コンセント設備	令29条の2第1項2号	(16の2)項で延べ面積1,000m^{2}以上	〃
無線通信補助設備	令29条の3第1項	(16の2)項で延べ面積1,000m^{2}以上	〃

地下街に対する建築基準法の規制強化

上述した昭和42年(1967)末の建築審議会の答申を踏まえ、昭和44年(1969)1月に竪穴区画規制（建基令112条9項（当時　現10項））の新設などと合わせ、地下街に対する規制（建基令128条の3）が改正されました。この改正により、「地下街の各構えが接すべき地下道」の要件に構造の耐火性能要件と内装不燃化の要件が加わるとともに（同条1項）、各構えに係る防火区画の規定（同条2項、3項及び5項）と各構えの居室内各部分から地下道までの歩行距離（30m以下）の規定（同条4項）が加わり、同条は現行規定とほぼ同様の内容になりました。

第41講　地下街の火災危険と規制の変遷（2）

～４省庁通達による地下街の抑制～

昭和40年(1965)代に地下街が急増すると、その危険性に気づいた政府は、防火法令の整備を進めるとともに、その建設を厳しく抑制する関係省庁共同通達を出し、さらに静岡ゴールデン街のガス爆発による大惨事を契機に、原則として新規建設を禁止するなどの厳しい地下街等抑制策を行いました。

４省庁通達

前講で述べた消防法令と建築基準法令の一連の改正により、法令による地下街規制の骨格はほぼ完成することになりました。しかし、前講の**図40－２**で示したように、当時、地下街の急増は著しく、危機感を感じた政府は、昭和48年(1973)７月に、当時の建設省、運輸省、消防庁、警察庁が共同で、「地下街の取扱いについて」という通達（通称「４省庁通達」）を出しました。その内容は、**表41－１**のようなものでした。

表41－１　４省庁通達の要旨

1	４省庁が「地下街中央連絡協議会」を設けて「地下街に関する基本方針」を策定するとともに、個別の地下街の新・増設計画について関与すること
2	地下街が設置されており又は設置計画のある自治体では、関係機関が「地下街連絡協議会」を設け、相互に密接に連携するとともに地下街中央連絡協議会の指導を受けつつ、地下街の新増設や維持管理に強く関与すべきこと
3	地下街の新増設は厳に抑制すること
4	公益上やむを得ず認める場合には、防災に万全を期すべきこと

この４省庁通達は、地下街の多くが道路又は駅前広場の地下に造られることから、道路占用許可や鉄道敷地の地下の利用許可などの機会をとらえ、防災等について万全を期するよう関係機関が協力し、各省庁の権限を出し合って行政指導する、というなかなか巧みな仕組みでした。

４省庁通達にある「地下街に関する基本方針」は昭和49年(1974)６月に定められ、これにより、地下街と建築物の地階との接続が原則として禁止されるとともに、やむを得ず地下街が新・増設されたり建築物の地階と接続されたりする場合には、防災面に関し建築基準法や消防法よりさらに厳しい基準に適合することが求められることとなりました。

前講の**図40－2**を見ると、このような政府方針により、急増を続けていた地下街の建設は、昭和46年(1971)以降、やや収まった様子がうかがえます。

静岡ゴールデン街のガス爆発事故と地下街等の新増設の原則禁止

昭和55年(1980)8月に発生した静岡駅前の地下商店街ゴールデン街のガス爆発事故は、「地下街中央連絡協議会」や「地下街に関する基本方針」に大きな影響を与えました。

この事故は、ゴールデン街を構成する建築物の地階部分にある飲食店で初めに比較的小規模なガス爆発があり、消防隊が出動して人命検索などにあたっていたとき、最初の爆発で破損した都市ガスの配管から大量に漏れていたガスに着火して、二度目の大規模なガス爆発が起こったものです。二度目の爆発直後に地下施設とその直上のビルは爆風で破壊されて一面火の海になり、地上のアーケード街から付近のビルにも延焼して、死者14名(うち消防職団員の殉職4名)、重軽傷者223名を出す大惨事となりました。この事故は、筆者が消防庁に赴任して間もなく発生したもので、直後に現場に派遣され、惨状を目の当たりにして大変なショックを受けたものです。

この地下施設のガス爆発事故で衝撃を受けた政府は、同年10月、「地下街の取扱いについて」を改正して地下街中央連絡協議会に資源エネルギー庁（当時）を加え、協議会を構成する5省庁で「地下街に関する基本方針」の改正について検討することになりました。当時30歳を超えたばかりだった私も、消防庁の課長補佐としてその検討に加わりました。連日の各省庁との折衝で大変な思いをしましたが、今では懐かしい思い出になっています。

翌昭和56年(1981)4月、地下街中央連絡協議会は「地下街に関する基本方針」にガス安全対策の基準を加える改正を行うとともに、5省庁が「地下街類似のものの取扱い及び地下街における漏れガス対策に関する申合せ」を行って、地下街および、いわゆる準地下街の新設または増設は厳に抑制することとし、原則として認めないこととしました。**図40－2**で、昭和55年(1980)以降、突然地下街の建設がストップしているのはこのためです。

消防法令上「準地下街」という用途の新設

事故当時、ゴールデン街は消防法上の「地下街」には該当しないとされていました。建築物の地階が連続して直接地下道に面しており、あたかも「地下街」のような形態をしていましたが、「地下街」の定義（地下の工作物内に設けられた店舗、事務所その他これらに類する施設で、連続して地下道に面して設けられたものと当該地下道を合わせたものをいう（消防法8条の2第1項））には該当しないと解釈されていたためです（前講参照）。

しかし、この事故により、この種の施設も「地下街」と同様の危険性があることが改めて明らかになり、全国的にも幾つかの事例があることがわかったため、消防庁ではこの種の施設を令別表第1に(16の3)項として位置付けることにしました。その定義は、「建築物の地階……で連続して地下道に面して設けられたものと当該地下道とを合わせたもの((1)項から(4)項まで、(5)項イ、(6)項又は(9)項イに掲げる防火対象物の用途に供される部分が存するものに限る。)」とされており(**図41－1参照**)、通称「準地下街」として「地下街」に準じた厳しい規制が行われることになりました。

この「準地下街」の数は、平成31年(2019)3月現在、全国で7対象となっており(消防白書)、地下街に比べると例外的な形態です。なお、建築基準法にはこの「準地下街」に相当する概念はなく、地下道と直接接続している建築物の地階に相当する部分は単に当該建築物の地階としての規制を受けるだけとなっています。

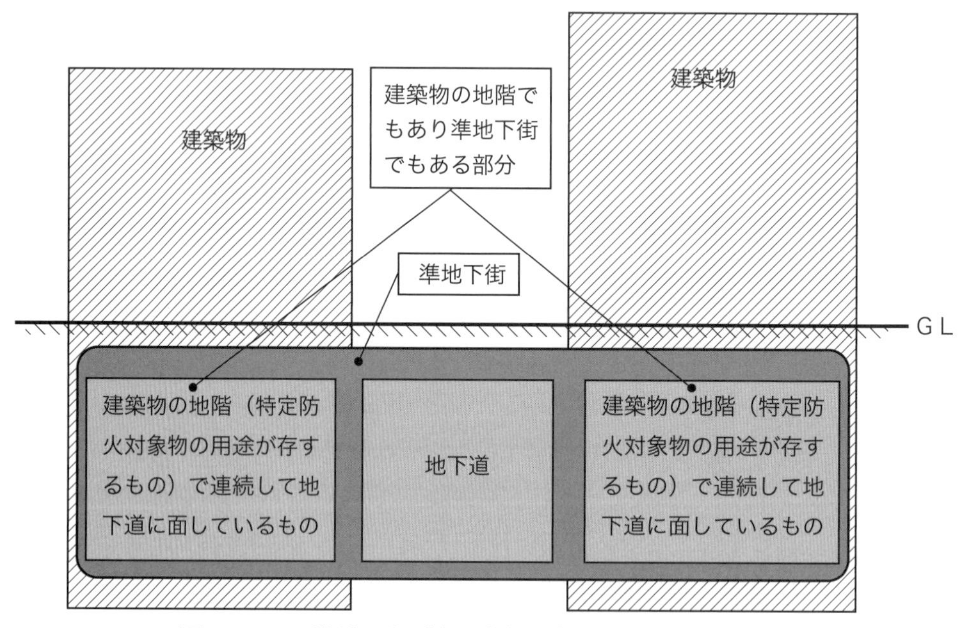

図41－1　準地下街（令別表第1(16の3)項）の概念図

ガス爆発対策の強化

ゴールデン街のガス爆発事故を契機に、消防庁では、昭和56年(1981)1月、消令7条3項を改正し、「警報設備」に「ガス漏れ火災警報設備」を追加(同項1号の2)するとともに、消令21条の2を新設して延べ面積1,000m²以上の地下街並びにこれに相当する準地下街及び特定用途防火対象物の地階にこの設備の設置を義務づけました。

この設置対象は、地下空間でガス漏れ事故が発生した場合の危険性に着目して定められたもので、大規模な地下施設に限定されていましたが、このように「規制」によりガス爆発対策に取り組もうとする消防庁の動きは、他省庁のガス漏れ事故防止対策にも影響を与えました。

ガス爆発事故は、昭和40年代後半(1970年代)から目立つようになってきており、各省庁ではその対策を行政指導により推進していましたが、昭和55年(1980)7月に建基令129条の2（当時。現129条の2の4）第1項が改正され共同住宅のガス安全対策が盛り込まれ、その後、ゴールデン街の事故を契機に、昭和55年（1980）から昭和56年（1981）にかけて、通商産業省（当時）から液化石油ガスの、資源エネルギー庁（当時）から都市ガスの安全対策が、「ガス事業者等への規制」という形で次々に打ち出されて大きな成果を上げました（**図41－2**）。

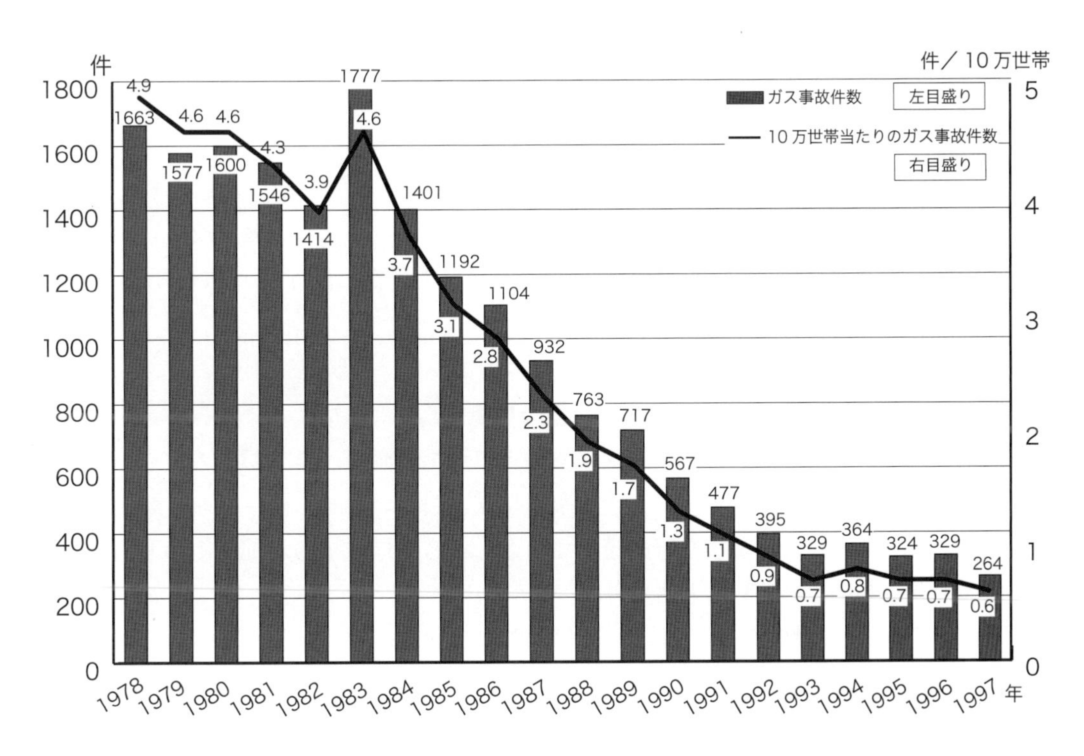

図41－2　ガス事故件数（消防庁調査）とガス事故発生率の推移（1978～1997）
（注）ガス事故件数は、都市ガス又はＬＰＧが着火物となって生じた火災又は爆発の件数

第42講　地下街の火災危険と規制の変遷(３)

～地下街中央連絡協議会と地下街に関する基本方針の廃止～

静岡ゴールデン街ガス爆発を契機とした政府による地下街等の新増設原則禁止の方針は、政府全体が「規制緩和」の方針を強めるに連れて緩められ、ついに平成13年(2001)、関係省庁共同通達及び地下街中央連絡協議会並びに「地下街に関する基本方針について」などの関係通達はすべて廃止されました。

規制緩和の動き

前講までに述べたような規制強化の効果もあってか、静岡ゴールデン街のガス爆発事故以後は、地下街や準地下街における大きな事故は発生していませんが、やがて時代の変遷とともに、地下街等の新・増設を原則禁止するとした５省庁による「地下街の取扱いについて」は大きく変化していくことになります。

まず「民間活力の増進」がうたわれた昭和61年(1986)には、地下街等の新・増設について「厳に抑制することとし、原則として認めない」こととされていた方針が転換され、防災対策の徹底を図ることを前提として緩和されました（昭和61年(1986)10月16日建設省都計発第83号・地下街中央連絡協議会通知等)。

また、平成13年(2001)１月には省庁再編が行われ、建設省と運輸省が一緒になって国土交通省となったため、地下街中央連絡協議会のメンバーも形式上５省庁から４省庁に減少しました。

そして、ついに平成13年(2001)６月には、「地方分権の推進を図るための関係法律の整備等に関する法律」の施行（平成12年(2000)４月）に伴い、機関委任事務制度が廃止されたこと、国の関与については法定主義が明確化されたこと等を踏まえて、４省庁により「地下街の取扱いについて」の関係通達が廃止され、同時に地下街中央連絡協議会が廃止されるとともに、「地下街に関する基本方針について」などの関係通達もすべて廃止されることとなりました。

地下街や準地下街の潜在的危険性がなくなったわけではなく、地下街や準地下街に複数の行政機関等が関係しているという実態がなくなったわけでもないのですが、「国から地方公共団体への関与の形態としての『通達』は廃止する」という大方針のもとに、関係行政機関の協議の場も、地下街等の安全の確保に少なからず貢献のあった安全基準も一夜にしてなくなってしまいました。

これ以降、地下街等を新増設したり、建築物の地階と地下街とを接続したりする場合は、「通達」や「行政指導」という手法によるのではなく、地下街等の規制に関係する法律およびそれに基づく政省令や条例に定められる基準だけに従って行われることになりました。建設を抑制するとか、より厳しい基準が必要ということなら、関係法令を改正するか、新しい法律を作ることが必要だということです。法治国家としては当然のことではあるのですが、地下街の規制に長く関わって来た私のような者から見ると、機動的、効率的に安全対策を実行することがなかなか大変になったな、という印象を持たざるを得ません。

もっとも、地下街の新増設等の際の関係機関の調整の必要性は、実態上依然として存在するため、新増設などの案件に応じて「地下街連絡協議会」に相当する場を作り、関係機関等の調整が行われている地域も多いようです。

地下街や準地下街の火災の状況

地下街と準地下街について、平成19年(2007)年から平成28年(2016)までの10年間の火災の状況を消防庁火災報告データにより分析してみました。

10年間に発生した火災は46件（うち準地下街は3件）あり、年平均4.6件となっていますが、焼損床面積は全て0 m²でした。地下街と準地下街の数は全国で68（令和元年(2019)消防白書）しかありませんから、施設当たりの火災発生件数（火災発生率）は極めて高いのですが、全体の床面積が大きいためだと言えないこともありません。

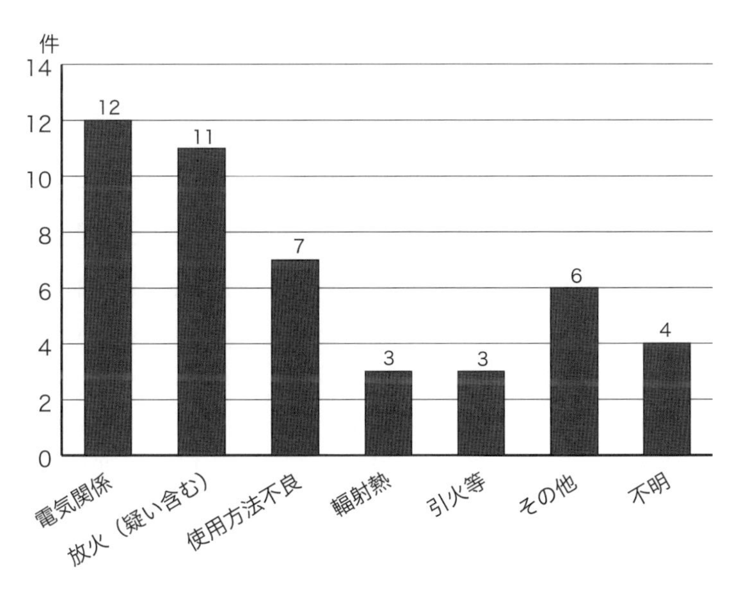

図42－1　地下街・準地下街の出火原因（経過） 2007～2016
（n＝46　うち準地下街3）（消防庁火災報告データより作成）

出火原因は**図42－1**のとおりとなっており、電気関係を起因とする火災と放火（疑いを含む）火災が多く、両方でちょうど50％を占めています。

焼損床面積が全て0 m²で収まっているのは、地下街や準地下街のほとんどにスプリンクラー設備が設置されているためではないか、と考えたくなりますが、初期消火の状況を見ると（**図42－2**）、消火器を使用せずに消火できる段階で火災を発見して措置している例が多く（31件　67％）、スプリンクラー設備が作動して消火した事例は1件に過ぎませんでした。

地下街の関係者は地下街で火災が発生した場合の危険性を良く理解しており、火災が発生してもごく初期段階で消火している、と言えるのかも知れません。

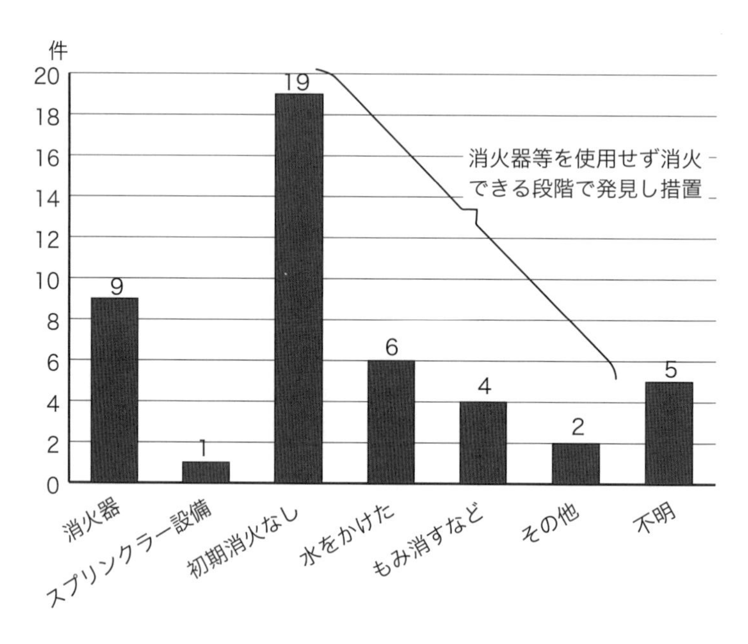

図42－2　地下街・準地下街の火災の初期消火器具 2007～2016
（n＝46うち準地下街3）（消防庁火災報告データより作成）

地下街の潜在的危険性に留意すべき

地下街や準地下街は、火災による潜在的人命危険性が極めて高く、消防活動の困難性が最も高いものの一つであり、消防機関としては出来れば建設してほしくないものだと思います。

図42－3は、**図40－2**に第41講と第42講で述べた地下街中央連絡協議会による規制の変遷などを書き加えたものです。これを見ると、平成13年(2001)の政府の新増設抑制方針廃止後も、地下街が急増している様子は見えません。その理由はよくわかりませんが、経済・社会的な状況がたまたま地下街の新増設の方向に向いていない、というだけで、防災上問題があるから建設しない、というわけではないでしょう。潜在的ニーズはあるはずなので、風向きが変われば、昭和40年(1965)代のような地下街建設ラッシュが来

ないとも限りません。

地下街等に対する消防法令や建築基準法令の基準は、他の施設に比べると極めて厳しく、消防機関など行政関係者や施設関係者の努力もあって、近年大きな火災事故は起こっていませんが、地下街等が防火安全上最も警戒すべき施設であることが変わったわけではありません。消防機関としては、査察等の最重点対象物として位置づけ、消防法令や建築基準法令がハード、ソフト両面にわたって遵守されるよう、厳しく目を光らせていく必要があると思います。

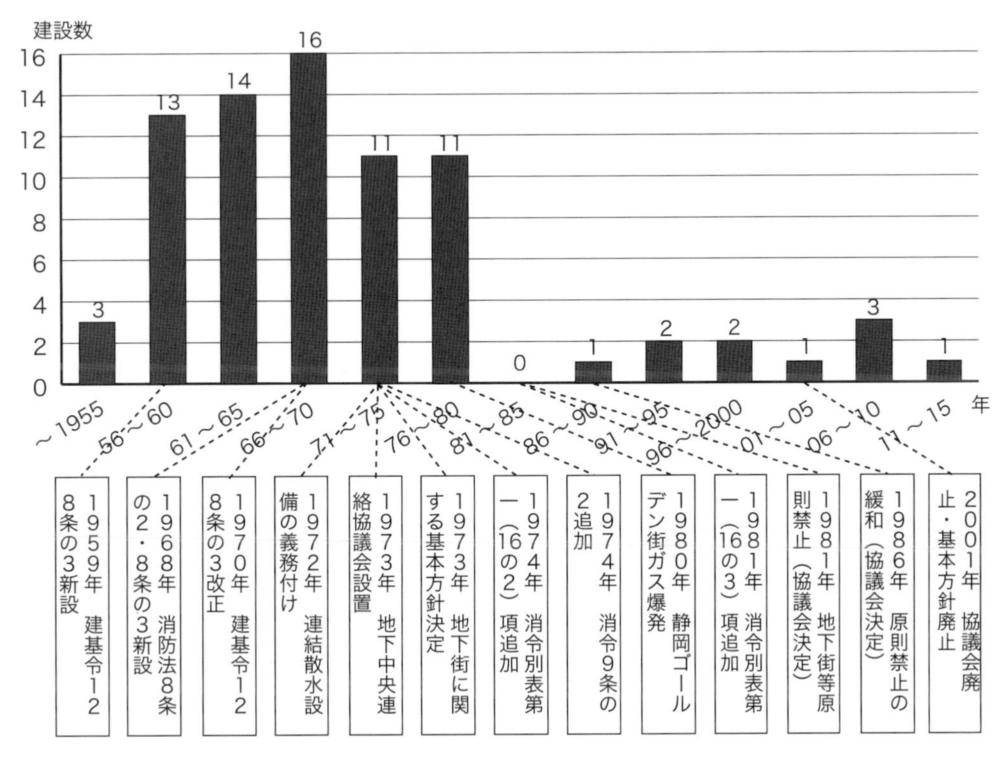

図 42－3　地下街の建築年代別施設数と規制との関係

（2017 年 3 月国土交通省都市局調べ「全国地下街一覧」より作成）

MEMO

MEMO

【著者紹介】　小林　恭一（こばやし・きょういち）
東京理科大学総合研究院火災科学研究所教授
博士(工学)　　防火技術者（消防分野）

略　　歴：東京大学工学部建築学科を卒業し、1973年建設省入省。建築指導課を経て、1980年に自治省(現総務省)消防庁に移り、東京消防庁、静岡県防災局にも勤務。長く火災予防行政に従事し、消防庁予防課長として消防法の性能規定化、雑居ビル対策、住宅防火対策の法制化などを実施。危険物災害、原発事故など特殊災害、東海地震等の対策と危機管理にも従事。2006年国民保護・防災部長を最後に退官。2008年に東京大学で博士号（工学）を取得し、東京理科大学教授。

主な著書：よくわかる住宅火災の消火、避難、防火（日刊工業新聞社）。共著として、建築法令キーワード百科（彰国社）、環境・災害・事故の事典（丸善）、高齢者福祉施設の夜間火災時の防火・避難マニュアル（近代消防社）、消防業務の法律相談～予防編～（新日本法規）　など多数。

受 賞 歴：「高齢者福祉施設における実践的な火災安全思想の啓発・教育活動」で、2014年度日本建築学会教育賞（教育貢献）。2019年秋　瑞宝中綬章。

謝　　辞：本書の出版にあたり、まず、元東京消防庁の増子信仁さんに感謝の言葉を捧げます。あなたが官報のバックナンバーから一つ一つ過去の改正経緯を探し出して、東京理科大学火災科学研究所に消防法令改正経過データベースを構築してくれなければ、この本はありえませんでした。ありがとうございました。
連載していた記事の掲載にご協力頂いた神戸市消防局「雪」及び（一財）日本消防設備安全センター「フェスク」の関係の方々、資料提供その他でご協力頂いた消防庁及び各地の消防機関の方々並びにNPO法人日本防火技術者協会の方々には、大変お世話になりました。また、予防塾の塾生の方々、特に春日大野城那珂川消防組合の上萬治己さん、西宮市消防局の長畑武司さん、東京消防庁の清水友子さんには、校正の際に多大なるご協力を頂きました。心から感謝申し上げます。

もう少し知りたい
防火法令の基礎知識〔上巻〕

定価（本体2,000円＋税）
（送料実費）

著　者　小　林　恭　一

発　行　令和2年9月26日（初版）

発行者　株式会社　近代消防社
三井　栄志

発行所
株式会社 近 代 消 防 社

〒105-0001　東京都港区虎ノ門2丁目9番16号
（日本消防会館内）
TEL（03）3593－1401㈹
FAX（03）3593－1420
URL　http://www.ff-inc.co.jp

〈振替　東京00180－6－461　　00180－5－1185〉

ISBN 978-4-421-00942-2〈落丁・乱丁の場合は取替えます。〉2020©